Benennung von Zahlungsempfängern gemäß § 160 AO

T0316485

Europäische Hochschulschriften
Publications Universitaires Européennes
European University Studies

Reihe II
Rechtswissenschaft

Série II   Series II
Droit
Law

Bd./Vol. 3896

PETER LANG
Frankfurt am Main · Berlin · Bern · Bruxelles · New York · Oxford · Wien

Martin Hegemann

Benennung von Zahlungsempfängern gemäß § 160 AO

Der Steuerpflichtige als Steuerinspektor in fremder Sache?

PETER LANG
Europäischer Verlag der Wissenschaften

Bibliografische Information Der Deutschen Bibliothek
Die Deutsche Bibliothek verzeichnet diese Publikation in der
Deutschen Nationalbibliografie; detaillierte bibliografische
Daten sind im Internet über <http://dnb.ddb.de> abrufbar.

Zugl.: Osnabrück, Univ., Diss., 2003

Gedruckt auf alterungsbeständigem,
säurefreiem Papier.

D 700
ISSN 0531-7312
ISBN 3-631-52311-4

© Peter Lang GmbH
Europäischer Verlag der Wissenschaften
Frankfurt am Main 2004
Alle Rechte vorbehalten.

Printed in Germany 1 2 3 4 5   7

www.peterlang.de

Vorwort

Die vorliegende Arbeit wurde im Wintersemester 2003/2004 vom Fachbereich Rechtswissenschaft der Universität Osnabrück als Dissertation angenommen. Sie ist berufsbegleitend während meiner Tätigkeit als Rechtsanwalt entstanden.

Danken möchte ich an dieser Stelle allen, die zum Entstehen der Arbeit beigetragen haben. An erster Stelle gilt mein Dank meinem Doktorvater, Herrn Professor Dr. Jörg Manfred Mössner. Bedanken möchte ich mich auch bei Herrn Professor Dr. Malte Schindhelm LL.M. für die Erstellung des Zweitgutachtens.

Für ihre Mithilfe bei der Durchsicht des Manuskriptes möchte ich mich bei Herrn Professor Johannes Praczyk und Herrn Thomas Hempen bedanken.

Besonderen Dank schulde ich außerdem Frau Susanne Praczyk, die mir durch ihr Verständnis und ihre ständige Ermutigung eine unschätzbare Hilfe war.

Merzen, im Dezember 2003   *Martin Hegemann*

Inhaltsverzeichnis

Abkürzungsverzeichnis

a. A.	andere(r) Ansicht
ABlKR	Amtsblatt des Kontrollrates
Abs.	Absatz
AEAO	Anwendungserlaß zur Abgabenordnung
AfA	Absetzung für Abnutzung
AG	Die Aktiengesellschaft (Zeitschrift)
Anm.	Anmerkung
AO	Abgabenordnung
Art.	Artikel
AStG	Außensteuergesetz
AWG	Außenwirtschaftsgesetz
BAG	Bundesarbeitsgericht
BAGE	Entscheidungssammlung des BAG
BB	Betriebsberater (Zeitschrift)
BBG	Bundesbeamtengesetz
Bd.	Band
BdF	Bundesminister der Finanzen
BewG	Bewertungsgesetz
BFH	Bundesfinanzhof
BFH/NV	Sammlung nicht veröffentlichter Entscheidungen des BFH
BFHE	Entscheidungssammlung des BFH
BGB	Bürgerliches Gesetzbuch
BlStSozArbR	Blätter für Steuer-, Sozial- und Arbeitsrecht (Zeitschrift)
BR-Drucks.	Bundesrats-Drucksache
BRRG	Beamtenrechtsrahmengesetz
BStBl.II, III	Bundessteuerblatt Teil II, Teil III
BVerfG	Bundesverfassungsgericht
BVerfGE	Entscheidungssammlung des Bundesverfassungsgerichts
bzgl.	bezüglich
bzw.	beziehungsweise
DAR	Deutsches Autorecht (Zeitschrift)
DB	Der Betrieb (Zeitschrift)
d. h.	das heißt
Diss	Dissertation
DM	Deutsche Mark

i.S.v. .... im Sinne von

JbFSt .... Jahrbuch der Fachanwälte für Steuerrecht
JDStJG .... Jahrbuch der Deutschen Steuerjuristischen
                         Gesellschaft
JO .... Journal Officiel
Jura .... Juristische Ausbildung (Zeitschrift)
JuS .... Juristische Schulung

KG .... Kommanditgesellschaft
KÖSDI .... Kölner Steuerdialog (Zeitschrift)

LVG .... Landesverwaltungsgericht

MünchKomm .... Münchener Kommentar zum Bürgerlichen
                         Gesetzbuch
m. w. N. .... mit weiteren Nachweisen

NBG .... Niedersächsisches Beamtengesetz
NJW .... Neue Juristische Wochenschrift
NStZ .... Neue Zeitschrift für Strafrecht
NVwZ .... Neue Zeitschrift für Verwaltungsrecht
NWB .... Neue Wirtschaftsbriefe

OFD .... Oberfinanzdirektion
OFH .... Oberster Finanzgerichtshof
OFPräs. .... Oberfinanzpräsident
o. g. .... oben genannt(e/r)
OHG .... offene Handelsgesellschaft
OLG .... Oberlandesgericht
OR .... ohne Rechnung
OVG .... Oberverwaltungsgericht

PrOVG .... Preußisches Oberverwaltungsgericht

RAO .... Reichsabgabenordnung
RdA .... Recht der Arbeit (Zeitschrift)
RFH .... Reichsfinanzhof
RFHE .... Sammlung der Entscheidungen und Gutachten
                         des RFH
RG .... Reichsgericht

RGZ .... Sammlung der RGRechtsprechung in Zivil-
sachen (Band und Seite)
RGBl. .... Reichsgesetzblatt
RIW .... Recht der internationalen Wirtschaft (Zeitschrift)
Rn. .... Randnummer
Rspr. .... Rechtsprechung
RStBl. .... Reichssteuerblatt
Rz. .... Randziffer

S. .... Seite
s. .... siehe
s. o. .... siehe oben
Sp. .... Spalte
StÄndG .... Steueränderungsgesetz
StAnpG .... Steueranpassungsgesetz
Stbg. .... Die Steuerberatung (Zeitschrift)
StBp. .... Die steuerliche Betriebsprüfung (Zeitschrift)
StEK .... Steuererlaß in Karteiform
StPr. .... Steuerpraxis
StRK .... Steuerrechtsprechung in Karteiform (Zeitschrift)
StuW .... Steuer und Wirtschaft (Zeitschrift)
StVZO .... Straßenverkehrs-Zulassungs-Ordnung
StW .... Steuerwarte (Zeitschrift)
StWK .... Steuer- und Wirtschaftskurzpost

u. a. .... unter anderen (m)
u. U. .... unter Umständen
v. a. .... vor allem

v. .... von, vom
VG .... Verwaltungsgericht
VGH .... Verwaltungsgerichtshof
vgl. .... vergleiche
VO .... Verordnung
VwGO .... Verwaltungsgerichtsordnung
VwVfG .... Verwaltungsverfahrensgesetz

WEG .... Wohnungseigentumsgesetz
WiB .... Wirtschaftliche Beratung (Zeitschrift)
WP .... Die Wirtschaftsprüfung

z. B. .... zum Beispiel

XVI

1. Teil: Einleitung

A. Vorbemerkung

"Es ist mit § 205 a RAO eigentümlich beschaffen: Je mehr man sich mit ihm beschäftigt, um so mehr Schwierigkeiten bereitet er seiner Auslegung[1]*"*.

Diese Zustandsbeschreibung von *Falkenberg* aus dem Jahre 1952 zur Vorgängervorschrift des § 160 AO hat an Aktualität nichts verloren und kann auf die geltende Rechtslage uneingeschränkt übertragen werden.

§ 160 AO, der auch als *"Schmiergeldparagraph"*[2] bezeichnet wird, liest sich ganz einfach. Will der Steuerpflichtige Schulden und andere Lasten, Betriebsausgaben, Werbungskosten und andere Ausgaben zum Abzug geltend machen, kann das Finanzamt verlangen, die Gläubiger oder die Empfänger genau zu bezeichnen. Das Gesetz regelt, so scheint es, einen einfachen Automatismus[3].

Trotz des äußerlich simplen Gewandes bereitet § 160 AO in der Praxis große Probleme. Dies hängt vor allem damit zusammen, daß der Wortlaut die Tatbestandsvoraussetzungen nur unvollständig umschreibt und daß es der Gesetzgeber verabsäumt hat, den Zweck der Vorschrift eindeutig zu definieren. Letzteres ist um so bedenklicher, als der Finanzbehörde nach einhelliger Ansicht sowohl auf der Tatbestands- als auch auf der Rechtsfolgenseite Ermessen[4] eingeräumt wird. Durch den Ermessensspielraum soll die Behörde aber keineswegs zu uneingeschränkter Handlungsfreiheit ermächtigt werden. Sie hat vielmehr gesetzlich gelenkte - wenn auch eigene- Entscheidungen zu treffen. Dies folgt neben dem Grundsatz der Gesetzmäßigkeit der Verwaltung aus dem Prinzip der Gewaltenteilung, welches die Exekutive - jedenfalls im Bereich der Eingriffsverwaltung- auf die Ausführung der Gesetze beschränkt[5]. Die Behörde hat also zunächst einmal zu fragen, welchen Zweck die Ermächtigung zur Ermessensausübung verfolgt und welche Gesichtspunkte dabei maßgeblich sind. Sie hat sodann unter diesen Aspekten den konkreten Fall zu prüfen, um eine angemessene und sachgerechte Entscheidung zu finden. Für eine fehlerfreie Ermessensentscheidung ist also der Normzweck von ausschlaggebender Bedeutung. Es stellt sich deshalb ernsthaft die Frage, auf welcher Grundlage die

---

[1]   *Falkenberg*, StuW 1952, 513.

[2]   Vgl. *Tipke*, Die Steuerrechtsordnung Bd. III, S. 1193; *Birk*, Steuerrecht I, S. 186; *Hübschmann/Hepp/Spitaler*, AO, § 160 AO Rz. 1; *Claßen*, Besteuerung des Unrechts, S. 127.

[3]   *List*, BB 1994, 1535.

[4]   BFH v. 09.08.1989 - I R 66/86, BStBl. II 1989, 995 m. w. N..

[5]   BVerfG v. 05.08.1966 – BvF 1/61, HFR 1967, 469.

Finanzbehörde ihr Ermessen ausüben soll, wenn sie die ratio legis des § 160 AO nicht kennt.

Nicht nur für die Finanzbehörde, sondern auch für den Steuerpflichtigen stellt § 160 AO eine unbefriedigende Norm dar. Besonders bei belastenden Vorschriften verlangt das Rechtsstaatsprinzip Bestimmtheit[6], um staatliche Willkür zu verhindern. Zwar muß der Gesetzgeber nicht jede einzelne Frage entscheiden[7] - hierzu wäre er v. a. im Steuerrecht angesichts der Komplexität der zu erfassenden Sachverhalte auch gar nicht in der Lage. Der Bürger muß jedoch wissen, wieweit die Verwaltung in seinen Rechtskreis eingreifen darf. Genügt § 160 AO diesen Anforderungen?

Literatur[8] und Rechtsprechung[9] haben sich ausgiebig mit § 160 AO beschäftigt und verschiedene Konturen, die mittlerweile als unstreitig gelten, herausgearbeitet. So soll § 160 AO z. B. eine "Art Gefährdungshaftung"[10] für einen bei seinem Geschäftspartner vermuteten Steuerausfall begründen. Die vorliegende Arbeit stellt diese These in Frage. Voraussetzung für die Anwendung des § 160 AO ist, daß die Finanzbehörde den Gläubiger oder Empfänger nicht kennt. Woher will sie dann aber wissen, ob der Gläubiger oder Empfänger im Inland überhaupt steuerpflichtig ist oder Steuern nicht gezahlt hat? Im Steuerrecht ist Haftung grundsätzlich akzessorisch. Voraussetzung für jede "Art der Haftung" wäre daher zunächst das Bestehen einer Steuerforderung des Fiskus gegenüber dem Geschäftspartner. Es ist zwar verständlich, daß der Fiskus ein reges Interesse hat, einen leicht greifbaren, zahlungsfähigen Steuerschuldner hinzuzugewinnen. Ob sich aber eine Einstandspflicht für mutmaßliche Steuerforderungen eines unbekannten Dritten mit den Grundprinzipien des Steuerrechts vereinbaren läßt, bedarf der Untersuchung.

Soll § 160 AO lediglich dazu dienen, die Besteuerung des Geschäftspartners zu sichern, so die vorherrschende Ansicht, wird der Steuerpflichtige zur Sachverhaltsermittlung oder, mit den Worten *Jüptners*, als *"Steuerinspektor in fremder Sache"*[11] bzw. *Falkenbergs*, als "Hilfsbeamter des Steuerfahndungsdienstes"[12] eingesetzt. Durch diese Technik würde sich der Fiskus nicht nur geschickt der

---

6 *Kühn/Hofmann*, AO, § 5 Anm. 3.
7 BVerfG v. 14.03.1967 – 1 BvR 334/61, BStBl. III 1967, 357.
8 Siehe u. a. *Boldt*, Schmiergelder im Einkommensteuerrecht, S. 118 ff.; *Günzler*, Steuerrecht und Korruption, S. 139 ff.; *Münzel*, Die Nichtabzugsfähigkeit von Ausgaben nach § 160 AO, S. 1 ff.; *v. Crailsheim*, Die steuerrechtliche Behandlung von Schmiergeldzuwendungen, S. 182 ff..
9 Siehe unter: 3. Teil B.
10 Siehe unter: 3. Teil B I 1.
11 *Jüptner*, FR 1985, 12 (13).
12 *Falkenberg*, StuW 1952, 513 (514).

Last der Ermittlungspflicht entledigen. Im Ergebnis hätte er sogar - ähnlich wie beim Quellenabzug im Lohnsteuerverfahren[13] - den Steuererhebungsauftrag auf den Steuerpflichtigen verlagert, der - weil verschuldensunabhängig - sogar strenger haftet als der Finanzbeamte. Läßt sich dieses Ergebnis noch mit dem Wortlaut des § 160 AO vereinbaren?

Die gegenwärtige wissenschaftliche Diskussion beschränkt sich weitgehend auf die Frage, welche Ermessensgesichtspunkte die Finanzbehörde im einzelnen zu beachten hat. Sie übersieht dabei die Möglichkeit und die Notwendigkeit, schon auf einer früheren Ebene anzusetzen. Könnte es nicht sein, daß das weitverbreitete Unbehagen, welches die Vorschrift hervorruft und die Tatsache, daß alles nicht so recht passen will, darauf zurückzuführen ist, daß § 160 AO mittlerweile auf Fälle angewendet wird, auf die er nach seinem eigentlichen Zweck überhaupt nicht angewendet werden kann? Die Arbeit setzt sich deshalb auch mit der Anwendung des § 160 AO durch die Finanzverwaltung auf neue Finanzierungsmodelle wie Tafelgeschäfte/ Commercial Papers etc. auseinander.

Diese einleitenden Bemerkungen verdeutlichen, daß sich im Zusammenhang mit § 160 AO noch zahlreiche Fragen aufdrängen, die bislang nicht oder nur unzureichend beantwortet wurden.

Die vorliegende Arbeit wird sich allerdings nicht nur diesen Fragen widmen. In der Literatur wurde bereits vor geraumer Zeit vereinzelt die Forderung erhoben, "§ 160 AO und seiner Anwendung einer Generalrevision zu unterziehen, sei es durch den Gesetzgeber, sei es durch die Rechtsprechung"[14]. Da weder Legislative noch Judikative sich bislang hierzu veranlaßt sahen, soll dieser Apell auf wissenschaftlicher Ebene aufgegriffen und darüber hinaus untersucht werden, ob § 160 AO in der geltenden Fassung noch eine Daseinsberechtigung hat oder ob es nicht an der Zeit wäre, de lege ferenda, eine Gesetzesänderung vorzunehmen.

B. Ermittlungs- und Mitwirkungspflichten

Der Tatbestand des § 160 AO ist einschlägig, wenn der Gläubiger oder Empfänger nicht bzw. nur ungenau benannt wird. Voraussetzung für die Anwendbarkeit der Norm ist somit ausnahmsweise das Vorliegen eines *ungeklärten* Sachverhaltes. Wer sich mit § 160 AO beschäftigt, hat sich deshalb zwangsläufig auch mit dem sehr komplexen Wechselspiel zwischen Sachaufklärungspflicht der Finanzbehörde und Mitwirkungspflicht des Steuerpflichtigen auseinander-

---

[13]   Vgl. zum Quellenabzug *Trzaskalik*, Die Steuererhebungspflichten Privater, in: Friauf, Steuerrecht und Verfassungsrecht, S. 157 ff..

[14]   Vgl. *Gosch*, in seiner Anmerkung zu den Urteilen des BFH v. 10.11.1998 – I R 108/97 und 15.10.1998 – IV R 8/98, StBp 1996, 44 (46).

zusetzen. In welchem Verhältnis die Mitwirkungspflichten des Steuerpflichtigen gem. § 160 AO zum allgemeinen Auskunftsrecht und zum Amtsermittlungsgrundsatz stehen, ist nach wie vor unklar[15]. Nach herrschender Meinung soll der Amtsermittlungsgrundsatz durch die Mitwirkungspflichten des Steuerpflichtigen gem. § 160 AO eingeschränkt werden[16]. Bevor diese Ansicht untersucht wird, sollen zunächst die Voraussetzungen der allgemeinen Auskunfts- und Mitwirkungspflichten dargestellt werden, um im weiteren Verlauf der Arbeit evtl. Gemeinsamkeiten oder Unterschiede zwischen dem Benennungsverlangen gem. § 160 AO und dem allgemeinen Auskunftsverlangen nachweisen zu können.

Die Finanzbehörden haben gem. § 85 Abs. 1 AO die Steuern nach Maßgabe der Gesetze gleichmäßig festzusetzen. Hierzu müssen sie den Sachverhalt von Amts wegen ermitteln, wobei sie Art und Umfang der Ermittlungen nach den Umständen des Einzelfalles bestimmen[17]. Die Finanzverwaltung hat dabei gem. § 88 Abs. 2 AO auch alle für die Steuerpflichtigen günstigen Umstände zu berücksichtigen.

Grundlage für die Besteuerung ist die Leistungsfähigkeit des Steuerpflichtigen[18]. Betriebsausgaben und Werbungskosten mindern den steuerlichen Gewinn[19]. Sie sind deshalb von den Finanzbehörden zu beachten, um gem. § 85 AO (Legalitätsprinzip) eine materiell-rechtlich zutreffende Steuerfestsetzung herbeizuführen. Dies gilt auch für den Fall, daß der Steuerpflichtige die Ausgaben gar nicht geltend gemacht hat. Die Finanzbehörde kann dabei der Besteuerung grundsätzlich nur den Sachverhalt zugrunde legen, den sie mit einer *an Sicherheit grenzenden Wahrscheinlichkeit* festgestellt hat[20]. Vermutungen oder Unterstellungen reichen ebensowenig, wie grundsätzlich auch eine lediglich überwiegende Wahrscheinlichkeit für das Vorliegen von Tatsachen nicht genügt[21].

Korrespondierend zu dieser umfassenden behördlichen Untersuchungspflicht trifft die Beteiligten, also insbesondere die Steuerpflichtigen i. S. des § 78 Nr. 2 AO, die Pflicht, bei der Ermittlung des Sachverhaltes mitzuwirken. Da die Sachaufklärung im Herrschafts- und Wissensbereich des Steuerbürgers stattfindet, sind die Steuerpflichtigen häufig die einzigen Wissensträger der Besteuerungs-

---

15 Dies kritisiert z. B. *Trzaskalik*, in: Hübschmann/Hepp/Spitaler, AO, § 160 Rz. 3.
16 *Bruschke*, StB 2001, 42 (43); *Klein/Orlopp*, AO, § 160 Anm. 1; BFH v. 17.12.1980 - I R 148/76, BFHE 132, 211; BFH v. 17.12.1980 I R 148/76, BStBl. II 1981, 333; BFH v. 09.04.1987 IV R 142/85, BFH/ NV 1987, 689; FG Münster v. 26.02.1998 – 8 K 4318/95 E, EFG 1998, 920.
17 § 88 Abs. 1 AO.
18 Vgl. u. a. *Birk*, Das Leistungsfähigkeitsprinzip als Maßstab der Steuernormen, S. 158 ff. m. w. N..
19 Sofern sie nicht ausnahmsweise unberücksichtigt bleiben, z. B. gem. § 4 Abs. 5 EStG.
20 *Meyer*, Beweislastprobleme im Steuerrecht, S. 2 m. w. N..
21 *Hübschmann/Hepp/Spitaler*, AO, § 88 Rz. 80.

4

sachverhalte. Ohne Mitwirkungspflicht wäre der Untersuchungsauftrag der Behörde faktisch unerfüllbar[22]. Durch die zwingende Pflicht zur Mitwirkung soll mithin verhindert werden, daß - wie *Tipke* zutreffend formulierte - "das Beweisrecht ... zum Asyl für Steuersünder[23]" wird, also dem Beweisnotstand vorgebeugt werden. Im Steuerverfahren wird mithin vom Steuerpflichtigen "Ermittlungspartnerschaft" verlangt, d. h. vom Steuerbürger wird erwartet, daß er im Vertrauen auf die Gerechtigkeit und Objektivität des Verfahrens von sich aus alles zum Erfolg der Untersuchung Nützliche beiträgt[24]. Das Gesetz will im Ermittlungsverfahren also die unterschiedlichen Ausrichtungen der Interessen des Fiskus und des Steuerpflichtigen überbrücken. Die Mitwirkungspflicht ist dabei, je nach der Art des zu ermittelnden Sachverhaltes, in ihrer Intensität gestuft[25]. Es wird u. a. unterschieden zwischen der allgemeinen Mitwirkungspflicht bei der Ermittlung der *eigenen* Steuer und der Ermittlung in *fremden* Steuerverfahren. Ferner existieren gesteigerte Mitwirkungspflichten bei Auslandssachverhalten.

I. eigene Steuer

Bei der Ermittlung der eigenen Steuer trifft grundsätzlich jeden Steuerpflichtigen gem. § 90 Abs. 1 Satz 1 AO, im Rahmen einer Betriebsprüfung darüber hinaus nach § 200 Abs. 1 AO, eine allgemeine Mitwirkungspflicht. Ihr liegt die Vorstel-

---

[22]   *Wenzig*, DStZ 1986, 375.

[23]   *Tipke*, Steuerkongreßreport 1967, 39 (48), Tipke vergleicht zunächst die Schwierigkeiten bei der Sachaufklärung im Straf- und im Steuerverfahren miteinander. Nach dem Grundsatz "in dubio pro reo" dürfe nicht bestraft werden, wer nur wahrscheinlich oder vermutlich oder möglicherweise eine strafbare Handlung begangen hat. "Viel Unsicherheit, viel Beweisnotstand" komme in den Strafprozeß nur dadurch, daß der Angeklagte die Aussage verweigern darf. Im Gegensatz zum Strafverfahren sei das Steuerverfahren aber so gestaltet, daß die Durchsetzung des Steueranspruchs nach Möglichkeit nicht an tatsächlichen Zweifeln scheitern soll. Der Steuerpflichtige dürfe daher die Aussage nicht verweigern, sondern er habe Erklärungs-, Darlegungs- und Nachweispflichten. Wenn man so wolle, habe "die Reichsabgabenordnung den Steuerpflichtigen zum Erforschungsgehilfen gegen sich selbst gemacht"; vgl. auch *Wittmann*, StuW 1987, 35 (41) und *Weber-Grellet*, StuW 1981, 48 (50).

[24]   Vgl. *Wenzig*, DStZ 1986, 375, (379), der deutlich den Gegensatz zur sog. Interessentheorie der betriebswirtschaftlichen Steuerlehre herausarbeitet: "Die Anwendung der Interessentheorie kann zwar weiterhin im materiellen Steuerrecht und in vielen, insbesondere den dispositiven Verfahrensabschnitten Geltung beanspruchen, bei der Sachverhaltsermittlung muß sie aber seit dem Inkrafttreten der neuen AO als gesetzeswidrig angesehen werden." *Wenzig* räumt an anderer Stelle (379) ein, daß die Realität sicher etwas anders aussieht.

[25]   Vgl. *Wenzig*, DStZ 1986, 375 (379) der zwischen unmittelbaren und mittelbaren Mitwirkungspflichten unterscheidet; *Weber*, Die Mitwirkungspflichten nach der Abgabenordnung und die Verantwortung des Steuerpflichtigen für die Sachaufklärung, S. 3 ff; *Martin*, BB 1986, 1021 (1024); *Wittmann*, StuW 1987, 35 (40 f.).

lung zugrunde, daß der Steuerpflichtige sämtliche für die Besteuerung erheblichen Tatsachen mitteilt, soweit sie ihm bekannt sind[26].

In Fällen, wo der Sachverhalt ohne Verletzung der Mitwirkungspflicht des Steuerpflichtigen nicht derart ermittelt werden kann, daß Feststellungen mit an Sicherheit grenzender Wahrscheinlichkeit getroffen werden können[27], entscheiden für das Vorliegen/Nichtvorliegen von Tatbestandsmerkmalen eines Steuertatbestandes die Regeln über die objektive Beweislast[28]. Danach trägt in der Regel das Finanzamt die Feststellungslast für alle steuerbegründenden, der Steuerpflichtige für alle steuerbefreienden oder steuermindernden Tatsachen[29].

Verletzt hingegen der Steuerpflichtige nachweisbar seine Mitwirkungspflicht, bleibt zwar grundsätzlich das Finanzamt weiterhin zur Sachverhaltsaufklärung verpflichtet, jedoch kann sich dadurch die Ermittlungspflicht des Finanzamtes im Einzelfall mindern[30].

Kriterien und Ausmaß der Reduzierung von Sachaufklärungspflicht und Beweismaß bestimmen sich nach dem Grad der Pflichtverletzung des Steuerpflichtigen, nach dem Grundsatz der Verhältnismäßigkeit und der Zumutbarkeit, nach dem Rechtsgedanken der gesteigerten Mitwirkungspflicht aus vorangegangenem Tun (z. B. außergewöhnliche Gestaltung des Sachverhaltes) und aus einer vorhandenen Beweisnähe des Steuerpflichtigen[31]. Der BFH weist in diesem Zusammenhang ausdrücklich darauf hin, daß jeweils die Umstände des Einzelfalles betrachtet werden müssen. Dem Gedanken der Beweisnähe komme jedoch besondere Bedeutung zu: "Die Verantwortung des Steuerpflichtigen für die Aufklärung des Sachverhaltes ist um so größer (die von Finanzbehörden und FG um so geringer), je mehr Tatsachen oder Beweismittel der von ihm beherrschten Infor-

---

[26]   § 90 Abs. 1 Satz 2 AO.

[27]   Also ein "non-liquet" vorliegt.

[28]   Auf dem Gebiet des Steuerrechts gibt es weder für das Besteuerungsverfahren noch für das finanzgerichtliche Verfahren eine gesetzliche Vorschrift, die grds. die Verteilung der Beweislast festlegt. Die Frage der Beweislastverteilung ist daher schon seit langem Anlaß zu lebhafter Diskussion, vgl. z. B. *Tipke*, Steuerkongreßreport 1967, 39 (51); *Weber-Grellet*, StuW 1981, 48 ff.; *Meyer*, Beweislastprobleme im Steuerrecht, S. 2 ff.; *Lürssen*, Die §§ 159 - 161 AO und das Steuerstrafrecht, S. 5 ff..

[29]   Vgl. die Grundsatzentscheidung des BFH v. 05.11.1970 - V R 71/67, BStBl. II 1971, 220, 224, in Anlehnung an die für das Zivilrecht entwickelte und dort verbreitete Lehre Rosenbergs (*derselbe*, Die Beweislast, S. 11 ff.); ebenfalls BFH v. 09.07.1986 - I B 36/86, BStBl. II 1987, 487; ähnlich bereits im Jahre 1938: *Herr*, Die Beweislast in der jüngsten Rechtsprechung des RFH, S. 30 ff..

[30]   BFH v. 13.03.1985 - I R 7/81, BStBl. II 1986, 318; BFH v. 15.02.1989 - X R 16/86, BStBl. II 1989, 462.

[31]   BFH v. 15.02.1989 - X R 16/86, BStBl. II 1989, 462.

mations- und/oder Tätigkeitssphäre angehören[32]. Eine Verlagerung der Ermittlungspflicht sei unter dem Gesichtspunkt der Beweisnähe v. a. dann rechtmäßig, wenn allein der Steuerpflichtige in der Lage sei, die erforderlichen Informationen zu erteilen[33].

Mindern sich danach die Ermittlungspflichten des Finanzamtes, besteht im Gegensatz zu den Fällen ohne Verletzung einer Mitwirkungspflicht die Möglichkeit, mit Hilfe von Indizien des Sachverhaltes auf steuerbegründende Merkmale zu schließen, da das Verhalten des Steuerpflichtigen als "Beweisverderber" das ansonsten geforderte Beweismaß reduziert[34]. Damit kann das Finanzamt Unterstellungen zu Lasten des Steuerpflichtigen jedenfalls dann treffen, insbesondere nachteilige Schlüsse ziehen, wenn der Steuerpflichtige seine Mitwirkungspflicht dort verletzt, wo Tatsachen oder Beweismittel seinem alleinigen Verantwortungsbereich unterfallen[35]. Denn in diesen Fällen soll das Verhalten des "Beweisverderbers" ein Indiz dafür sein, daß die Pflichtverletzung gerade bezwecke, ein nachteiliges Ermittlungsergebnis zu vermeiden. Hieraus dürfe dem Steuerpflichtigen kein Vorteil erwachsen. Voraussetzung ist aber immer, daß bereits die sonstigen Ermittlungen des Sachverhaltes durch das Finanzamt Indizien hervorgebracht haben, die eine überwiegende Wahrscheinlichkeit für das Vorliegen steuerbegründender Merkmale aufzeigen, so daß das Verhalten des Steuerpflichtigen - mit den Worten des BFH - nur noch "das Faß zu überlaufen bringt"[36]. Macht z. B. der Steuerpflichtige keine Angaben über Einkünfte aus Vermietung oder Verpachtung, obwohl klar ist, daß er eine Wohnung vermietet hat, kann das Finanzamt gem. § 162 AO die Einkünfte schätzen. Legt er für geltend gemachte

---

[32]   BFH v. 19.06.1985 – I R 109/82. BFH/NV 1986, 249, 250; BFH v. 15.07.1986 – VII R 145/85, BStBl. II 1986, 857; BFH v. 20.03.1987 – III R 172/82, BStBl. II 1987, 679, 680; BFH v. 15.02.1989 - X R 16/86, BStBl. II 1989, 462 (464 mit zahlreichen weiteren Nachweisen): "§ 90 Abs. 2 AO ... ist die gesetzliche Konkretisierung eines allgemeinen Prinzips, demzufolge sich die Verantwortung für die Sachaufklärung im Abgabenrecht maßgeblich nach den Möglichkeiten der Einflußnahme auf die Sachverhaltsgestaltung und Sachverhaltsermittlung bestimmt."

[33]   So z. B. BFH v. 15.02.1989 - X R 16/86, BStBl. II 1989, 462 (465) oder BFH v. 13.03.1985 - I R 7/81, BStBl. II 1986, 318 (319): "... stehen die Amtsermittlungspflicht des FG und die Mitwirkungspflichten der Beteiligten in einem inneren Abhängigkeitsverhältnis zueinander. Das FG kann in der Regel auf die weitere Sachverhaltsaufklärung verzichten, wenn ein Beteiligter keine Auskunft über Tatsachen gibt, die in sein Wissen gestellt sind und deren Mitteilung schon wegen der persönlichen Nähe zu der zu erteilenden Information seine Sache ist."

[34]   *Hey*, Beweislast und Vermutungen im deutschen internationalen Steuerrecht, S. 46; *Goertzen*, FR 1994, 770 (773) unter Bezugnahme auf den Rechtsgedanken des § 444 ZPO i. V. m. § 155 FGO.

[35]   BFH v. 15.02.1989 - X R 16/86, BStBl. II 1989, 462.

[36]   BFH v. 15.02.1989 - X R 16/86, BStBl. II 1989, 462.

Werbungskosten keine Belege vor, kann das Finanzamt davon ausgehen, daß die Ausgaben nicht geleistet wurden.

Problematisch sind die Fälle, in denen der Steuerpflichtige die Auskünfte nicht geben kann, da sie ihm unbekannt sind. Da er laut § 90 Abs. 1 Satz 2 AO ausdrücklich nur ihm bekannte Daten offenlegen muß, erweist sich die Auskunft, man wisse nichts als Erfüllung des behördlichen Auskunftsbegehrens, wenn sie der Wahrheit entspricht. Dies kann der Steuerpflichtige z. B. an Eides statt versichern. Die Auskunftperson muß keine eigenen Nachforschungen anstellen[37]. Beweisvorsorgepflichten sind im Rahmen der allgemeinen Mitwirkungspflicht nicht vorgesehen.

II. fremde Steuer

Bei der Steuerermittlung in einem fremden Steuerverfahren kann die Finanzverwaltung gemäß § 93 Abs. 1 Satz 3 AO Dritte zur Mitwirkung heranziehen, wenn die Sachverhaltsaufklärung durch die Beteiligten i. S. des § 78 AO nicht zum Ziele führt.

Die Auskunftspflicht Dritter rechtfertigt sich aus dem Interesse der Allgemeinheit an zutreffender, gleichmäßiger und unverkürzter Besteuerung, demgegenüber das Interesse des unbeteiligten Dritten, unbehelligt von staatlichen Eingriffen zu bleiben, zurücktreten muß[38]. Nach der Rechtsprechung des BFH[39] und des BVerfG[40] hat der Auskunftsverpflichtete Einschränkungen seines Rechts auf informationelle Selbstbestimmung im überwiegenden Allgemeininteresse hinzunehmen, sofern diese Beschränkung auf einer gesetzlichen Grundlage beruht, aus der sich ihre Voraussetzungen und der Umfang der Beschränkung klar und für den Bürger erkennbar ergeben. Eine solche Regelung enthalte § 93 AO, der mit ausreichender Deutlichkeit besagt, daß Dritte unter den dort genannten Voraussetzungen zur Erteilung von Auskünften an die Finanzbehörde verpflichtet sind[41]. Die Finanzbehörde hat allerdings i. S. eines stufenmäßigen Vorgehens gem. § 93 Abs. 1 Satz 3 AO zunächst zu prüfen, ob sie die notwendigen Auskünfte bereits einem am Besteuerungsverfahren Beteiligten erhalten kann. Wenn die Sachverhaltsaufklärung durch die Beteiligten nicht zum Ziele führt oder keinen Erfolg verspricht, verbleibt als "ultima ratio" die Möglichkeit, sich an andere Personen zu wenden. Hierdurch soll gewährleistet werden, daß Außenstehende nach Möglichkeit unbehelligt bleiben und die steuerlichen Verhältnisse der Beteiligten

---

[37] *Hübschmann/Hepp/Spittaler*, AO, § 93 Rz. 51; *Tipke/Kruse*, AO, § 90 Rz. 30;
[38] *Kühn/Hofmann*, AO, § 93 Anm. 2.
[39] BFH v. 22.02.2000 – VII R 73/98, BB 2000, 1557 (1559).
[40] BVerfG v. 15.12.1983 – 1 BvR 209, 269, 362, 420, 440, 484/83, BVerfGE 65, 1 (44).
[41] BFH v. 29.10.1986 – VII R 82/85, BStBl. II 1988, 359 (363).

nicht unnötigerweise anderen zur Kenntnis gelangen[42]. Das stufenmäßige Vorgehen setzt allerdings voraus, daß die Person des Beteiligten der Finanzbehörde überhaupt bekannt ist. Ist die Person unbekannt, steht von vornherein fest, daß kein Auskunftsverlangen an diesen gerichtet werden kann. In diesen Fällen darf die Finanzverwaltung das Auskunftsverlangen gleich an den Dritten richten[43].

Nach allgemeiner Meinung kann die Finanzbehörde Auskunft von einem Dritten nur verlangen, wenn die begehrte Auskunft zur Aufklärung des für die Besteuerung relevanten Sachverhaltes geeignet und notwendig ist, die Erfüllung des Auskunftsverlangens für den Betroffenen (voraussichtlich) möglich und die Inanspruchnahme des Betroffenen erforderlich, verhältnismäßig (Zweck – Mittel - Verhältnis) und zumutbar ist[44]. In der Praxis wird im jeweiligen Einzelfall v. a. zu prüfen sein, ob das Auskunftsersuchen verhältnismäßig und zumutbar ist. Sofern jedoch die Finanzbehörde etwas nicht ermitteln kann, was dem Auskunftspflichtigen aufgrund seiner Beweisnähe einfach möglich ist, wird gegen die Verlagerung der Ermittlungspflicht auf ihn regelmäßig kaum etwas einzuwenden sein. Auf die obigen Ausführungen kann in diesem Zusammenhang verwiesen werden[45]. Der auskunftspflichtige Dritte hat nach der Rechtsprechung des BFH insbesondere keinen Anspruch darauf, daß die Finanzbehörde von der Befragung Abstand nimmt, weil möglicherweise eine gleichartige Auskunft von einem anderen - ebenfalls auskunftspflichtigen Dritten - zu erhalten ist[46].

Bestehen in einem konkreten Besteuerungsverfahren seitens der Finanzbehörde Zweifel, ob Ausgaben überhaupt angefallen sind, legitimiert § 93 Abs. 1 Satz 1 AO ferner die Frage nach dem Empfänger, um auf diese Weise Klarheit über den Sachverhalt zu gewinnen. § 93 AO rechtfertigt diese Nachfrage auch, falls es der Finanzbehörde primär um die steuerlichen Verhältnisse des

---

42 *Kühn/Hofmann*, AO, § 93 Anm. 3.
43 BFH v. 18.02.1997 - VIII R 33/95, BStBl. II 1997, 499; BFH v. 27.10.1981 - VII R 2/80, BStBl. II 1982, 141.
44 Vgl. auch BFH v. 18.02.1997 - VIII R 33/95, BStBl. II 1997, 499 (505); BFH v. 24.10.1989 - VII R 1/87, BStBl. II 1990, 198 (m. w. N.) der BFH läßt es in den zitierten Entscheidungen ausdrücklich dahingestellt, ob diese Erfordernisse rechtliche Grenzen für das Auskunftsverlangen im Sinne ungeschriebener Tatbestandsmerkmale des § 93 Abs. 1 AO darstellen oder ob das FA sie lediglich im Rahmen seiner Ermessensentscheidung (vgl. § 92 Satz 1 AO) zu berücksichtigen hat.
45 Siehe unter: 1. Teil B I.
46 BFH v. 22.02.2000 – VII R 73/98, BB 2000, 1557 (1560): "... das FA kann also eine oder (gleichzeitig) mehrere Personen zur Auskunft auffordern, ohne daß diese berechtigt wären, die Auskunft unter Hinweis darauf zu verweigern, dass die Verwaltung auch andere Personen um Auskunft ersuchen könnte."

Empfängers geht[47]. Die Zahlung als solche ist schon ein hinreichender Grund für die Nachforschung[48].

Das Auskunftsersuchen gem. § 93 AO kann nach Maßgabe der §§ 328 ff. AO mit Zwangsmitteln durchgesetzt werden. Sofern der Dritte also dem Verlangen nach Benennung des Zahlungsempfängers nicht nachkommt, kann folglich Zwangsgeld oder ggfs. Zwangshaft angedroht und notfalls festgesetzt werden.

III. gesteigerte Mitwirkungspflicht bei Auslandssachverhalten

Die Mitwirkungspflicht wird in Fällen gesteigert, die sich auf Vorgänge außerhalb der Bundesrepublik Deutschland beziehen. Hier sind nicht nur die Tatsachen offenzulegen und bekannte Beweismittel anzugeben, sondern die Beteiligten haben selbst den Sachverhalt aufzuklären und die erforderlichen Beweismittel zu beschaffen[49]; die Mitwirkungspflicht wird damit zu einer *Sachaufklärungspflicht*. Ziel dieser erhöhten Pflicht ist es, Ermittlungs- und Beweisnotstände der Finanzbehörden zu vermeiden, die allein dadurch entstehen können, daß deutsche Behörden grundsätzlich rechtlich (und zumeist auch tatsächlich) nicht in der Lage sind, eine hoheitliche Sachverhaltsaufklärung im Ausland zu betreiben[50]. Auch in diesem Zusammenhang kann mithin auf die obigen Ausführungen zur "Beweisnähe" Bezug genommen werden[51], wonach gegen die Verlagerung der Ermittlungspflicht v. a. dann keine Bedenken bestehen dürften, wenn die Finanzbehörde etwas nicht ermitteln kann, was dem Steuerpflichtigen einfach möglich ist. Eine andere Betrachtungsweise würde - mit den Worten *Tipkes*[52] - in der Tat, v. a. bei Auslandssachverhalten, die Gefahr beinhalten, daß "das Beweisrecht ... zum Asyl" für Steuersünder werden könnte. Der Steuerpflichtige hat daher bereits bei der Gestaltung seiner Verhältnisse dafür Vorsorge zu treffen, daß er den erkenn-

---

[47] *Hübschmann/Hepp/Spitaler*, AO, § 160 Rz. 3; *Schwarz*, AO, § 160 Rz. 6.

[48] BFH v. 07.08.1990 - VII R 106/89, BStBl. II 1990, 1010; *Hübschmann/Hepp/Spitaler*, AO, § 160 Rz. 3.

[49] § 90 Abs. 2 Satz 1 AO.

[50] *Goertzen*, FR 1994, 770 (771); siehe auch BFH 12.10.2000 - VIII B 141/99 , BFH/NV 463 (464); FG Berlin v. 08.05.2001 - 7 K 8092/00, EFG 2001, (1255): "... kommt es in diesen Fällen zu einer Umkehr der Feststellungslast, da der Steuerpflichtige primär eine steuermindernde Betriebsausgabe begehrt und nicht etwa die Durchsetzung des Steueranspruchs durch das FA im Vordergrund steht" aber an anderer Stelle (S. 1257): "Das Gericht ist sich im klaren darüber, dass die Besteuerung, insbesondere die Vollstreckung im Ausland, für den Beklagten überaus mühevoll gewesen wäre. Es hält es aber zur Sicherung des Steueraufkommens für sachgerechter, dem FA diese Aufgabe aufzuerlegen, als der Klägerin den BA-Abzug zu versagen".

[51] Siehe unter: 1. Teil B I und II.

[52] *Tipke*, Steuerkongreßreport 1967, 39 (48).

baren Sachverhalt später dem Finanzamt gegenüber aufklären kann und notwendige Beweise zu beschaffen vermag[53]. Er verletzt diese Aufklärungs- und Beschaffungspflicht, wenn er sich im Besteuerungsverfahren dem Finanzamt gegenüber darauf beruft, daß ihm dies tatsächlich nicht möglich sei, vorausgesetzt, er war nach den Umständen des Einzelfalles bei der Gestaltung seiner Verhältnisse in der Lage, sich die Möglichkeit zur Aufklärung und Beschaffung einräumen zu lassen[54]. Zugunsten des Steuerpflichtigen ist dies dann nicht der Fall, wenn er nachweisbar erklärt, daß er sich vergebens um die Offenlegung nun unbekannter, für die Besteuerung aber letztlich maßgebender Umstände bemüht hat[55]. Dies setzt jedoch zwingend voraus, daß die Bedeutung der Umstände, deren Aufklärung das Finanzamt später fordert, im Zeitpunkt der Begründung der Rechtsbeziehung dem Steuerpflichtigen erkennbar war[56].

In Ergänzung zu dieser erhöhten Sachaufklärungspflicht trifft den Steuerpflichtigen die Pflicht, zur Anwendung der §§ 5 und 7 bis 15 AStG die notwendigen Auskünfte zu erteilen, insbesondere bestimmte Geschäftsbeziehungen zu offenbaren und sachdienliche Unterlagen vorzulegen[57]. Ebenso wie § 90 Abs. 1 und Abs. 2 AO dient damit § 17 Abs. 1 AStG der Aufklärung steuerlicher Sachverhalte betreffend den Steuerpflichtigen selbst. Hierzu muß der Steuerpflichtige Angaben vor allem über eventuell bestehende Beteiligungen an ausländischen Gesellschaften machen[58], welche auf Verlangen des Finanzamtes unter den Voraussetzungen des § 95 AO der Steuerpflichtige durch Abgabe einer eidesstattlichen Versicherung zu erhärten hat[59].

Schließlich ist auch die erhöhte Mitwirkungspflicht des § 16 AStG zu erwähnen. § 16 AStG dient der Ermittlung der eigenen Steuer des Steuerpflichtigen. Die Vorschrift steht im Zusammenhang mit der Anwendung des § 1 AStG und will verhindern, daß der Steuerpflichtige zur Steuervermeidung im Inland eine

---

[53] *Tipke/Kruse*, AO, § 90 Rz. 13; *Leucht*, StBp 1997, 117 (119); so ist z. B. nach ständiger Rspr. des BFH ein im Ausland ansässiger Zeuge vom FG nicht zu laden, sondern vom Beteiligten, der die Vernehmung dieses Zeugen beantragt, nach § 76 Abs. 1 Satz 4 FGO i. V. m. § 90 Abs. 2 AO zu stellen, vgl. BFH v. 12.10.2000 - VIII B 141/99, BFH/NV 463 (464) oder BFH v. 27.06.2001 - I R 46/00, BFH/NV 2002, 1 (2).

[54] § 90 Abs. 2 Satz 2, 3 AO.

[55] *Goertzen*, FR 1994, 770 (772); *Neubauer*, Mitwirkungspflichten bei Auslandsbeziehungen, JbFfStR 1977/78, S. 110 (117).

[56] BFH v. 25.11.1986 - VIII R 350/82, BStBl. II 1987, 286.

[57] § 17 Abs. 1 AstG.

[58] *Flick/Wassermeyer/Baumhoff*, AStG, § 17 Rz. 3 und Rz. 18.

[59] Die eidesstattliche Versicherung, nicht an einer *Domizilgesellschaft* beteiligt zu sein, begründet allerdings keine unwiderlegbare Vermutung hierfür. Vielmehr soll die eidesstattliche Versicherung nur Zweifel des Finanzamtes beseitigen, die aber auch noch durch neue Tatsachen nach der Abgabe der eidesstattlichen Versicherung wieder geweckt werden können, so BFH v. 05.11.1970 - V R 71/67, BStBl. II 1971, 220.

Gewinnverlagerung ins Ausland vornimmt[60]. § 16[61] AStG legt dem Steuerpflichtigen zwar eine weitergehende Offenlegungspflicht hinsichtlich der hinter der ausländischen Person stehenden Interessen auf, macht diese aber im Gegenzug von dem zusätzlichen Tatbestandsmerkmal *der fehlenden oder unwesentlichen Besteuerung des Empfängers* abhängig. Dabei ist für die vorliegende Untersuchung von ausschlaggebender Bedeutung, daß einhellig die Auffassung vertreten wird, die Finanzverwaltung müsse zunächst die fehlende oder unwesentliche Besteuerung der ausländischen Gesellschaft beweisen, bevor sie vom Steuerpflichtigen die Offenlegung seiner Beziehungen zur ausländischen Gesellschaft verlangen kann[62]. Kontrovers wird lediglich beurteilt, ab welcher Steuerlastquote von einer "unwesentlichen Besteuerung" i. S. des § 16 AStG ausgegangen werden kann und wie weit die Darlegungs- und Beweislast der Finanzbehörde in diesem Zusammenhang geht.

1. maßgebliche Steuerlastquote

Da im Außensteuergesetz nicht definiert ist, ab wann von einer "fehlenden oder unwesentlichen Besteuerung" i. S. d. § 16 AStG auszugehen ist, herrscht über die maßgebliche Steuerlastquote Uneinigkeit[63]. Für die vorliegende Arbeit ist dieser Streit ohne Bedeutung. Vorzugswürdig dürfte allerdings die Ansicht von

---

60 *Flick/Wassermeyer/Baumhoff*, AStG, § 16 Rz. 4.1.

61 § 16 AStG lautet wie folgt:
(1) Beantragt ein Steuerpflichtiger unter Berufung auf Geschäftsbeziehungen mit einer ausländischen Gesellschaft oder einer im Ausland ansässigen Person oder Personengesellschaft, die mit ihren Einkünften, die in Zusammenhang mit den Geschäftsbeziehungen zu dem Steuerpflichtigen stehen, nicht oder nur unwesentlich besteuert wird, die Absetzung von Schulden oder anderen Lasten oder von Betriebsausgaben oder Werbungskosten, *so ist im Sinne des § 160 AO der Gläubiger oder Empfänger erst dann genau bezeichnet*, wenn der Steuerpflichtige alle Beziehungen offenlegt, die unmittelbar oder mittelbar zwischen ihm und der Gesellschaft, Person oder Personengesellschaft bestehen oder bestanden haben.
(2) Der Steuerpflichtige hat über die Richtigkeit und Vollständigkeit seiner Angaben und über die Behauptung, daß ihm Tatsachen nicht bekannt sind, auf Verlangen des Finanzamtes gemäß § 95 AO eine Versicherung an Eides Statt abzugeben.

62 *Wassermeyer/Wagner*, RIW/AWD 1975, 406 (407); *Blümich/Menck*, EStG, § 16 AStG Rz. 12; *Brezing*, Außensteuerrecht, § 16 Rz. 11; *Schmitz*, IStR 1997, 193 (196).

63 - Die Finanzverwaltung und Teile der Literatur gehen unter Berufung auf § 8 Abs. 3 AStG von einer Ertragsteuerbelastung von 30 % aus, *siehe:* BMF, Anwendungserlaß zur AO, T.16.1.2; *Wöhrle/Schelle/Gross*, AStG, § 16 Rz. 4; *Brezing*, Außensteuerrecht, § 16 Rz. 10; *Baranowski*, Besteuerung von Auslandsbeziehungen, Rz. 1129; *Christian/Schwehm*, DStZ 1997, 324 (328).
- Der überwiegende Teil der Literatur leitet die Unwesentlichkeitsgrenze aus § 9 AStG mit 10 % ab, *siehe: Flick/Wassermeyer/Baumhoff*, AStG, § 16 Rz. 12; *Wassermeyer/Wagner*, RIW/AWD 1975, 406 (407); *Lademann/Söffing/Brockhoff*, EStG, § 16 AStG Rz. 6; *Schwarz*, AO, § 160 Rz. 3.

Schmitz[64] sein, der darauf hinweist, daß § 16 Abs. 1 AStG gesetzessystematisch die verfahrensrechtliche Ergänzung des § 1 AStG sei und deshalb unter Heranziehung des § 1 Abs. 2 Satz 1 Nr. 1 AStG von "unwesentlicher Besteuerung" bei einer ausländischen Ertragsteuerbelastung von unter 25 % spricht.

2. Darlegungs- und Beweislast bzgl. der Steuerlastquote

Teile der Literatur stellen lediglich auf die *abstrakte Steuerbelastung* in dem Staat ab, in welchem die ausländische Gesellschaft ihren Sitz hat[65]. Existieren in dem betreffenden Sitzstaat Steuervergünstigungen und Privilegien, die zu einer unwesentlichen Besteuerung i. S. d. § 16 AStG führen, könne die Finanzverwaltung ohne nähere Ermittlungen davon ausgehen, daß der ausländische Geschäftspartner diese Steuervergünstigungen und Privilegien auch in Anspruch genommen habe[66]. Fragen hinsichtlich der abstrakten Steuerbelastung in dem Sitzstaat des Geschäftspartners müsse der Steuerpflichtige darüber hinaus auf der Grundlage des § 90 Abs. 2 AO beantworten[67].

Die Gegenauffassung verlangt von der Finanzbehörde, daß sie die *tatsächliche Steuerbelastung* der ausländischen Gesellschaft darzulegen hat[68]. Dies gelte insbesondere dann, wenn eine unwesentliche Besteuerung nur unter den Voraussetzungen angenommen werden könne, daß der Steuerausländer Steuervergünstigungen oder -privilegien in Anspruch nimmt. Eine solche Inanspruchnahme könne nicht nach den Regeln der Lebenserfahrung einfach unterstellt werden. Gleiches gelte bei einem im Ausland anzuwendenden progressiven Steuertarif, bei dem sich eine unwesentliche Besteuerung nur in den niedrigeren Einkommensklassen ergibt. Hier müsse die Finanzbehörde den tatsächlich angewendeten Steuersatz darlegen und gegebenenfalls beweisen.

Schmitz[69] gelangt nach Abwägung der zuvor genannten Argumente zu dem m. E. zutreffenden Ergebnis, daß der letzteren Auffassung der Vorzug gebühre. Der Gesetzgeber habe nach dem ausdrücklichen Wortlaut des § 16 AStG der Finanzbehörde die Darlegungs- und Beweislast für das Merkmal der unwesentlichen Besteuerung auferlegt. Daß hiermit die konkrete und nicht die abstrakte Steuerbelastung gemeint sei, ergebe sich bereits aus dem Wortlaut. Die Vorschrift spreche nämlich - im Gegensatz zu § 2 Abs. 1 Nr. 1 AStG, der

---

[64] *In:* IStR 1997, 193 (195).
[65] *Lademann/Söffing/Brockhoff*, EStG, § 16 AStG Rz. 6.
[66] *Brezing*, Außensteuerrecht, § 16 AStG Rz. 12.
[67] *Brezing*, Außensteuerrecht, § 16 AStG Rz. 11.
[68] *Schmitz*, IStR 1997, 193 (196 m. w. N. in Fn. 35); *Wassermeyer/Wagner*, RIW/AWD 1975, 406 (407); *Schaumburg*, Internationales Steuerrecht, Rz. 19.24, S. 1301.
[69] *Schmitz*, IStR 1997, 193 (196).

unzweifelhaft auf die abstrakte Steuerbelastung abstellt - nicht davon, daß die ausländische Person nur einer niedrigen Besteuerung *"unterliegt"*, sondern daß sie nicht oder nur unwesentlich *"besteuert wird"*. Dieser klare gesetzgeberische Wille werde mißachtet, wenn man generell auf die abstrakte Steuerbelastung im Ausland abstellt; diese Meinung komme deshalb nur dort zu vertretbaren Ergebnissen, wo selbst der ausländische Spitzensteuersatz - die oben entwickelte[70] - 25 % - Grenze nicht erreiche.

Aufgrund der beschriebenen Darlegungs- und Beweislastverteilung zu Lasten der Finanzbehörde kann diese also die Mitteilung der konkreten Steuerbelastung der ausländischen Gesellschaft nicht gem. § 90 Abs. 2 AO vom Steuerpflichtigen verlangen. Vielmehr verdrängt § 16 AStG insoweit als spezielle Vorschrift die allgemeine erhöhte Mitwirkungspflicht des § 90 Abs. 2 AO mit der Folge, daß die spezielle Beweislastregelung des § 16 Abs. 1 AStG nicht durch Anwendung des § 90 Abs. 2 AO unterlaufen werden darf[71].

---

[70] Siehe unter: 1. Teil III 1.
[71] *Schmitz*, IStR 1997, 193 (196).

2. Teil: Normzweck des § 205 a RAO

In der amtlichen Begründung des § 160 AO[72] heißt es, die Vorschrift entspricht dem § 205 a RAO. Nachfolgend wird daher zunächst geprüft, welcher Zweck dem § 205 a RAO beizumessen ist. Eine solche Untersuchung ist für die weitere Arbeit in zweierlei Hinsicht nützlich. Zum einen bietet sie Gelegenheit, einen Überblick über die Grundsätze zu gewinnen, die durch Rechtsprechung und Schrifttum für die Anwendung des § 205 a RAO entwickelt worden sind. Zum anderen vermag eine Untersuchung der Vorgängervorschrift die Auslegung der neuen Vorschrift, d. h. des § 160 AO, zu fördern. Dabei kommt die Analyse der Rechtsprechung und des Schrifttums zu § 205 a RAO der Anwendung aller Auslegungsmethoden zugute. Sie kann z. B. dazu verhelfen, einen besonderen Sprachgebrauch des Gesetzgebers zu erkennen und vermag Zusammenhänge mit anderen Vorschriften aufzudecken. Sie kann ferner die Anwendung der historischen Auslegungsmethode erleichtern; denn diese hat nicht nur die Gesetzesmaterialien, sondern auch die Entstehungsgeschichte des Gesetzes zu berücksichtigen, wozu insbesondere die Rechtslage gehört, die der durch das neue Gesetz geschaffenen unmittelbar vorausgegangen ist.

A. Wortlaut

§ 205 a RAO lautet wie folgt:

(1) Wenn der Steuerpflichtige beantragt, daß Schulden oder andere Lasten (zum Beispiel Nießbrauchslasten oder Rentenlasten) bei der Feststellung des Vermögens oder der der Erbschaftsteuer unterliegenden Bereicherung abgesetzt werden, so kann das Finanzamt verlangen, daß der Steuerpflichtige die Gläubiger genau bezeichnet.
(2) Wenn der Steuerpflichtige beantragt, daß Betriebsausgaben oder Werbungskosten bei der Feststellung des Einkommens abgesetzt werden, so kann das Finanzamt verlangen, daß der Steuerpflichtige die Empfänger genau bezeichnet.
(3) Soweit der Steuerpflichtige die vom Finanzamt verlangten Angaben nicht macht, werden die beantragten Absetzungen nicht vorgenommen.

B. Rechtsgültigkeit des § 205 a RAO

I. § 205 a RAO eine "despotische Norm"?

Die Rechtsgültigkeit des § 205 a RAO ist wiederholt angezweifelt worden, in besonders deutlicher Form von *Mondorf*[73]. Dieser verweist darauf, daß

---

72 BT-Drucks. VI/1982, 146: zu § 141.
73 *Mondorf*, BB 1949, 379 f..

§ 205 a RAO durch das StAnpG vom 16.10.1934[74] in die RAO eingefügt wurde. Das StAnpG seinerseits beruhte auf dem berüchtigten Gesetz zur Behebung der Not von Volk und Reich vom 24.03.1933[75], dem sog. Ermächtigungsgesetz. Im "Tillessen-Prozeß" hatte das Tribunal Général in Rastatt durch Urteil vom 06.01.1947[76] entschieden, daß das Ermächtigungsgesetz verfassungswidrig zustande gekommen ist und daher keinerlei Rechtsgültigkeit hat[77]. Hieraus schließt *Mondorf*, daß § 205 a RAO der Rechtsgrundlage entbehre und folglich kein gültiges Recht sein könne[78]. Darüber hinaus sei § 205 a RAO auch materiellrechtlich "Nationalsozialismus in Reinkultur", da er von dem Steuerpflichtigen verlange, daß er "in eigener Sache andere anzeigt"[79]. Denunziation werde jedoch in allen Rechtsstaaten abendländischer Prägung auf das Höchste verachtet[80]. Laut *Mondorf* verdient § 205 a RAO deshalb ohne Einschränkung die Charakterisierung "despotische Norm". Unter Berufung auf die Theorie von *Thoma*[81], wonach "despotische Normen" mit dem Sturz des NS-Systems automatisch außer Kraft getreten seien, ohne daß es einer gesetzgeberischen Maßnahme zu ihrer Außerkraftsetzung bedürfte, meint *Mondorf*, daß § 205 a RAO rechtsungültig sei.

Falls diese Kritik berechtigt und die Vorschrift mithin rechtsungültig ist, wäre eine weitere Untersuchung des § 205 a RAO überflüssig. Die Ansicht *Mondorfs* muß deshalb näher überprüft werden.

II. Stellungnahme

Für die Beurteilung der Rechtsgültigkeit des § 205 a RAO kann dahingestellt bleiben, ob das Ermächtigungsgesetz verfassungswidrig zustandegekommen und deshalb rechtsungültig ist[82]. Selbst wenn dies zuträfe, sind deswegen nicht alle

---

[74] Und zwar § 21 Ziffer 21.
[75] RGBl. 1933 I, 141.
[76] JO Nr.61 vom 27.03.1947, S. 633 f. *(zitiert nach: Mondorf, BB 1949, 379).*
[77] Ausführlich hierzu *Kutscher*, BB 1949, 265 f. m. w. N..
[78] *Mondorf*, BB 1949, 379.
[79] So ausdrücklich *Mondorf*, BB 1949, 379; ähnlich: *Red*, Wpg 1949, 127 (128); siehe auch *Gnam*, Wpg 1953, 114 (115); *Labus*, BB 1966, 1010.
[80] Auch *Spatscheck/Alvermann*, DStR 1999, 1427 sprechen jüngst im Zusammenhang von § 160 AO wieder von "gesetzlich sanktionierter Denunziation".
[81] Vgl. *Thoma*, Besprechung des Urteils des OLG Tübingen v. 17.04.1947, DRZ 1948, 142.
[82] Das *Tribunal Général* (JO Nr.61 vom 27.03.1947, S. 633 f.) und das *OLG Tübingen* (DRZ 1948, S. 141) bejahen diese Frage. Wobei das *OLG Tübingen* jedoch meint, daß Gesetzgebungsakte, die rein äußerlich und formal auf dem Ermächtigungsgesetz beruhen, gleichwohl als Gewohnheitsrecht in Kraft treten können, wenn sie einerseits "die Regelung notwendiger Rechtsfragen für das Rechtsleben des deutschen Volkes" zum Gegenstand hatten, und sie andererseits "nicht ausgesprochen nationalsozialistischem Geist entsprangen". Das *LVG Münster* (MDR 1950, 309 f.) hingegen hat die Verfassungsmäßigkeit des Ermächtigungsgesetzes bejaht. Der *BGH* (NJW 1952, 1139) enthielt sich einer

Gesetze, die das Ermächtigungsgesetz zur Grundlage haben, ebenfalls ungültig. Nach der von *Jellineck* entwickelten Lehre von der "normativen Kraft des Faktischen"[83] sind die während der Hitler-Diktatur eingeführten Gesetze, allein durch ihre jahrelange Anwendung, unabhängig von der Rechtmäßigkeit ihres Zustandekommens als geltendes Recht anzusehen[84]. Eine andere Sichtweise hätte zur Entstehung "eines Vakuums auf allen Gebieten des Lebens"[85] geführt und den Versuch dargestellt, durch eine juristische Konstruktion die Zeit von 1933 bis 1945 hinwegzudenken. Die Besatzungsmächte bestätigten diese Auffassung, indem sie nur bestimmte Gesetze wegen ihres nationalsozialistischen Inhaltes ausdrücklich aufhoben[86] und damit die Rechtsgültigkeit der nicht ausdrücklich aufgehobenen Vorschriften, wie z. B. § 205 a RAO, im Grundsatz anerkannten. Auch das Gesetz Nr. 1 der Militärregierung[87] spricht in Artikel III Ziffer 6 explizit von deutschem Recht, das nach dem 30. Januar 1933 in Kraft getreten sei und in Kraft bleibe.

Dieser Ansicht ist im übrigen grundsätzlich auch *Thoma*[88], nur macht er, worauf sich *Mondorf* beruft, die Einschränkung, daß "despotische" Normen mit dem Zusammenbruch des Dritten Reiches automatisch außer Kraft getreten seien. Unabhängig davon, ob diese These *Thomas* staatsrechtlich haltbar ist, führt auch sie nicht dazu, daß § 205 a RAO rechtsungültig ist. Denn wider *Mondorf* wird man § 205 a RAO nicht als "despotische" Norm einordnen können, "die vom Steuerpflichtigen verlangt, andere in eigener Sache anzuzeigen". Daß Steuerpflichtige zur Kontrolle anderer Steuerpflichtiger herangezogen werden, ist keineswegs ein Zeichen autoritärer, diktatorischer Staatsführung, sondern war schon damals auch in demokratischen Staaten üblich. Als Beispiel nennt *Klein*[89] folgende Regelung aus den USA:

---

83 Entscheidung und stellte lediglich salomonisch fest, daß dessen "formell rechtmäßiges Zustandekommen sehr zweifelhaft war".

84 *Jellinek*, Allgemeine Staatslehre, S. 337 ff..

So z. B. OLG Kiel v. 26. März 1947, sog. Garbe-Urteil, MDR 1947, S. 69 ff.; *Dornemann*, FR 1950, 33; *Klein*, DB 1949, 413: "... es kann keinem begründeten Zweifel unterliegen, daß -wenn auch nicht alle, so doch- weitaus die meisten Rechtsvorschriften in der Zeit nach 1933 als Fakten deswegen normative Kraft entfalten konnten, weil ihnen ein solches Wirkungspotential auf Menschen innewohnte, daß sie sich danach richteten oder das Faktum zur Regel nahmen". Vgl. hierzu ebenfalls das Gutachten des Obersten Finanzgerichtshofs vom 23.11.1948 - III D 1/48 S, StuW 1949, Nr. 2 (u. ABl.Bay.Staatsmin. der Fin., 1949, S. 8).

85 So ausdrücklich *Zitzlaff*, StuW 1949, 287.

86 Kontrollratsgesetz Nr.1, ABlKR 1945 Nr.1, S. 6 (zitiert nach BFH, BStBl.1951, 77).

87 Amtsblatt der Militärregierung Deutschland -Brit. Kontrollgebiet- Nr. 3 (zitiert nach BFH, BStBl.1951, 77).

88 In DRZ 1948, 142.

89 *Klein*, DB 1949, 413, 414 (unter Hinweis auf: *Groves*, Financing Government, New York 1945, 170, 172).

17

"Taxpayers who pay out interests, wages or rents to others are request to report such payments together with the names and addresses of the payees. The administration has also what is called the "doomage-power" by which is meant the power to assess on the basis of the best information available those who refuse to cooperate in giving information."

Die Rechtsprechung bestätigte die Rechtsgültigkeit von § 205 a RAO und wies darauf hin, daß die Vorschrift auch wenn "die Regierung der Weimarer Republik nicht durch die NS-Regierung abgelöst worden wäre"[90] bzw. auch "im Rahmen der Grundsätze eines demokratischen Staates"[91] hätte erlassen werden können. Entgegen der Auffassung *Mondorfs* kann deshalb keine Rede davon sein, daß es sich bei § 205 a RAO um eine "inhuman-barbarische", "antiliberal-tyrannische" und "despotische" Norm handelt, die dem "in der Kulturgemeinschaft der abendländischen Zivilisation erwachsenden Rechtsgefühl ins Gesicht schlage" und deshalb mit dem Zusammenbruch des Dritten Reiches automatisch gegenstandslos geworden sei[92]. Gegen die Rechtsgültigkeit des § 205 a RAO lassen sich mithin staatsrechtlich keine begründeten Bedenken erheben.

C. Zweck der Norm

§ 205 a RAO, der in Fachkreisen ebenfalls "Schmiergeldparagraph" genannt wurde[93], erregte seit seiner Einführung in besonderem Maße das steuerrechtliche Interesse. Je mehr dieses Interesse stieg, um so widerspruchsvoller und verschiedenartiger wurden insbesondere die Meinungen zum Normzweck, "welche schließlich in allen Schattierungen vertreten wurden"[94]. Nachfolgend werden die einzelnen Meinungen dargestellt und kommentiert.

I. besondere Regelung der Feststellungslast

Meßmer war der Ansicht, daß § 205 a RAO lediglich eine Selbstverständlichkeit ausspricht, die sich schon aus den §§ 204, 205, 171 RAO ergibt[95]. § 205 a RAO

---

[90] FG Hamburg, v. 24.11.1949 - III 172-173/49, StPr. 1950, 94.
[91] BFH v. 23.02.1951 - IV 81/50 S, BStBl. III 1951, 77 (78); bestätigt durch BFH v. 17.12.1980 - I R 148/76, BStBl. II 1981, 333 (335).
[92] Vgl. hierzu ausführlich: *Klein*, DB 1949, 413, 415; *Wüller*, Die steuerrechtliche Beurteilung von Vertrauensspesen, S. 43; *Hörnschemeyer*, Die Auskunftspflicht des Steuerpflichtigen im Steuerermittlungs-, Steueraufsichts- und Steuerstrafverfahren, S. 43.
[93] Vgl. z. B. *Schick*, StuW 1969, 361, 374; *Padberg*, StuW 1978, 47.
[94] So ausdrücklich *Dornemann*, FR 1950, 33.
[95] *Mattern/Meßmer*, RAO, § 205 a Rz. 1386; in Rz. 1392 spricht Meßmer auch von einer "Ergänzung bzw. Verdeutlichung" zu §§ 204, 205, 171 RAO; ähnlich argumentieren *Red*, Wpg 1949, 127 (128); *Scheuffele*, FR 1971, 359 (364) spricht von einer typisierenden Beweisregel; a. A. ist *Riewald*, in RAO, Band II 1951, § 205 a Anm. 3.

sei letztlich nur eine *besondere Regelung der Feststellungslast*. Wer die Steuerschuld mindernde Tatsachen behaupte, habe aufgrund der in § 171 Abs.1 RAO vorgeschriebenen Mitwirkungspflicht den Sachverhalt aufzuklären und Beweismittel für die Richtigkeit seiner tatsächlichen Behauptungen beizubringen; unterlasse er dies, obwohl er dazu in der Lage sei, treffe ihn die Last der Nichtfestellbarkeit dieser Tatsachen. Laut *Meßmer* bezweckt § 205 a RAO folglich als bloße Verfahrensvorschrift die richtige Besteuerung des Zahlenden[96]; einen materiell-rechtlichen Zweck lehnt er kategorisch ab[97].

So plausibel der Ansatz *Meßmers* auch klingt, vermag er dennoch nicht zu überzeugen, weil § 205 a RAO dann im Grunde genommen keine Existenzberechtigung hätte. Wenn sich die Nachweispflicht des Steuerpflichtigen tatsächlich bereits aus § 171 RAO ergibt und das Finanzamt bei fehlendem Nachweis zu belastender Unterstellung oder Schätzung befugt ist, wäre § 205 a RAO überflüssig[98].

Koch versuchte dem § 205 a RAO in Abgrenzung zu § 171 RAO ein eigenes Profil zu verleihen[99]. Im Gegensatz zu § 171 Abs. 1 RAO werde in § 205 a Abs. 1 und 2 RAO die Zumutbarkeit nicht erwähnt. § 205 a RAO enthalte somit ähnlich dem § 164 Abs.1 RAO, so *Koch* weiter, eine Verschärfung der Nachweispflicht des § 171 RAO dahingehend, daß die Angabe des Gläubigers bzw. Empfängers dem Steuerpflichtigen "generell" zuzumuten sei[100]. Er begründet dies damit, daß

96
BFH v. 23.02.1951 – IV 81/50 S, BStBl. III 1951, 77; BFH v. 18.09.1952 – IV 120/52 U, BStBl. III 1952, 275; BFH v. 17.01.1956 - I 242/54 U, BStBl. III 1956, 68; BFH v. 05.06.1956 – I 106/56 U, BStBl. III 1956, 206; BFH v. 29.10.1959 - IV 579/56 S, BStBl. III 1960, 26.
Wenn nachfolgend vom *"Zahlenden"* gesprochen wird, ist der *Steuerpflichtige* i. S. des § 205 a RAO bzw. § 160 AO gemeint.

97
Mattern/Meßmer, RAO, § 205 a Rz. 1386.

98
Ähnlich argumentiert auch das FG Hamburg in seinen Entscheidungen v. 15.09.1964 - III 146-153/64, EFG 1965, 250 und v. 11.10.1977 - I 53/76, EFG 1978, 107; vgl. auch *Spanner*, StRK - Anm. AO, § 205 a Rz. 20;

99
Becker/Riewald/Koch, RAO, 9.Auflage 1965, § 205 a Anm. 2, neben der Verschärfung der Nachweispflicht soll § 205 a RAO laut *Koch* zugleich auch einem verwerflichen Geschäftsgebaren in der Wirtschaft entgegen wirken.

100
Koch widersprach damit dem BFH, der z. B. in den Urteilen v. 23.02.1951 - IV 81/50 S, BStBl. III 1951, 77, 78; v. 18.09.1952 - IV 120/52 U, BStBl. III 1952, 275 (276); v. 25.10.1952 - IV 152/52, BB 1953, 165 ausdrücklich betont hatte, daß über § 205 a RAO Unterlagen nur insoweit verlangt werden könnten, als ihre Vorlage dem Steuerpflichtigen gem. § 171 Abs. 1 RAO und § 2 StAnpG den jeweiligen Umständen nach zuzumuten sei; lediglich "Schmiergeldfälle" behandelte der BFH strenger: "es stellt in der Regel keinen Fehlgebrauch des Ermessens dar, wenn das FA nach § 205 a Abs. 2 RAO verlangt, daß die Empfänger von Schmiergeldern benannt werden. Lehnt der Stpfl die Benennung ab, so sind die Schmiergelder auch dann nicht abzugsfähig, wenn ihre Zahlung wahrscheinlich ist", so z. B. BFH v. 05.06.1956 - BStBl. III 1956, 206 (207).

der Nachweis über Schulden, Lasten, Betriebsausgaben oder Werbungskosten in der Regel erst dann als erbracht anzusehen sei, wenn bei Schulden oder Lasten der Gläubiger oder Berechtigte, bei Betriebsausgaben oder Werbungskosten der Empfänger benannt werde. *Koch* hängt somit dem Betriebsausgaben- bzw. Werbungskostenbegriff gewissermaßen als "Annex" das weitere Tatbestandsmerkmal der Empfänger- bzw. Gläubigerbezeichnung an und bürdet dem Steuerpflichtigen hierfür die Beweislast auf. Er übersieht in seiner Argumentation allerdings, daß § 164 Abs. 1 RAO[101] keineswegs die (genaue) Benennung des Eigentümers verlangt. Nach dem Wortlaut reicht es vielmehr aus, wenn nachgewiesen ist, daß die Rechte oder Wertsachen dem Steuerpflichtigen nicht gehören. Da der Steuerpflichtige bei Betriebsausgaben oder Werbungskosten den Nachweis der Verausgabung prinzipiell auch aus der Buchführung erbringen kann, ohne die Gläubiger bzw. Empfänger genau zu benennen, geht ein Vergleich mit § 164 Abs. 1 RAO folglich nicht auf.

Der BFH ist der Ansicht *Kochs* nicht gefolgt und hat § 205 a RAO weiterhin nur im Rahmen der "Zumutbarkeitsgrenzen" des § 171 Abs.1 RAO und des § 2 Abs.1 und Abs.2 StAnpG angewandt[102].

II. fiskalischer Zweck

Nach einer anderen Meinung handelt es sich bei § 205 a RAO zwar um eine reine Verfahrensvorschrift; ihr Zweck bestehe allerdings, so z. B. *Riewald*[103], nicht in der Besteuerung des Zahlenden, sondern des Zahlungsempfängers. Der Vorschrift habe die Erwägung zugrundegelegen, "daß, das was bei dem einen abzusetzen ist, bei dem anderen versteuert werden müsse, wenn nicht steuerpflichtige Werte

---

[101] *Absatz 1 des § 164 lautet:* "Wer Rechte, die auf seinen Namen lauten, oder Wertsachen, die er besitzt, als Treuhänder, Vertreter eines anderen oder Pfandgläubiger zu haben behauptet, hat auf Verlangen nachzuweisen, wem die Rechte oder Wertsachen gehören oder daß sie ihm nicht gehören; andernfalls sind sie ihm zuzurechnen. Das Recht der Finanzbehörde, den Sachverhalt zu ermitteln, bleibt unberührt".

[102] BFH v. 18.09.1952 - IV 120/52 U, BStBl. III 1952, 275 (276); BFH v. 27.09.1967 - I 231/64, BStBl. II, 1968, 67 (68).

[103] *Riewald*, Kommentar zur AO, § 205 a Anm. 2; ebenfalls *Theis*, FR 1947, 61 (62) "die Furcht, daß die Steuerverwaltung ... auch noch andere als steuerliche Zwecke verfolgt, ist unbegründet". *Theis* räumt allerdings ein, daß die Vorschrift "vornehmlich auf Schmiergelder und dgl. Ausgaben berechnet" ist S. 61; *Herrmann/Heuer*, EStG 12. Auflage, § 4 Anm. 62 (Schmiergelder) sprechen zugleich von einer Verschärfung der den Stpfl."ohnehin treffenden Auskunftpflicht"; vgl. auch die Nachweise bei *Padberg*, FR 1977, 591 (592), dort Fn.87 und bei *Scheuffele* FR 1971, 359 (360 f.).
Vgl. ferner FG Hamburg vom 15.11.1949 - FG II 58/49, DB 1949, 607; v. 24.11.1949 - FG III 172-173/49, StPr 1950, 94; v. 30.03.1950 - FG I 22/50, StuW 1950, 165 (167); v. 15.02.1952 - FG II 3-4, 29-30/52, DStR 1952, 132; 15.09.1964 - FG III 146-153/64, EFG 1965, 250; FG Düsseldorf v. 01.07.1953 - II 14/53 E, DB 1953, 587; FG Rheinland-Pfalz v. 20.12.1962 - II 52-53/63, EFG 1963, 323.

unversteuert bleiben sollen"[104]. *Riewald* zufolge verwirklicht § 205 a RAO einen allgemeinen Gedanken des Steuerrechtes, der ebenfalls in § 164 RAO zu finden sei und in etwa wie folgt formuliert werden könne: "Macht jemand einen steuermindernden Umstand geltend, der, wenn er zutrifft, bei einem anderen steuererhöhend wirken muß, so ist er gehalten, diesen anderen auf Verlangen zu benennen, sonst wird ihm die Steuerminderung versagt"[105]. Veranlassung für die Schaffung der Vorschrift sei, so *Riewald* weiter, das Bedürfnis gewesen, die Abzugsfähigkeit von Schmiergeldern auf die Fälle zu beschränken, in denen die Schmiergelder beim Empfänger steuerlich erfaßt werden könnten.

Die Finanzverwaltung hat sich diesem Normzweckverständnis angeschlossen[106]. Nach der Ansicht *Riewalds* darf das Finanzamt die Absetzung gewissermaßen zur Wahrung der fiskalischen Interessen des Staates ablehnen, solange nicht die Möglichkeit der Besteuerung beim Gläubiger oder Empfänger dadurch sicher-gestellt ist, daß der Zahlende diese Personen genannt hat. § 205 a RAO stünde dann allerdings in deutlichem Widerspruch zu den allgemeinen (Beweislast-) Grundsätzen über abzusetzende Schulden und/oder Ausgaben. Denn nach § 171 Abs. 1 RAO müssen nur dann nähere Angaben gemacht werden, wenn das Finanzamt Zweifel an der sachlichen Berechtigung der Absetzungen hat. Der von *Riewald* skizzierte Gedankengang, welcher als sog. "Korrespondenzprinzip" Eingang in die steuerrechtliche Diskussion gefunden hat, war grundsätzlich nicht neu. An dieser Stelle sei nur auf die korrespondierende Bilanzierung nach der sog. Spiegelbildmethode verwiesen, die der RFH seit 1933, also noch vor der Ein-führung des § 205 a RAO, zur zutreffenden Besteuerung der Beteiligung an Personengesellschaften entwickelte[107]. Dem RFH wurde in diesem Zusammen-hang bereits vorgeworfen, ausschließlich aus Zweckmäßigkeitserwägungen gegen eherne Grundsätze wie z. B. das Maßgeblichkeits- und das Anschaffungskosten-

---

[104] Diese Formulierung findet sich teilweise auch in der Rechtsprechung, z. B. BFH v. 18.09.1952 - IV 120/52 U, BStBl. III 1952, 275 (276).

[105] *Riewald*, Kommentar zur AO, § 205 a Anm. 2; *Lohmeyer*, BlStSozArbR 1967, 1; *aus-drücklich a. A.*: FG Stuttgart v. 27.01.195 - III 53-61/53, Wpg 1954, 114 "so weit reicht die Tragweite der beiden Vorschriften nicht"; *Barske*, DStZ 1939, 76 (78): "... es gibt ... keinen Grundsatz, wonach das, was bei dem einen als Einkommen erfaßt wird, bei dem anderen als abzugsfähige Ausgabe berücksichtigt werden müßte".

[106] Vgl. z. B. die Rechtsbeschwerdebegründung des Finanzamtsvorstehers in: BStBl. III 1952, 275 "... § 205 a RAO bezweckt die steuerliche Erfassung der Betriebsausgaben oder Werbungskosten beim Empfänger, ... hat den Zweck, diejenigen, die ihre Steuerpflicht zu umgehen versuchen dadurch zu erfassen, daß die von ihnen belieferten Personen veranlaßt werden, zur Vermeidung eigener, an sich ungerechtfertigter Steuerforderungen die Namen der Empfänger der geltend gemachten Betriebsausgaben oder Werbungskosten anzugeben, wobei es ohne Belang ist, ob die Namhaftmachung absichtlich verweigert wird oder unmöglich ist ...".

[107] Veröffentlicht z. B. in: RFHE 33, 234 (243 f.); RStBl. 1935, 338.

prinzip, zu verstoßen, obwohl eine vollständige Besteuerung auch nach den allgemeinen Grundsätzen, d. h. zu Anschaffungskosten, möglich sei[108]. Selbst wenn man sich über die grundsätzlichen Bedenken gegen das Korrespondenzprinzip hinwegsetzt, - hierauf wird noch gesondert eingegangen -, ist zum einen überhaupt nicht sicher, daß die Zahlungen für den Empfänger immer steuerbare Einkünfte sein müssen. Zum anderen bleibt es noch völlig offen, ob sich die Erfassung beim Empfänger steuerlich genauso auswirkt wie beim Geber[109].

III. ordnungspolitischer Zweck

Andere Stimmen widersprachen der Einordnung als Verfahrensvorschrift und maßen der Vorschrift eine rein materiell-rechtliche Funktion bei. Nach dieser Ansicht soll § 205 a RAO ursprünglich als Waffe gegen das Schmiergeldunwesen eingeführt worden sein[110]. Der Gesetzgeber habe mit der Vorschrift auf die

---

[108] Ausführlicher u. a. *Hoffmann*, Beilage 2 zu BB 1988, 1 ff. (4); *Wrede*, FR 1990, 293 ff. (301); *Knobbe-Keuk*, Bilanz- und Unternehmenssteuerrecht, S. 330 f; *Blaas*, Darstellung und Kritik der Spiegelbildtheorie bei der Bilanzierung von Beteiligungen an Personengesellschaften im Bilanzsteuerrecht, S. 152; *Rohler*, DB 1993, 654; *Roolf*, BB 1978, 1308; sämtliche Autoren halten die Spiegelbildmethode für unnötig.

[109] *Barske*, DStZ 1939, 76 (78).

[110] *Blümich*, EStG, 3. Auflage 1938, S. 76: "Für das Reichsrecht bietet § 205 a RAO eine ausreichende Handhabe, um den Versuchen von Steuerpflichtigen, Schmiergelder abzuziehen, entgenzutreten"; *Geisler*, RAO, § 205 a Anm. 2; *Barske*, DStZ 1939, 76 (78); *Biedermann*, StuW 1947, 234 (244) "die Vorschrift erwähnt zwar die Schmiergelder nicht, sie ist aber gerade für sie berechnet und hat die Wirkung gehabt, daß i. d. R. der Abzug von Schmiergeldern wegen des erforderlichen Nachweises nicht verlangt wurde"; *Hübschmann/Hepp*, RAO, Stand 1.11.1943, § 205 a Rz. 1: Durch die Vorschrift wird ... die Rspr. des RFH über das Verfahren bei Gewährung von Schmiergeldern ... überholt; *Quenzer*, StW 1949, 663, 667; *Dornemann*, FR 1950, 33 (34); *Falkenberg*, StuW 1952, 513 (515); *Dorn*, Auskunftspflicht und Auskunftsverweigerung im Steuerrecht, S. 29 *"§ 205 a RAO ... der sich allein gegen das Schmiergeldunwesen richten sollte"*; *Kühn*, RAO, 2. Auflage 1950, § 205 a Anm. 1; *Steinhauer*, Der Streit um die Auslegung des § 205 a RAO, S. 22 ff. (38); *Gast*, Der Einfluss der Entwicklung der Verhältnisse auf die Auslegung von Steuergesetzen, S. 53 ff. (54); *Hörnschemeyer*, Die Auskunftspflicht den Steuerpflichtigen im Steuerermittlungs-, Steueraufsichts- und Steuerstrafverfahren, S. 42 *"§ 205 a RAO war als steuerliche Abwehrmaßnahme gegen das Schmiergeldunwesen gedacht"*; *Wüller*, Die steuerrechtliche Beurteilung von Vertrauensspesen, S. 44 f.; *Zitzlaff*, StuW 1950, 593 (594); *Berger*, RAO (1951), § 205 a Anm. 1; *Höft*, StuW 1966, 339 (340); *Scheuffele*, FR 1971, 359, der allerdings auf S. 362 f. zu dem Ergebnis gelangt, daß es sich in Wirklichkeit um eine Straf- bzw. Bußgeldvorschrift handelt; vgl. auch die Nachweise bei *Padberg*, FR 1977, 591 (592) dort Fn. 86 und bei *Scheuffele* FR 1971, 359 (360 f.); *Müller*, Die Unterscheidung zwischen den Befugnissen des Finanzamts im Steuerermittlungsverfahren und im Steueraufsichtsverfahren, S. 17: "die auf ordnungspolitische Ziele gerichtete Vorschrift des § 205 a RAO".
FG Stuttgart v. 27.01.1954 - III 53-61/53, Wpg 1954, 114, "die verfahrensmäßigen Befugnisse der Steuerbehörden fallen weit aus dem Rahmen und sind nur aus dem

politisch mißbilligte Rechtsprechung des RFH reagiert, nach der Schmiergelder steuerlich als Betriebsausgaben oder Werbungskosten abzugsfähig waren[111]. Da der Gesetzgeber damals davon ausgegangen sei, daß ein ausdrückliches Abzugsverbot für Schmiergelder *de jure* nicht möglich war[112], habe er über den Umweg des § 205 a RAO *de facto* ein materiell-rechtliches Abzugsverbot für Schmiergelder erreichen wollen[113]. In der Zeit des Währungsverfalls habe § 205 a RAO dann eine weit über den ursprünglichen Zweck hinausgehende Bedeutung erhalten. Sein Zweck wurde nun darin gesehen, allgemein einem "verwerflichen Geschäftsgebaren in der Wirtschaft" entgegenzutreten[114]. Bekämpft werden sollten danach insbesondere Schmiergelder, OR-Geschäfte und der schwarze Markt[115].

Nach dieser Ansicht wäre § 205 a RAO im Interesse der Besteuerung des Zahlenden ergangen, so daß demzufolge auch die in seiner Person begründeten Umstände berücksichtigt werden müßten, wenn die Steuerbehörde die Voraussetzungen der Anwendbarkeit prüft und sich schlüssig wird, ob sie von dem ihr eingeräumten Ermessen zur Anwendung (Kannvorschrift) Gebrauch machen will. Vor dem Verlangen, den Gläubiger oder Empfänger anzugeben, müßten insbesondere Umstände dargetan werden, die darauf hindeuten, daß es sich bei den Absetzungen möglicherweise um zu mißbilligende Schulden, Betriebsausgaben oder Werbungskosten (z. B. Schmiergelder) handelt[116].

---

[111] besonderen Anlaß verständlich, der seinerzeit zur Einführung geführt hat, nämlich auch durch das Steuerrecht zur Bekämpfung des Schmiergeldunwesens beizutragen". *Dornemann*, FR 1950, 33 (34); *Falkenberg*, StuW 1952, 513 (515); *Steinhauer*, Der Streit um die Auslegung des § 205 a RAO, S. 38; FG Hamburg v. 24.11.1949 - III 172-173/49, StPr 1950, 94.

[112] *Falkenberg*, StuW 1952, 513, 515; *Steinhauer*, Der Streit um die Auslegung des § 205 a RAO, S. 38; *Becker/Riewald/Koch*, RAO, § 205 a Anm. 5.

[113] *Wüller*, Die steuerrechtliche Beurteilung von Vertrauensspesen, S. 44; *Falkenberg*, StuW 1951, 514 (515); *Steinhauer*, Der Streit um die Auslegung des § 205 a RAO, S. 39 (40); *Biedermann*, StuW 1947, 234 (244); *Weiss*, BB 1953, 698.

[114] *Berger*, RAO 1951, § 205 a Anm. 1; BFH v. 23.02.1951 - IV 81/50 S, BStBl. III 1951, 77 (78) "... durch § 205 a RAO soll ganz allgemein verwerflichem Geschäftsgebaren entgegengewirkt werden können, ... wie bereits ausgeführt, soll durch die Bestimmung nicht nur das Schmiergeldunwesen, sondern auch der schwarze Markt bekämpft werden"; BFH v. 05.06.1956 - I 106/56 U, BStBl. III 1956, 206 (207); BFH v. 16.07.1957 - I 316/56 U, BStBl. III 1957, 364; BFH v. 25.04.1963 - IV 376-378/60 U, BStBl. III 1963, 342; *Hofmann/Zimmermann*, ZRP 1999, 49 (52): "Der Steuergesetzgeber hat bereits 1935 eine Vorschrift in die Reichsabgabenordnung eingeführt (§ 205 a RAO), die den Zweck verfolgte, *einem verwerflichen, sittenwidrigen Geschäftsgebaren kraft Besteuerung desselben* entgegenzutreten".

[115] *Berger*, RAO 1951, § 205 a Anm. 5; BFH v. 23.02.1951 - IV 81/50 S, BStBl. III 1951, 77 (78); *Hoffmann*, FR 1951, 202 (203) "§ 205 a RAO dient einem beachtlichen volkswirtschaftlichen Zweck...".

[116] Ausführlicher: FG Stuttgart v. 27.01.195 - III 53-61/53, Wpg 1954, 114; *Kühn*, RAO 1950, § 205 a Anm. 2; *Heuer*, DStZ 1952, 324 f.; *Falkenberg*, StuW 1952, 513 f..

IV. Doppelzweck

Vorherrschend war sowohl im Schrifttum als auch in der Rechtsprechung die Meinung, daß § 205 a RAO sowohl ordnungspolitische als auch fiskalische Zwecke verfolge, wobei zuweilen das eine oder das andere Motiv in den Vordergrund gestellt wurde[117]. So führt z. B. *Tipke*[118] aus, es sei durchaus legitim, wenn zur Unterstützung der Gesamtrechtsordnung auch das Steuerrecht unlauterem Geschäftsgebaren entgegenwirke; § 205 a RAO wolle aber nicht unlauteres Geschäftsgebaren an sich, um seiner selbst willen, bekämpfen, sondern durch die in § 205 a Abs. 3 RAO angeordnete Rechtsfolge Steuerausfälle vermeiden, die im Gefolge unlauteren Geschäftsgebarens häufig eintreten würden. Es entspräche der allgemeinen Lebenserfahrung, so *Tipke* weiter, daß z. B. Schmiergeldempfänger, Schwarzarbeiter oder Personen, welche eine Rechnungserteilung ablehnten, die Einnahmen nicht zu versteuern pflegten. Wirke der Steuerpflichtige bei einem solchen Geschäft mit, solle er nach Maßgabe des § 205 a Abs. 3 RAO für den mit mehr oder minder großer Wahrscheinlichkeit entstandenen Steuerausfall einstehen, wenn er den Gläubiger oder Empfänger nicht bezeichnen könne oder wolle und dem Finanzamt dadurch die Möglichkeit nehme, sich an den Gläubiger oder Empfänger zu halten. Es handelt sich um eine Art *Gefährdungshaftung*[119] bzw., wie *Tipke* an anderer Stelle formuliert, um einen *verdeckten Haftungstatbestand*[120]. § 205 a RAO sei keinesfalls eine Verfahrensvorschrift und auch kein Zwangsmittel besonderer Art, mit dem die Empfängerbenennung durchgesetzt werden solle; die Vorschrift wolle auch keine Doppelbesteuerung ermöglichen.

---

[117] Vgl. *Hartz*, in seiner Anmerkung zum BFH Urteil v. 05.06.1956, DB 1956, 678; *derselbe*, in seiner Anmerkung zum BFH Urteil v. 22.05.1968, DB 1968, 2252 f.; *Maassen*, FR 1962, 351 (352); *Becker/Riewald/Koch*, RAO, 9. Aufl., § 205 a Anm. 3, 5, 7; *Mittelbach*, Die Schätzung im Besteuerungsverfahren, S. 169; *derselbe* DStR 1964, 151; *Kühn/Kutter*, AO, 10.Aufl., § 205 a RAO Anm. 1; *Lohmeyer*, NJW 1968, 388; *Hübschmann/Hepp/Spitaler*, AO, 7. Auflage (86. Lfg.) § 205 a Anm. 2; vgl. auch die Nachweise bei *Padberg*, FR 1977, 591 (592) dort Fn.88 und bei *Scheuffele* FR 1971, 359 (360 f.); *Berger/Speich*, RAO (4.Aufl. 1970) § 205 a Anm. 1, stellen die Bekämpfung von Schmiergeldern u. a. unzulässiger Mittel in den Vordergrund; siehe auch *Maassen*, StRK - Anm. AO, § 205 a Rz. 24.
Vgl. ferner BFH v. 05.06.1956 - I 106/56 U, BStBl. III 1956, 206 (207); BFH v. 08.11.1956 – IV 378/55 U, BStBl. III 1957, 149; BFH v. 16.07.1957 - I 316/56 U, BStBl. III 1957, 364; BFH v. 18.05.1967 - IV 167/63, BStBl. III 1967, 627 (628); FG Hamburg v. 16.10.1959 - I 443-446/58, EFG 1960, 221; FG Hamburg v. 15.09. 1964 - III 146-153/64, EFG 1965, 250; FG Hamburg v. 11.10.1977 - I 53/76, EFG 1978, 107;

[118] *Tipke/Kruse*, RAO (7. Auflage) § 205 a Anm. 1.

[119] *Tipke/Kruse*, RAO (7. Auflage) § 205 a Anm. 1 u. Anm. 3.

[120] *Tipke*, FR 1971, 168 (172).

24

In der Literatur stellten neben *Tipke* noch *weitere Autoren*[121] den fiskalischen Zweck in den Vordergrund, während *andere*[122] den Schwerpunkt auf den ordnungspolitischen Aspekt legten.

Die *Rechtsprechung* übernahm teilweise wörtlich die Argumentation *Tipkes*[123], hob allerdings mit unterschiedlichen Formulierungen von Fall zu Fall das eine oder andere Motiv hervor. Die nachfolgenden Fundstellen belegen, daß über die Jahrzehnte hinweg Rechtfertigungsversuche in einer kaum noch überschaubaren Fülle unternommen wurden. So wird z. B. gesagt, der Zweck des § 205 a RAO liege:

• darin, dem Finanzamt die Möglichkeit der Prüfung zu geben, ob und inwieweit die von einem Steuerpflichtigen abgesetzten Beträge bei einem Anderen zu den steuerpflichtigen Einkünften gehören. Die Vorschrift soll aber auch dazu dienen, allgemein einem verwerflichen Geschäftsgebaren in der Wirtschaft entgegenzu-treten[124], dabei steht das Interesse der Allgemeinheit an einer gleichmäßigen und gerechten Besteuerung gegenüber dem Interesse an der Verhütung verwerflichen Geschäftsgebarens deshalb im Vordergrund, weil es in der Regel nicht Sache des Finanzamtes ist, sich ein Urteil über das ethische Verhalten eines Steuer-pflichtigen zu bilden und davon die im Ermittlungsverfahren zu treffenden Maßnahmen abhängig zu machen[125].

• darin, "zu sehen, daß das, was bei dem einen steuerlich abzusetzen ist, bei dem anderen erfaßt werden muß, wenn nicht steuerpflichtige Beträge unversteuert bleiben sollen". In erster Linie sollen durch § 205 a RAO Schmiergelder und OR-Geschäfte erfaßt werden, "die Bestimmung soll als Ausnahmebestimmung des § 4 Abs. 4 und des § 9 EStG insbesondere Schmiergelder und OR-Geschäfte

---

[121]   *Hartz*, in seiner Anmerkung zum BFH Urteil v. 05.06.1956, DB 1956, 678; *derselbe*, in seiner Anmerkung zum BFH Urteil v. 22.05.1968, DB 1968, 2252 f.; *Becker/Riewald/Koch*, RAO (9. Auflage) § 205 a Anm. 3, 5, 7; *Mittelbach*, Die Schätzung im Besteuerungsverfahren, S. 169; *derselbe* DStR 1964, 151, der Autor erblickt in § 205 a jedoch keine Haftungsnorm, "Will oder kann der Stpfl. die Namen der Empfänger nicht benennen, so hat er nach § 205 a RAO die Beträge als eigene Einkünfte zu versteuern" S. 152; vgl. auch *Padberg*, FR 1977, 591 (593) m. w. N der sich jedoch nicht festlegt, ob es sich um die Besteuerung des Stpfl. oder des Gläubigers bzw. Empfängers handelt.

[122]   *Lohmeyer*, NJW 1968, 388; *Hübschmann/Hepp/Spitaler*, AO (7. Auflage) (86. Lfg.) § 205 a Anm. 2; *Berger/ Speich*, RAO (4. Auflage) § 205 a Anm. 1.

[123]   Z. B. FG Hamburg v. 15.09.1964 - III 146-153/64, EFG 1965, 250.

[124]   BFH v. 23.02.1951 – IV 81/50 S, BStBl. III 1951, 77; ähnlich BFH v. 18.09.1952 – IV 120/52, BStBl. III 1952, 275.

[125]   BFH v. 05.06.1956 - I 106/56 U, BStBl. III 1956, 206, 207; BFH v. 16.07.1957, - I 316/56 U, BStBl. III 1957, 364; BFH v. 25.04.1963 - IV 376-378/60 U, BStBl. III 1963, 342 (343).

erfassen..."[126] bzw. "... aus Wortlaut und Sinn dieser Vorschrift ergibt sich, daß diese eine sich grundsätzlich gegen das System der Einkommensermittlung (§§ 4 Abs. 4, 9 EStG) richtende Ausnahmebestimmung ist, die das Finanzamt ermächtigt, unter bestimmten gesetzlich umrissenen Voraussetzungen an sich gesetzlich zulässige Absetzungen bei der Einkommensermittlung zu versagen"[127].

• vornehmlich darin, Beträge, die ein Steuerpflichtiger absetzt, bei dem Empfänger zu erfassen. Die Vorschrift soll daher dem Finanzamt die Möglichkeit einer Prüfung geben, ob die abgesetzten Beträge beim Empfänger steuerpflichtige Einkünfte darstellten. Ein weiterer Zweck des § 205 a RAO besteht darin, unlauterem Geschäftsgebaren entgegenzutreten[128].

• darin, Fälle zu treffen, in denen wie bei der Zahlung von Schmiergeldern und bei OR-Geschäften nach der Lebenserfahrung der Verdacht besteht, daß die Nichtbenennung des Empfängers diesem die Nichtversteuerung ermöglichen soll[129], "... ist danach der Verdacht eines OR-Geschäftes nicht von der Hand zu weisen, so ist die Anwendung des § 205 a Abs. 2 und Abs. 3 RAO und damit die Nichtberücksichtigung der geltend gemachten Aufwendungen berechtigt"[130], denn "... der Grundsatz, daß Betriebsausgaben abzugsfähig sind, wird gerade durch § 205 a RAO eingeschränkt, wo die Nichtbenennung des Geschäftspartners nach der Lebenserfahrung dazu dient, diesem die Nichtversteuerung der Gelder zu ermöglichen"[131], § 205 a Abs. 3 RAO stellt eine Regelung materiell-rechtlicher Art dar[132].

• nicht in der Ermittlung der Steuern des Steuerpflichtigen, sondern *in einer Art Gefährdungshaftung* für Steuern, die ein Dritter, nämlich der Empfänger, schuldet. § 205 a setzt kein bestimmtes unlauteres Geschäftsgebaren voraus wie Beteiligung an Schwarzmarktgeschäften oder Schmiergeldzahlung; es genügt die Beteiligung an irgendeinem Geschäft, das erfahrungsgemäß den Verdacht begründet, der Empfänger wird die Einnahmen nicht versteuern. Da § 205 a RAO keinen subjektiven Tatbestand enthält, muß der Steuerpflichtige nicht in der Absicht gehandelt haben, dem Dritten bei einer Steuerverkürzung behilflich zu

---

126   BFH v. 08.11.1956 - IV 378/55 U, BStBl. III 1957, 149 (150).

127   BFH v. 18.05.1967 - IV 167/63, BStBl. III 1967, 627 (628).

128   FG Hamburg vom 16.10.1959 - I 443-446/58, EFG 1960, 221.

129   BFH v. 15.01.1960 - VI 147/59 U, BStBl. III 1960, 167 (168); BFH v. 27.11.1963 –
      I 382/60, HFR 1964, 169 (170).

130   BFH v. 15.01.1960 - VI 147/59 U, BStBl. III 1960, 167 (168).

131   BFH v. 27.11.1963 - I 382/60, HFR 1964, 169 (170); BFH v. 22.05.1968 - I 59/65, BStBl.
      II 1968, 727.

132   BFH v. 08.11.1956 – IV 378/55 U, BStBl. III 1957, 149 (150); BFH v. 18.05.1967 – IV
      167/63, BStBl. III 1967, 627 (628); BFH v. 28.05.1968 – IV R 65/67, BStBl. II 1968, 581;
      BFH v. 27.11.1963 - I 382/60, HFR 1964, 169 (170).

sein. Er muß sich auch keiner Steuergefährdung bewußt gewesen sein. Entsprechend dem Haftungsgedanken ist § 205 a Abs. 3 RAO restriktiv auszulegen, d. h., es darf beim Steuerpflichtigen nur das erfaßt werden, was beim Empfänger an Steuern verloren gegangen ist. Eine andere Rechtsfolge läuft auf eine an einen bloßen objektiven Tatbestand anknüpfende Bestrafung hinaus. Dies ist unzulässig[133].

• Die Vorschrift verfolgt den doppelten Zweck, die Besteuerung des Empfängers der Ausgaben zu gewährleisten und darüber hinaus allgemein einem verwerflichen Geschäftsgebaren in der Wirtschaft entgegenzutreten[134].

• Mit § 205 a RAO "wird ein doppelter Zweck verfolgt. Einmal soll allgemein einem verwerflichen Geschäftsgebaren in der Wirtschaft entgegengewirkt werden. Insbesondere aber will der Gesetzgeber auf diesem Wege Steuerausfälle verhindern. Das Schwergewicht dieser Regelung liegt in der Begründung einer eigenständigen Gefährdungshaftung des Steuerpflichtigen. Die Steuerbehörde kann wegen der ihr bei dem unbekannten Dritten entgangenen Steuern den Steuerpflichtigen in Anspruch nehmen. Mit dem sich hieraus ergebenden Steueranspruch kann die Finanzbehörde praktisch "aufrechnen" gegen den Anspruch auf Berücksichtigung seiner tatsächlich entstandenen Ausgaben. Ihre Nichtanerkennung ist lediglich die Folge einer "Kompensation"[135].
Nach dieser Auffassung hätte also der Zahlende, der die Namensangabe des Zahlungsempfängers - gleichgültig, ob freiwillig oder unfreiwillig - verweigert, dessen Einkünfte mitzuversteuern. Dieses Ergebnis wurde als "ganz ungewöhnlicher und im Steuerrecht sonst unbekannter Vorgang"[136] scharf kritisiert, denn "es wird dadurch eine Art der Mithaftung für fremde Steuerschulden in das Gesetz eingeführt, die nach Vergeltung aussieht und wenigstens bei schematischer Anwendung zu höchst unerfreulichen Folgen führen kann"[137].
Wenn § 205 a RAO wirklich eine Art Gefährdungshaftung begründet, dann ist die Norm im Ermittlungsverfahren falsch plaziert. Dieses Problem erkennen auch die

---

[133] FG Hamburg v. 15.09.1964 - III 146-153/64, EFG 1965, 250; ähnlich FG Berlin v. 20.12.1962 - IX A 296/55, EFG 483 "Grundsätzlich kann der Stpfl. nur wegen der Umsätze, Einkünfte und Erträge herangezogen werden, die er selbst erzielt hat. Von diesem Grundsatz macht § 205 a eine Ausnahme".
[134] BFH v. 17.12.1980 - I R 148/76, BStBl. II 1981, 333 (335 m. w. N.).
[135] BGH v. 22.11.1985 - 2 StR 64/85, NJW 1986, 1696 (1697) der BGH bezieht sich in dieser Entscheidung sowohl auf § 205 a RAO, als auch auf § 160 AO.
[136] FG Stuttgart v. 27.01.1954 - III 53-61/53, Wpg 1954, 114; *Zitzlaff*, StuW 1951, 653; *Falkenberg*, StuW 1952, 513; *Labus* meint in BB 1966, 1010 sogar, daß die Wirkung der Vorschrift, nämlich diejenigen, die man in der Hand hat, für die Unterlassung anderer einstehen zu lassen, deren man nicht habhaft wird, Ausdruck einer Haltung ist, die in anderen Formen als typisch nationalsozialistisch betrachtet wird.
[137] *Dorn*, Auskunftspflicht und Auskunftsverweigerung im Steuerrecht, S. 30.

Befürworter dieser Theorie. *Tipke* meinte deshalb z. B., die Norm sei ein "verdeckter Haftungstatbestand"[138], so daß sie "bei den Haftungsvorschriften hätte lokalisiert werden müssen"[139] und forderte den Gesetzgeber auf, die Stellung des § 205 a RAO bei einer AO-Reform zu ändern bzw. "zu überlegen, ob die Vorschrift nicht aus der AO entfernt und in das Einkommensteuergesetz bzw. in das Bewertungsgesetz eingeführt werden sollte"[140].
Die Schlußfolgerung *Tipkes* ist zwar konsequent. Die Frage, weshalb der Gesetzgeber § 205 a RAO nicht bei den Haftungsvorschriften lokalisierte, beantwortet sie allerdings nicht. Der Gesetzgeber wird § 205 a RAO freilich kaum absichtlich falsch lokalisiert haben. Üblicherweise verbindet er gerade bei einer neu einzufügenden Vorschrift klare Vorstellungen mit der Einbindung dieser Norm in die bereits bestehende Gesetzessystematik. Daß die Norm nicht bei den Haftungsvorschriften plaziert wurde, sollte mithin Anlaß geben, darüber nachzudenken, ob die Prämisse *Tipkes* zutrifft, zumal der Gesetzgeber entgegen der Forderung *Tipkes* die Stellung der Vorschrift bei der AO-Reform nicht änderte. Wäre § 205 a RAO wirklich zunächst versehentlich falsch plaziert worden, hätte der Gesetzgeber diesen Irrtum anläßlich der AO-Reform 1977 sicherlich behoben.

Unbefriedigend ist ferner, daß ein Haftungstatbestand statuiert wird, ohne einen Grund für die Haftung zu nennen. Ein Haftungsgrund ist nämlich nicht ersichtlich. Die Behauptung der Vertreter der "Haftungstheorie", ein Steuerpflichtiger, der die Empfänger von Betriebsausgaben nicht benennt und deshalb diese Beträge selbst versteuern muß, könne damit die steuerliche Erfassung dieser Beträge bei den Empfängern verhindern, ist fehlerhaft. Wird ein Empfänger von Betriebsausgaben, die beim Steuerpflichtigen nach § 205 a Abs. 3 RAO bei der steuerlichen Gewinnermittlung nicht berücksichtigt worden sind, nachträglich bekannt, so muß er diese Beträge nachversteuern. Die Nichtbenennung kann also zu einer doppelten steuerlichen Erfassung dieser Beträge führen. Wenn dies nicht beabsichtigt gewesen wäre, hätte der Gesetzgeber hier eine Schranke einbauen müssen[141].

V. Straf- bzw. Bußgeldvorschrift

Nach einer anderen Auffassung handelte es sich bei § 205 a RAO in Wahrheit um eine Straf- oder Bußgeldvorschrift[142]. Der Tatbestand, an den § 205 a RAO die Leistungspflicht anknüpfe, bestehe im Kern aus folgenden zwei Elementen:

---

138 *Tipke*, FR 1971, 168, 172.
139 *Tipke/Kruse*, RAO (7.Auflage) § 205 a Anm. 1 und Anm. 2.
140 *Tipke*, FR 1971, 168 (172).
141 *Mittelbach*, DStR 1964, 151 (154).
142 *Scheuffele*, FR 1971, 359 (362); *Labus*, BB 1966, 1010; a. A. *Tipke/Kruse*, RAO (7. Auflage) § 205 a Rz. 1.

1. Dem Verlangen des Finanzamtes nach Benennung des Empfängers
2. Dem Ungehorsam des Steuerpflichtigen, der diesem Verlangen nicht nachkommt

Ein Gesetz, das eine Leistungspflicht an einen solchen Tatbestand knüpfe, sei seinem Wesen nach kein Steuergesetz, sondern ein Straf- oder Bußgeldgesetz. Bei den nach § 205 a RAO im äußeren Gewand von Steuern gegen den Steuerpflichtigen festgesetzten Geldbeträgen handele es sich in Wirklichkeit um eine Geldstrafe bzw. ein Bußgeld für das Nichtbenennen des Empfängers. Durch die Verhängung dieser Geldstrafe bzw. -buße verstoße die Vorschrift gegen die Unschuldsvermutung des Art. 6 MRK.

Der BFH hat diese Ansicht in mehreren Entscheidungen abgelehnt[143]. Die Rüge der Verletzung des Art. 6 MRK gehe fehl. Die in Absatz 2 dieser Bestimmung normierte Vermutung, daß bis zum gesetzlichen Nachweis seiner Schuld der wegen einer strafbaren Handlung Angeklagte unschuldig ist, greife im Besteuerungsverfahren nicht ein. Die Anwendung des Tatbestandes des § 205 a RAO sei nicht von einer strafrechtlichen Schuld des Steuerpflichtigen abhängig. Der Steuerpflichtige müsse auch nicht in der Absicht oder dem Bewußtsein gehandelt haben, dem Empfänger bei einer Steuerverkürzung behilflich zu sein. Vielmehr müsse, wer sich in Geschäfte der von § 205 Abs. 2 und 3 RAO erfaßten Art einlasse, die damit verbundenen Nachteile in Kauf nehmen.

VI. Stellungnahme

Die zuvor genannten unterschiedlichen Meinungen sind logisch nicht miteinander vereinbar. Nach ihnen kann der Charakter der Norm materiell- oder formalrechtlich bzw. beides sein. Wenn man die letzte Auffassung vertritt, wäre noch zu entscheiden, welches Element überwiegt. Obwohl die Meinungen sich jeweils grundlegend unterscheiden, können sie jedoch in zwei übergeordnete Gruppen eingeteilt werden:
Während der Zahlende auf der einen Seite anstatt des nicht faßbaren Empfängers fremde Steuern begleichen soll, entrichtet der Zahlende auf der anderen Seite Steuern in eigener Sache.
Es soll daher im Wege der Gesetzesauslegung zunächst untersucht werden, wessen steuerliche Erfassung § 205 a RAO bezwecken will.

---

[143] BFH v. 29.11.1978 - I R 148/76, BStBl. II 1979, 587 (588); BFH v. 17.12.1980 - I R 148/76, BStBl. II 1981, 333 (335).

D. Auslegung

I. grammatikalische Auslegung

Der Wortlaut einer Vorschrift ist Ausgangspunkt und Auslegungsgrenze der Interpretation[144]. Beim ersten Lesen des § 205 a RAO wird man kaum auf den Gedanken kommen, der Norm einen ordnungspolitischen Zweck beizumessen. § 205 a RAO spricht weder von Schmiergeld noch von unlauterem Geschäftsgebaren. Nach dem Wortlaut der Vorschrift entsteht vielmehr zunächst der Eindruck, als sei § 205 a RAO lediglich im Interesse der Erfassung und richtigen Besteuerung des Zahlungsempfängers erlassen worden. Denn richtet man sein Hauptaugenmerk auf den Empfängernachweis des § 205 a Abs. 2 RAO, scheint der Grund für die Abzugsversagung des § 205 a Abs. 3 RAO allein darin zu liegen, daß der Steuerpflichtige dem Verlangen des Finanzamtes nach genauer Bezeichnung des Empfängers nicht nachgekommen ist[145]. § 205 a RAO könnte also tatsächlich eine reine Verfahrensvorschrift und nur ein Anwendungsfall des auch in § 164 RAO zum Ausdruck kommenden Gedankens sein, nach dem derjenige, der einen steuermindernden Umstand geltend macht, gehalten ist, denjenigen zu benennen, bei dem sich dieser Umstand steuererhöhend auswirkt[146].

Richtet man beim zweiten Lesen sein Hauptaugenmerk jedoch nicht so sehr auf den Empfängernachweis des § 205 a Abs. 2 RAO als vielmehr auf die Abzugsversagung des § 205 a Abs. 3 RAO, ergibt sich ein völlig anderes Bild. Es fällt auf, daß § 205 a Abs. 3 RAO als Mußvorschrift ein Abzugsverbot für den Steuerpflichtigen formuliert. Die Verknüpfung des Abzugsverbotes mit der Nichtbeantwortung der Frage nach dem Empfänger läßt erhebliche Zweifel aufkommen, ob der Gesetzgeber überhaupt ernsthaft daran interessiert ist, Angaben über den Empfänger zu erhalten. Es entsteht vielmehr der Eindruck, als sei die Norm, dadurch, daß sie die nachteiligen Folgen der Verweigerung der Namensangabe abschließend regelt, von vornherein darauf ausgerichtet, daß der Steuerpflichtige die Empfänger gerade nicht benennt. Ist dies richtig, dann könnte § 205 a Abs. 3 RAO in der Tat als materiell-rechtliches Abzugsverbot für Betriebsausgaben und Werbungskosten, die in Zusammenhang mit unlauteren Geschäften stehen, aufzufassen sein. Denn nur bei solchen Geschäften, die sich üblicherweise im verborgenen abspielen, allen voran bei Schmiergeldzahlungen, wird der Steuerpflichtige ein Interesse daran haben, dem Finanzamt den Empfänger zu verschweigen. Aufgrund der negativen steuerlichen Folgen könnte sich das

---

[144] *Larenz*, Methodenlehre der Rechtswissenschaft, S. 331.

[145] *Falkenberg*, StuW 1951, 513; *Steinhauer*, Der Streit um die Auslegung des § 205 a AO, S. 27.

[146] *Riewald*, RAO, § 205 a, Rz. 2.

unlautere Geschäft dann allerdings u. U. wirtschaftlich nicht mehr lohnen, so daß der Steuerpflichtige ggfs. von vornherein auf den Geschäftsabschluß verzichtet. *Falkenberg*[147] und *Steinhauer*[148] sehen in § 205 a RAO deshalb ein typisches Beispiel für die Verfolgung ordnungspolitischer Ziele mittels Steuergesetz. Durch das Abzugsverbot des § 205 a Abs. 3 RAO habe in erster Linie das Schmiergeldunwesen bekämpft werden sollen. Auf den Einwand, ein solcher Zweck sei aus dem Wortlaut nicht ersichtlich, entgegnen sie, der Gesetzgeber sei damals davon ausgegangen, daß ein ausdrückliches Abzugsverbot für Schmiergelder oder anderer grundsätzlich abzugsfähiger Ausgaben oder Werbungskosten steuerrechtlich nicht möglich war. Da der direkte Weg somit abgeschnitten war, habe der Gesetzgeber einen Umweg gemacht. Er ermächtigte zunächst in § 205 a Abs. 2 RAO die Finanzämter, nach dem Empfänger zu fragen und knüpfte an die Nichtbeantwortung dieser Frage in § 205 a Abs. 3 RAO ein Abzugsverbot. Nun dürfe man sich nicht vorstellen, daß der Gesetzgeber allen Ernstes weltfremd geglaubt habe, die Schmiergeldzahler würden "scharenweise zum Finanzamt strömen, die Schmiergeldempfänger genau bezeichnen und so ihrer gerechten Besteuerung zuführen"[149], er habe im Gegenteil darauf spekuliert, daß die Schmiergeldzahler in aller Regel die Schmiergeldempfänger nicht nennen würden und damit zwar nicht de jure aber doch de facto die Unabziehbarkeit von Schmiergeldern erreicht.

Der Wortlaut des § 205 a RAO ist somit keinesfalls so eindeutig, wie er auf den ersten Blick erscheint. § 205 a RAO zeigt dem Betrachter vielmehr "zwei ganz verschiedene Gesichter"[150], je nachdem, ob man die Erfassung des Empfängers (Absatz 2) oder das Abzugsverbot (Absatz 3) in den Vordergrund rückt. Im Rahmen der weiteren Auslegung wird deshalb vor allem zu untersuchen sein, wo der Schwerpunkt der Vorschrift liegt.

II. systematische Auslegung

Die systematische Auslegung versucht die Interpretation des Normzweckes aus der Stellung der Vorschrift im Gesetz zu gewinnen. Hierbei kommt es einerseits auf die Gesetzesgliederung und andererseits auf den Vorschriftenzusammenhang an[151].

§ 205 a RAO befindet sich im "Ermittlungs- und Festsetzungsverfahren". Die systematische Einordnung der Vorschrift erhärtet den Verdacht, daß der Gesetz-

---

[147] *Falkenberg*, StuW 1951, 515.
[148] *Steinhauer*, Der Streit um die Auslegung des § 205 a AO, S. 27 ff. (30).
[149] *Falkenberg*, StuW 1951, 513 (514 f.).
[150] *Falkenberg*, StuW 1951, 513 (515).
[151] *Hartmann/ Walter*, Auslegung und Anwendung von Steuergesetzen, S. 186.

geber an der Erfassung des Empfängers in Wirklichkeit gar nicht so sehr interessiert war.

Anders als heute wurde zur Zeit der RAO von 1919 und 1931 noch zwischen den Befugnissen der Finanzämter im Steuerermittlungsverfahren (§§ 204 bis 216) bzw. Steueraufsichtsverfahren (§§ 190 - 201) unterschieden[152]. Im Gegensatz zum Steueraufsichtsverfahren will das Steuerermittlungsverfahren den einzelnen Steuerfall, nicht aber die steuerlichen Verhältnisse Dritter aufklären. Der Empfänger von Betriebsausgaben und Werbungskosten im Sinne des § 205 a Abs. 2 RAO ist aber in diesem Sinne Dritter. Solange dem Finanzamt der Name des Empfängers unbekannt war, konnte es mithin gegen ihn kein Ermittlungsverfahren einleiten. In dem gegen den Steuerpflichtigen gerichteten Ermittlungsverfahren hatte das Finanzamt indessen keine rechtliche Handhabe, die Angabe des Namens des Empfängers zu erzwingen[153], denn die einzig möglichen nachteiligen Folgen einer Auskunftsverweigerung im Steuerermittlungsverfahren gem. § 205 a RAO sind in Abs. 3 der Vorschrift abschließend dahin geregelt, daß "die beantragten Absetzungen nicht vorgenommen" werden. Wenn aber das Verlangen des Finanzamtes nach genauer Bezeichnung des Empfängers im Ermittlungsverfahren nicht verwirklicht werden kann, liegt auch die Betonung nicht so sehr auf dem Empfängernachweis des Abs. 2 als vielmehr auf dem Abzugsverbot des Abs. 3 und damit auf der Besteuerung des Zahlenden[154].

Als weiteres systematisches Argument dafür, daß ausschließlich auf die steuerlichen Verhältnisse des Zahlenden abzustellen ist, kann § 208 RAO herangezogen werden. In § 208 RAO, der ebenfalls wie § 205 a RAO im "Ermittlungs- und Festsetzungsverfahren" angesiedelt ist, wird der Grundsatz aufgestellt, daß nach den Vorschriften des § 162 RAO geführte Bücher und Aufzeichnungen die Vermutung ordnungsgemäßer Führung für sich haben und der Besteuerung zugrundezulegen sind, wenn nach den Umständen des Einzelfalles kein Anlaß besteht, ihre sachliche Richtigkeit zu beanstanden. Der Verdacht, daß ein anderer (der Empfänger) ein unversteuertes Geschäft getätigt haben könnte, kann aber dem Sinne dieser Vorschriften nach niemals ein Anlaß sein, die Ordnungsmäßigkeit der Buchführung anzuzweifeln[155].

---

[152] Auf die Einzelheiten der damaligen Rechtslage wird im Rahmen der historischen Auslegung eingegangen werden.

[153] *Berger*, RAO, § 205 a Anm. 2; *Kühn*, RAO (2. Auflage) § 205 a Anm. 2; *Hübschmann/Hepp/Spitaler*, RAO, § 205 a Anm. 3; *Scheuffele*, FR 1971, 359 (364); *Falkenberg*, STuW 1952, 513.

[154] *Steinhauer*, Der Streit um die Auslegung des § 205 a AO, S. 30.

[155] *Red*, Wpg, 1949, 127 (128) "... die Verhältnisse Dritter können nicht als solche Anlaß sein, die Beweismittel eines Steuerpflichtigen anzuzweifeln"; ebenso *Kühn*, RAO (2. Auflage) § 205 a Anm. 2.

III. historische Auslegung

Im Rahmen der historischen Auslegung ist zum einen die konkrete Entstehungsgeschichte der Norm, ggfs. mit Materialien und Äußerungen der Gesetzes-
verfasser, und zum anderen die gesamte gesellschaftliche Entwicklung zu berücksichtigen, die zum Erlaß der betreffenden Vorschrift geführt hat.

§ 205 a wurde durch Abschnitt II, § 21 Ziffer 21, StAnpG vom 16.10.1934[156] mit
Wirkung zum 01.01.1935 nachträglich in die Reichsabgabenordnung eingefügt.
Die amtliche Begründung der Vorschrift[157] gibt für die Frage, wessen steuerliche
Erfassung sie dienen soll, nichts her. Da der Gesetzgeber die Norm allerdings
kaum ohne entsprechende Veranlassung neu in die Reichsabgabenordnung aufge-
nommen haben dürfte, wird nachfolgend geprüft, ob seinerzeit entweder ein
Bedürfnis bestand, die Erfassung und richtige Besteuerung des Empfängers von
Zahlungen neu zu regeln oder ob ein Abzugsverbot für Schmiergelder vonnöten
war. Für letzteres bedarf es zunächst einer eingehenden Darstellung der Grund-
züge und der geschichtlichen Entwicklung des Schmiergeldunwesens.

1. Schmiergeldunwesen und Empfängernachweis bis zur Einführung des § 205 a RAO

a) Situation vor der Einführung der Reichsabgabenordnung

*"Bestechungen und Beeinflussungen in unredlicher Absicht auf allen Gebieten des
Lebens sind ja so alt wie die Menschheit selbst; sie sind verschieden je nach dem
Gebiet des menschlichen Lebens, dem sie entspringen und weiterhin abhängig in
ihrer Entstehung von einer Reihe von Bedingungen wirtschaftlicher, sittlicher und
gesellschaftlicher Art, ohne jedoch in ihrer Weiterentwicklung an diesen haften zu
bleiben. Den einzigen Halt in diesem Kampf zwischen eigenem und fremden
Vorteil geben nur strenge Rechtschaffenheit und Pflichttreue; und ihre Aner-
ziehung ist nur möglich, wenn an sich schon ein hohes Maß moralisch guter
Eigenschaften vorhanden ist. Fehlen sie, so muß der Mensch fast unbedingt den
an ihn herantretenden Versuchungen unterliegen; aber selbst wenn sie vorhanden, ist die Macht der Verhältnisse oft stärker als der innere Halt und mit
unwiderstehlicher Gewalt werden auch innerlich gefestigte Naturen durch die
Ungunst der Verhältnisse auf der abschüssigen Bahn mitgerissen".*

---

[156] RGBl. I 1934, 925, 935 (= RStBl. 1934, 1149, 1159).
[157] RStBl. I 1934, 1420.

Diese Aussage stammt von *Haasis*, der bereits im Jahre 1911 in seiner Dissertation[158] die Grundlagen und Möglichkeiten zur Bekämpfung des Schmiergeldunwesens untersuchte. Er legt in seiner lesenswerten Arbeit sehr anschaulich[159] dar, daß es sich beim Schmiergeldunwesen um ein altbekanntes Problem handelt, welches mit Beginn des 19. Jahrhunderts aufgrund der wachsenden Industriealisierung stetig zunahm. Zunächst harmlose Geschäftsfreundlichkeiten hätten sich zu einem tiefgehenden Übel für die gesamte deutsche Wirtschaft entwickelt[160]. Da man damals daran zweifelte, daß diesem Unwesen durch Straf-, Zivil- oder Wettbewerbsgesetze beizukommen ist, organisierte die Wirtschaft eine Art Selbsthilfe. Nach Vorbild der englischen "Secret Commissions and Bribery Prevention League" wurde am 6. Mai 1911 in Berlin der sog. Verein zur Bekämpfung des Bestechungsunwesens gegründet. Dieser umfaßte zur Zeit der Konstituierung 35 Vereine[161] und Verbände, 14 Handelskammern, 1 Behörde[162] und 191 Einzelmitglieder. Seine Tätigkeit sollte sich u. a. auf folgende Gebiete erstrecken: Auskunftserteilung, Sammlung gerichtlicher Urteile, Herausgabe laufender Mitteilungen, Untersuchung von Klagen, Ermittlung der Urheber von Anzeigen, in welchen Schmiergelder angeboten werden, Veranlassung gerichtlicher Verfolgung in den geeigneten Fällen[163].

Bis zum ersten Weltkrieg konnte das Schmiergeldunwesen mittels dieser Selbstkontrolle durchaus wirkungsvoll bekämpft werden. Ein einheitliches Steuerrecht existierte zu dieser Zeit noch nicht, dieses setzte sich vielmehr aus einer Vielzahl von Einzelsteuergesetzen des Reiches und der Länder zusammen, die oftmals voneinander abweichende Regelungen enthielten[164]. Von einer weitergehenden Darstellung wird daher abgesehen. Es existierte ebenfalls keine einheitliche Rechtsprechung. Die gerichtliche Überprüfung oblag seinerzeit den allgemeinen Verwaltungsgerichten der jeweiligen Länder[165].

---

[158] *Mit dem Titel:* Das Schmiergeldunwesen in Handel und Verkehr, seine geschichtlichen Grundlagen und seine Bekämpfung.

[159] So z. B. Seite 18: "Der unlautere Wettbewerb ist ein Proteus, der sich in tausend Formen flüchtet und gerade die verpönten Gestalten vermeidet, um in unzähligen Verkleidungen dem loyalen Verkehr die Früchte seiner redlichen Bemühungen abzuschneiden".

[160] So wurden z. B. "... Diners, Soupers, kostbare Angebinde aus bestimmten Anlässen (Geburtstag, Hochzeit, Kindstaufe, Jubiläum, Weihnachten, Ostern usw.), Freikarten für Reisen ins Bad, freie Verpflegung im Bad, Zigarren, Weine, Liköre, Kleiderstoffe, Kleider, Handschuhe, Blousen, Putz- und tausend andere Gegenstände, auch sinnliche Genüsse geschenkt und angenommen", vgl. *Haasis*, a.a.O., S. 19.

[161] Z. B. die sog. regionalen Fabrikantenvereine.

[162] Oldenburgische Eisenbahnverwaltung.

[163] Vgl. ausführlich, *Haasis*, a.a.O., S. 78 ff..

[164] *Hübschmann/Hepp/Spitaler*, Einf. AO, Rz. 1.

[165] *Hübschmann/ Hepp/ Spitaler*, Einf. FGO, Rz. 19.

b) Situation zur Zeit der Reichsabgabenordnung von 1919

Eine einheitliche Kodifizierung des deutschen Steuerrechts wurde erstmals durch die Einführung der Reichsabgabenordnung vom 13.12.1919[166] vorgenommen. Der Reichsabgabenordnung kam die diffizile Aufgabe zu, als Mantelgesetz die jeweiligen Einzelsteuergesetze der Länder zu entlasten, Widersprüche auszugleichen, Lücken zu beseitigen und gewisse Normativbestimmungen für die jeweiligen Verfahren aufzustellen[167]. Ihre Richtung war wesentlich beeinflußt durch die Notwendigkeit, dem Reich als Folge des Zusammenbruches nach dem ersten Weltkrieg und im Hinblick auf die Tribute der Alliierten eine neue unmittelbare Einnahmequelle zu verschaffen[168]. Die RAO 1919 bedeutete einen starken Bruch mit den hergebrachten Verhältnissen und Anschauungen, die vor allem im Liberalismus ihre Wurzeln hatten. Im Gegensatz zu früher gab sie dem Staat weitgehende Eingriffsmöglichkeiten in die Sphäre des Einzelnen durch Erklärungs-, Auskunfts- und Nachweisungspflichten[169].

Eine einheitliche Rechtskontrolle in Reichssteuersachen wurde erstmals durch die Gründung des RFH[170] ermöglicht, der am 1. Oktober 1918 seine Tätigkeit aufnahm. Der RFH beschäftigte sich fortan u. a. auch mit der steuerrechtlichen Behandlung von Schmiergeldern. In zahlreichen Entscheidungen[171] erkannte er die Abzugsfähigkeit von Schmiergeldern als Betriebsausgaben oder Werbungskosten grundsätzlich an. Trotz erheblicher Kritik im Schrifttum und in den Tageszeitungen[172] hatte der RFH mit eindrucksvoller Deutlichkeit die Finanzbehörde darauf hingewiesen, daß die Abzugsfähigkeit der geltend gemachten Werbungskosten nicht schon deshalb verneint werden könne, weil es sich um sog. Schmiergelder handelt. Wie die Zahlung und der Empfang von Schmiergeldern moralisch zu bewerten ist, sei für die Frage, ob die Schmiergelder im Sinne des Einkom-

---

166 RGBl. 1919, 1993; vgl. ferner *Giese*, Abgabenordnung im Dritten Reich, S. 8 ff..
167 *Becker/Riewald/Koch*, RAO, Einleitung, S. 3.
168 *Biedermann*, RAO 1933, Einleitung, S. 12.
169 Vgl. im einzelnen *Hörnschemeyer*, Die Auskunftspflicht des Steuerpflichtigen im Steuerermittlungs-, Steueraufsichts- und Steuerstrafverfahren, S. 4 ff..
170 Gesetz über die Errichtung des RFH v. 26.07.1918, RGBl. 1918, 959.
171 RFH v. 03.05.1927 - VI A 148/27, RStBl. 1927, 176; RFH v. 26.10.1927 - VI A 384/27, RStBl. 1928, 44; RFH v. 07.08.1928 - I A 507/27, RStBl. 1928, 305 (mit Hinweisen auf weitere unveröffentlichte Urteile); RFH v. 19.11.1930 - VI A 1498/30, RStBl. 1931, 111; RFH v. 30.09.1931 - VI A 1184/31, StuW 1931, 1024; RFH v. 28.06.1933 - VI A 1700/33, StuW 1933, 592; RFH v. 01.04.1936 - VI A 197/36, RStBl. 1936, 446; vgl. auch *Theis*, FR 1947, 61; *Biedermann* StuW 1947, 234(244); *Lüsebrink*, DStZ 1934, 33 (34); *Barske*, DStZ 1939, 76 f..
172 *Becker*, StuW 1928, 199 f.; siehe ebenfalls RFH v. 07.08.1928 -I A 9/28, RStBl. 1928, 305 m. w. N..

mensteuergesetzes Einnahmen oder Ausgaben sind ohne Bedeutung[173]. Wenn der Staat damit einverstanden sei, daß die durch unlautere Handlungen erzielten Gewinne von der Steuer nicht verschont werden, müsse er auf der anderen Seite unmoralische Betriebsausgaben auch zum Abzug zulassen[174]. Der RFH stellte lediglich an den Nachweis ihres Charakters als Betriebsausgaben strenge Anforderungen um sicherzustellen, daß sich unter dem Deckmantel "Schmiergelder" Aufwendungen für betriebsfremde Zwecke oder sonstige als Werbungskosten nicht abzugsfähige Aufwendungen verbergen, die deshalb nicht als Betriebsausgaben anerkannt werden können, weil sie überwiegend oder wenigstens zum Teil der privaten Lebenshaltung dienen[175].

Nach der RAO 1919 konnten die Finanzbehörden den Steuerpflichtigen nur im Rahmen der allgemeinen Auskunftsregeln zur Mitwirkung heranziehen. Die allgemeinen Auskunftsregeln finden sich im dritten Abschnitt: Ermittlung und Festsetzung der Steuer. Der Abschnitt gliedert sich in zwei Titel: "Pflichten der Steuerpflichtigen und anderer Personen" §§ 162 bis 203 und "Ermittlungs- und Festsetzungsverfahren" §§ 204 bis 216. Für die im Rahmen der vorliegenden Untersuchung maßgebliche Frage, ob und ggfs. in welchem Umfang die Finanzbehörde vom Steuerpflichtigen die Benennung des Zahlungsempfängers verlangen konnte, sind die §§ 173 und 177 RAO von Bedeutung.

aa) Empfängerbenennung nach § 173 RAO 1919

§ 173 RAO 1919 lautet:

(1) Auf Verlangen (§ 205 Abs.1, 2) hat der Steuerpflichtige die Richtigkeit seiner Steuererklärung nachzuweisen. Wo seine Angaben zu Zweifeln Anlaß geben, hat er sie zu ergänzen, den Sachverhalt aufzuklären und seine Behauptungen, soweit ihm dies nach den Umständen zugemutet werden kann, zu beweisen, zum Beispiel den Verbleib von Vermögen, das er früher besessen hat.
(2) Er hat Aufzeichnungen, Bücher und Geschäftspapiere sowie Urkunden, die für die Festsetzung der Steuer von Bedeutung sind, auf Verlangen (§ 207) zur Einsicht und Prüfung vorzulegen.

---

[173] RFH v. 26.10.1927 - VI A 384, RStBl.1928, 44; RFH v. 30.09.1931 - VI A 1184/31, StuW 1931, 1024.

[174] RFH v. 07.08.1928 – I A 507/27, RStBl. 1928, 305 (306).

[175] RFH v. 19.11.1930 - VIA 1498/30, RStBl. 1931, 111 (112) der RFH stellt hier z. B. auf Kosten der privaten Lebenshaltung wie Aufwand für "Gesellichkeit, Gastereien, Jagden und Segelsport" ab; RFH v. 30.09.1931 - VIA 1184/31, StuW 1931, 1024; RFH v. 28.06.1933 - VIA 1700/32, RStBl. 1933, 1052 (1053); RFH v. 01.04.1936 - VIA 197/36, RStBl. 1936, 446.

Zu den Motiven des Gesetzgebers in Bezug auf § 173 RAO führt *Enno Becker*[176] u. a. aus, daß die Ergebnisse der Rechtsprechung, welche die Angaben des Steuerpflichtigen solange als wahrheitsgemäß behandelten, bis die Finanzämter den Nachweis der Unrichtigkeit erbracht hatten, während des Krieges wegen der vielen, sei es entschuldbaren oder unentschuldbaren, Geschäfte "hintenrum" und "ohne Faktura" zu schreiendsten Mißständen geführt habe. Es liegt auf der Hand, daß die Finanzämter bei den angesprochenen OR- und Schwarzmarktgeschäften faktisch kaum in der Lage waren, den wirklichen Sachverhalt zu ermitteln. Denn zum einen werden derartige Geschäfte in der Buchführung nicht sichtbar und zum anderen wirken Geschäftspartner konspirativ zusammen. Wie *Becker* schildert, sei es deshalb aus allen Bevölkerungsschichten und aus allen Teilen Deutschlands zu einer Flut von Eingaben an das Reichsfinanzministerium gekommen, die Abhilfe begehrt hätten, wenn nicht das Vertrauen in die Finanzverwaltung schwinden solle[177]. Als Reaktion auf diesen öffentlichen Druck habe der Gesetzgeber § 173 in die RAO 1919 aufgenommen. Die Finanzbehörden hatten nun die Möglichkeit, den Steuerpflichtigen zu genauen Angaben aufzufordern, um z. B. zu überprüfen, ob die geltend gemachten Betriebsausgaben überhaupt verauslagt wurden, ob sie betrieblich veranlaßt waren oder ob es sich in Wirklichkeit um nicht abziehbare Privatausgaben handelte[178]. Konnte bzw. wollte der Steuerpflichtige die verlangten Angaben nicht machen, mußte er damit rechnen, daß die geltend gemachten Ausgaben nicht anerkannt wurden[179]. Der Steuerpflichtige hatte allerdings die Möglichkeit, die Anerkennung der Betriebsausgaben oder Werbungskosten ohne Empfängerbennung zu erreichen[180], wenn er den Nachweis der tatsächlichen Verausgabung und betrieblichen Veranlassung z. B. mittels genauer Aufzeichnungen der Geschäfte führen konnte[181]. Gelang ihm ein Nachweis nur dem Grunde, nicht aber der Höhe nach, wurden seine Betriebsausgaben oder Werbungskosten immerhin noch geschätzt und damit teilweise zum Abzug zugelassen[182].

---

[176] *Becker/Riewald/Koch*, RAO, § 171 Anm. 1.
[177] *Becker/Riewald/Koch*, RAO, § 171 Anm. 1.
[178] *V. Crailsheim*, Die steuerrechtliche Behandlung von Schmiergeldzuwendungen, S. 40 (unter besonderem Hinweis auf Schmiergeldzahlungen) - der Autor zitiert allerdings fälschlicherweise § 171 RAO 1919. Erst durch die RAO Reform vom 22. Mai 1931 wurde aus § 173 der § 171.
[179] RFH v. 28.07.1933 - VI A 1700/32, RStBl. 1933, 1052; RFH, Gutachten v. 10.03.1932 - VI D 1/32, 1932, 324.
[180] Umkehrschluß aus RFH v. 19.11.1930, RStBl. 1930, 111 (112): Ein Pflichtiger, der die Namen der Empfänger nicht angibt und seine Unterlagen nicht preisgeben will, setzt sich eben der Gefahr aus, daß ihm mangels *anderer gehöriger Nachweise* einfach nicht geglaubt und die Abzugsfähigkeit der von ihm angegebenen Beträge verneint wird.
[181] RFH v. 28.07.1933 - VI A 1700/32, RStBl. 1933, 1052.
[182] RFH v. 19.11.1930 - VI A 1498/30, RStBl. 1932, 324.

Für die vorliegende Arbeit ist von besonderem Interesse, ob die Finanzbehörde den Steuerpflichtigen in diesen Fällen gemäß § 173 RAO 1919 darüber hinaus noch zur Empfängerbenennung auffordern durfte.

Nach dem Gesetzeswortlaut konnten die Finanzämter nur zumutbare Angaben verlangen. Wo die Grenze lag, hing vom Einzelfall ab[183] und war gerichtlich voll nachprüfbar, da Zumutbarkeit als unbestimmter Rechtsbegriff verstanden wurde[184]. Als Maßstab der Zumutbarkeit muß der Zweck des § 173 RAO 1919 zugrundegelegt werden. Dieser ist bereits aus dem Wortlaut, "der Steuerpflichtige" und "Richtigkeit seiner Steuererklärung", zweifelsfrei zu erkennen. Danach dient die Norm im *Interesse des Steuerpflichtigen* dem Nachweis der Richtigkeit seiner Angaben in dem *gegen ihn gerichteten Steuerermittlungsverfahren* oder anders formuliert, soll der Sachverhalt so ermittelt werden, wie er sich tatsächlich abgespielt hat, damit die Steuer gegenüber dem Leistenden richtig festgesetzt werden kann. Dieses Ziel ist erreicht, wenn der Steuerpflichtige den Nachweis der tatsächlichen Verausgabung und betrieblichen Veranlassung erbracht hat. § 173 RAO 1919 konnte daher vom Finanzamt nicht als Ermächtigungsgrundlage für weitere Angaben, insbesondere die Empfängerbenennung, herangezogen werden.

bb) Empfängerbenennung nach § 177 RAO 1919

Zu untersuchen ist deshalb, ob der Steuerpflichtige mit Rücksicht auf eine möglicherweise gegebene Steuerpflicht des Empfängers, sprich als Dritter[185] im Sinne des § 177 RAO[186], zu dessen Benennung verpflichtet war.

---

[183] *Becker/Riewald/Koch*, RAO, § 171 Anm. 2.

[184] *Mattern/Meßmer*, RAO, § 171 Rz. 1107.

[185] Der Ausdruck "Dritter" hat sich eingebürgert, obwohl in der Überschrift vor § 177 von "anderen Personen" die Rede ist.

[186] § 177 RAO 1919 lautet:
(1) Auch wer nicht als Steuerpflichtiger beteiligt ist, hat mit Ausnahme der im § 178 als nahe Angehörige bezeichneten Personen dem Finanzamt über Tatsachen Auskunft zu erteilen, die für die Ausübung der Steueraufsicht oder in einem Steuerermittlungsverfahren für die Feststellung von Steueransprüchen von Bedeutung sind. Die Auskunft ist wahrheitsgemäß nach bestem Wissen und Gewissen zu erteilen. Wer nicht aus dem Gedächtnis Auskunft geben kann, hat Schriftstücke und Geschäftsbücher, die ihm zur Verfügung stehen, einzusehen und, soweit nötig, Aufzeichnungen daraus zu entnehmen. Die Auskunft ist nach Form und Inhalt so zu erteilen, wie es das Finanzamt nach den Gesetzen und Ausführungsbestimmungen vorschreibt.
(2) Die Auskunft soll, soweit dies durchführbar ist und nicht aus besonderen Gründen Abweichungen geboten sind, schriftlich erbeten und erteilt werden; das Finanzamt kann jedoch das Erscheinen des Auskunftspflichtigen anordnen.
(3) ... (für die vorliegende Arbeit ohne Bedeutung).

Der RFH hat sich mit dieser Frage eingehend auseinandergesetzt und in zahlreichen Entscheidungen zu § 177 RAO 1919 ausgesprochen, daß vom Steuerpflichtigen zur Aufdeckung *unbekannter* Steuerfälle keine Auskunft verlangt werden könne[187]. Danach konnte das Finanzamt gem. § 177 RAO 1919 nur Auskunft über solche Punkte verlangen, die in einem *bestimmten* Steuerermittlungs- oder einem *bestimmten* Steueraufsichtsverfahren von Bedeutung waren[188]. Ein bestimmtes Ermittlungsverfahren war aber gegen den Empfänger solange nicht gegeben, wie das Finanzamt seinen Namen nicht kannte. Die gleiche Problematik stellte sich für das Finanzamt im Aufsichtsverfahren. Die Steueraufsicht der RAO 1919[189] erstreckte sich immer nur auf eine bestimmte Person und nicht etwa auf einen bestimmten Sachverhalt[190]. Der Steuerpflichtige war somit gemäß § 177 RAO 1919 nicht verpflichtet, dem Finanzamt den Empfänger zu benennen.

cc) Zusammenfassung

Nach der RAO 1919 stellte das Verlangen des Finanzamtes nach der genauen Bezeichnung des Empfängers mit dem alleinigen Anliegen, diesen steuerlich zu erfassen, den unzulässigen Versuch dar, unbekannte Steuerausfälle aufzudecken[191].

c) Änderung durch die Notverordnung vom 1.12.1930 (RAO 1931)

Bedingt durch die Wirtschaftskrise der zwanziger Jahre wurde durch die Notverordnung des Reichspräsidenten zur Sicherung von Wirtschaft und Finanzen vom 1.12.1930[192] dem mit "Steueraufsicht" überschriebenen Abschnitt der RAO 1919 mit Wirkung zum 01.01.1931 der § 201 a RAO[193] hinzugefügt.

---

[187] Z. B. RFH v. 27.02.1935 - VI A 86/33, RStBl. 1935, 596; RFH v. 24.04.1936 - IV A 17/36, RStBl. 1936, 536; RFH v. 24.06.1936 - IV A 81/36, RStBl. 1936, 764.

[188] RFH, Gutachten v. 10.03.1932 - VI D 1/32, RStBl. 1932, 324.

[189] §§ 190 – 200.

[190] RFH, Gutachten v. 20.05.1933 - Gr.S D 4/32, RFHE 33, 249 (253); vgl. *Becker*, in seiner Erläuterung zu RFH v. 20.05.1933, StuW 1933, 1014 f.; *Hörnschemeyer*, Die Auskunftspflicht des Steuerpflichtigen im Steuerermittlungs-, Steueraufsichts- und Steuerstrafverfahren, S. 50.

[191] *So ausdrücklich z. B.* RFH, Gutachten v. 10.03.1932 - VI D 1/32, RStBl. 1932, 324.

[192] RGBl. 1930, 517 ff..

[193] Die Vorschrift lautet (verkürzt) wie folgt:
(1) Die Finanzämter haben darüber zu wachen, ob durch Steuerflucht oder in sonstiger Weise zu Unrecht Steuereinnahmen verkürzt werden.
(2) In Ausübung dieser Steueraufsicht können die Finanzämter verlangen, daß eidesstattliche Versicherungen abgegeben werden.
(3) Hierbei finden die Vorschriften, die für eidesstattliche Versicherungen im Steuerermittlungsverfahren gelten, entsprechende Anwendung mit folgenden Ergänzungen

Nach § 201 a Absatz 1 RAO hatten die Finanzämter darüber zu wachen, ob durch Steuerflucht oder *in sonstiger Weise* zu Unrecht Steuereinnahmen verkürzt werden. Anders als die bisher nur gegen bestimmte Personen gerichtete Steueraufsicht der §§ 190 - 200 RAO 1919 begründete § 201 a RAO 1919 eine für alle Steuern geltende allgemeine Überwachungstätigkeit[194], d. h. eine *Steueraufsicht ganz allgemeiner Art*, welche die Reichsabgabenordnung bisher nicht kannte[195]. Diese zielte nicht mehr auf bestimmte Personen, sondern auf einen im Interesse der Besteuerung liegenden bestimmten Sachverhalt[196]. Zu diesem Zweck wurden die Auskunftsrechte der Finanzbehörden erweitert. Ihnen wurde gem. § 201 a Absatz 2 und Absatz 3 RAO 1919 insbesondere in wesentlich weiterem Umfang die Möglichkeit eingeräumt, eidesstattliche Versicherungen zu fordern. Nach dem Runderlaß des Reichsfinanzministeriums vom 22.12.1930[197] waren dafür im wesentlichen die folgenden Gründe maßgeblich:
"Es gibt Fälle, in denen sich der Sachverhalt trotz sorgfältiger Nachprüfung mit den bisherigen Hilfsmitteln nicht erschöpfend aufklären läßt. Hier erscheint es zur Abkürzung zeitraubender Nachforschungen, die übrigens nicht nur im Interesse der Verwaltung, sondern auch im Interesse des Zensiten liegt, dringend geboten, eine Maßnahme zu ergreifen, die jedem Zweifel, ob richtig deklariert ist oder nicht, ein Ende machen muß. In dieser Beziehung sind schon bisher mit dem Verlangen nach Abgabe eidesstattlicher Versicherungen gute Erfahrungen gemacht worden. Eidesstattliche Versicherungen waren aber bisher nur unter den Einschränkungen zulässig, die der § 209 Abs. 2 RAO für das Steuerermittlungsverfahren vorsieht[198]. In Zukunft sollen eidesstattliche Versicherungen auch bereits im Steueraufsichtsverfahren verlangt werden, und es sollen hierbei die Einschränkungen, die der § 209 Abs.2 RAO vorsieht keine Anwendung finden."
Das Verlangen der Abgabe einer eidesstattlichen Versicherung ist jedoch nur ein Anwendungsfall des § 201 a RAO 1919. Die neue Vorschrift legitimierte darüber hinaus noch weitergehende Maßnahmen der Finanzverwaltung.
Der Reichsminister der Finanzen hatte am 27. Februar 1932 gem. § 32 RAO nachfolgendes Ersuchen an den RFH gerichtet:

"Ein Unternehmer hat in seiner Einkommensteuererklärung Schmiergelder als Werbungskosten in Abzug gebracht. Das Finanzamt rechnet damit, daß die

---

[194] Vgl. *Hörnschemeyer*, Die Auskunftpflicht des Steuerpflichtigen im Steuerermittlungs-, Steueraufsichts- und Steuerstrafverfahren, S. 51 ff., der auf S. 53 darauf hinweist, daß § 201 a RAO die Entwicklung *zur modernen Steuerfahndung* einleitete.

[195] RFH-Gutachten v. 10.03.1932, - VI D 1/32, RStBl. 1932, 324 (325).

[196] RFH G. v. 20.05.1933 - Gr.S D 4/32, RFHE 33, 249 (253); *Becker*, in seinen Erläuterungen zu RFH v. 20.05.1933, StuW 1933, 1014 f.; *Kühn*, StW 1949, 569 (570); *Steinweg*, DStZ 1938, 589 (594); *Steinhauer*, Der Streit um die Auslegung des § 205 a AO, S. 35.

[197] RStBl. 1930, 823.

[198] D. h. wenn andere Mittel zur Erforschung der Wahrheit nicht vorhanden waren.

Empfänger der Schmiergelder diese Einkünfte in ihren Steuererklärungen verschwiegen haben.

Ist der Unternehmer verpflichtet, dem Finanzamt auf Verlangen die Empfänger der Schmiergelder namhaft zu machen?"

Der RFH bejahte die Frage in seinem Gutachten vom 10. März 1932[199]. Nach Ansicht des RFH legitimierte die am 1.12.1930 eingeführte allgemeine Steueraufsicht gem. § 201 a RAO 1919 *sämtliche Maßnahmen*, die das Finanzamt zur Sachverhaltsaufklärung für erforderlich hielt[200]. Und da, so der RFH weiter, nach § 177 RAO 1919 auch die nicht als Steuerpflichtige beteiligten Personen dem Finanzamt über Tatsachen Auskunft zu geben hätten, welche für die Ausübung der Steueraufsicht von Bedeutung sind, seien sie nunmehr zur Auskunft auch dann verpflichtet, wenn es sich um die Aufdeckung unbekannter Steuerausfälle handele. Diese Rechtsprechung bestätigte der RFH in zahlreichen Entscheidungen[201].

Das Finanzamt konnte somit - z. B. bei Schmiergeldzahlungen - die genaue Bezeichnung der Schmiergeldempfänger jetzt auch verlangen, wenn an der tatsächlichen Verwendung der Beträge kein Zweifel bestand, aber damit zu rechnen war, daß die Empfänger diese Einkünfte verschwiegen hatten. Wurde der Empfänger nicht benannt, konnten Zwangsmittel und Sicherungsgelder nach § 202 RAO 1919 festgesetzt werden. Der RFH verwies daher die Finanzämter auf die Auskunftspflicht im Rahmen der Steueraufsicht, wenn sie die Empfänger von Schmiergeldern erfassen wollten[202].

d) Teilergebnis

Insgesamt läßt sich somit feststellen, daß die Finanzbehörden bereits nach § 201 a RAO 1931 im Steueraufsichtsverfahren vom Steuerpflichtigen die genaue Angabe der Schmiergeldempfänger verlangen und erzwingen konnten. Gemäß der in Art. 5, § 4 StAnpG[203], erteilten Ermächtigung hat der Reichsminister der Finanzen den Wortlaut der Reichsabgabenordnung mit Zustimmung

---

[199] Aktenzeichen: VI D 1/32, RStBl.1932, 324 f..
[200] RFH-Gutachten v. 10.03.1932, RStBl. 1932, 324 (325); *Becker*, in seinen Erläuterungen zu RFH v. 10.03.1932, StuW 1932, 632.
[201] RFH G. v. 20.05.1933 - Gr. S D 4/32, STW 1933 Nr. 587 = RFHE 33, 248; vgl. *Becker*, in seinen Erläuterungen zu RFH v. 28.06.1933, StuW 1933, 1009 (1014 ff.); BFH v. 7.12.1952 - IV 430/51 S, BStBl. III 1952, 52; *Becker*, RAO, § 201 a Anm. 10; *Steinhauer*, Der Streit um die Auslegung des § 205 a AO, S. 35 (dort Fn. 5).
[202] RFH G. v. 20.05.1933 - Gr.S D 4/32, RFHE 33, 249 (253 u. 257); BFH v. 7.12.1952 - IV 430/51 S, BStBl. III 1952, 52.
[203] RGBl. 1930, 580.

des Reichsrates unter dem 22. Mai 1931 in neuer Fassung bekanntgegeben. § 201 a RAO 1919 wurde in die Neufassung der RAO vom 22. Mai 1931 als § 201 übernommen[204].

2. Fehlendes Bedürfnis für die Einführung des § 205 a RAO 1931?

Nach dem bisherigen Ergebnis stellt sich die Frage, weshalb der Gesetzgeber durch das StAnpG vom 16. Oktober 1934 einen neuen § 205 a in die RAO 1931 aufgenommen hat. Die konkrete Frage des Reichsministers der Finanzen, "Ist der Unternehmer verpflichtet, dem Finanzamt auf Verlangen die Empfänger der Schmiergelder namhaft zu machen, wenn damit zu rechnen ist, daß diese die Einkünfte in ihren Steuererklärungen verschwiegen haben?", hatte der RFH doch bereits ca. zweieinhalb Jahre vor der Einführung des § 205 a RAO explizit unter Hinweis auf § 201 RAO bejaht.

Was sollte die Vorschrift des § 205 a RAO also noch, wenn die Finanzbehörden bereits aus § 201 RAO den Schmiergeldempfänger erfassen und seine richtige Besteuerung gewährleisten konnten?

a) Abzugsverbot für Schmiergelder bei der Besteuerung des Zahlenden

Man wird dem Gesetzgeber nicht den Vorwurf machen können, er habe eine Bestimmung in das Gesetz neu aufgenommen, die überflüssig ist, weil der ihr unterstellte Zweck bereits anderweitig erreicht werden konnte. Nach *Steinhauer*[205] müsse der Zweck des § 205 a RAO daher ein anderer sein als der, die Zahlungs-empfänger steuerlich zu erfassen. Er sieht die Antwort auf die Frage nach der Daseinsberechtigung der Vorschrift in der Kritik an der Rechtsprechung des RFH zur Behandlung von Schmiergeldern.

Dem RFH wurde damals der Vorwurf gemacht, er begünstige durch seine Recht-sprechung das Schmiergeldunwesen, das zum Nachteil des lauteren Wettbewerbes immer mehr um sich greife[206]. Diese Kritik war an sich auch nicht unberechtigt. Denn wie bereits dargestellt, wurde die Abzugsfähigkeit von Schmiergeldern nicht versagt, wenn der erforderliche Nachweis ihrer Verwendung erbracht war. Der neu eingefügte § 201 RAO engte die Abzugsmöglichkeit von Schmiergeldern zwar ein, vermochte sie ihnen grundsätzlich aber nicht zu nehmen. Entsprechend dem Wortlaut und der Stellung im Gesetz konnte der Empfängernachweis gem. § 201 RAO nur im Interesse der Besteuerung der Schmiergelder beim

---

[204]   RGBl. I 1931, 161 (188) aus § 173 RAO 1919 wurde in der Neufassung der RAO 1931 § 171, aus § 177 RAO 1919 wurde § 175.

[205]   In: Der Streit um die Auslegung des § 205 a AO, S. 37.

[206]   Vgl. *Becker*, in seinen Erläuterungen zu RFH v. 28.06.1933, StuW 1933, 1009 f. und zu RFH v. 10.03.1932, StuW 1932, 632 f..

Empfänger verlangt werden. An die Nichtbeantwortung der Frage nach dem Empfänger ließ sich aber kein Abzugsverbot knüpfen, wenn der Nachweis der Verwendung erbracht war. Nach *Steinhauer* ist § 205 a RAO daher als "Reaktion der Gesetzgebung auf eine durch die Rechtsprechung geschaffene Lage"[207] aufzufassen. Das bedeutet, daß der Gesetzgeber mit den Bestimmungen des § 205 a Abs. 2 und 3 RAO die Unabziehbarkeit der betroffenen unerwünschten Ausgaben erreichen wollte. Den vom RFH entwickelten Grundsatz, daß echte Schmiergelder "durch den Betrieb veranlaßt" und somit Betriebsausgaben sind, konnte der Gesetzgeber nicht ausräumen. Aus diesem Grunde wurde damals ein *ausdrückliches* Abzugsverbot für Schmiergelder als mit dem Steuerrecht unvereinbar angesehen[208]. Der Gesetzgeber, der laut *Steinhauer* aber gerade im Steuerrecht die Erfassung der wirklichen Lebensverhältnisse im Auge habe, hätte aber aus eigener Erfahrung den Tatbestand, den er der Fassung des Gesetzes zugrundelegen wollte, gekannt. Dieser sehe so aus:

Die Zahlung von Schmiergeldern vollzieht sich zumeist in aller Stille und häufig unter dem Decknamen von "Provisionen", "Vermittlungsgebühren" und dergleichen. Eine Schweigepflicht ist zumindest stillschweigend vereinbart. Im Interesse aller Beteiligten wird der Empfänger der Gelder in der Regel nicht genannt[209].

Der Gesetzgeber könne daher die Unabziehbarkeit von Schmiergeldern auch auf einem anderen Wege erreichen. Er habe dies getan, indem er die Finanzämter im Ermittlungsverfahren gegen den Zahlenden allgemein ermächtigte, den Empfängernachweis zu verlangen und gleichzeitig an die Verweigerung der Angabe ein Abzugsverbot knüpfte. Nun sei der Gesetzgeber aber nicht so lebensfremd gewesen zu glauben, unter dem Druck des Abzugsverbotes in Absatz 3 des § 205 a RAO 1931 würden nunmehr alle Schmiergeldzahler die Empfänger genau bezeichnen und sie so ihrer Besteuerung zuführen[210]. Vielmehr habe er damit gerechnet, daß die Empfänger in der Regel nicht genannt würden[211].

---

[207]   *Steinhauer*, Der Streit um die Auslegung des § 205 a RAO, S. 38; zuvor vertraten diese Ansicht bereits *Dornemann*, FR 1950, 33 (34); *Falkenberg*, StuW 1952, 513 (515); FG Hamburg v. 24.11.1949 - III 172-173/49, StPr 1950, 94.

[208]   So z. B. *Becker*, in seinen Erläuterungen zu RFH v. 20.05.1933, StuW 1933, 1009 (1010), der allerdings einschränkend bereits meint, daß ein ausdrückliches Abzugsverbot für Schmiergelder mit dem Steuerrecht zwar nichts zu tun hat, aber aus Gründen der Einschränkung des unlauteren Wettbewerbes gerechtfertigt werden könnte.

[209]   *Steinhauer*, Der Streit um die Auslegung des § 205 a RAO, S. 38.

[210]   *Falkenberg*, StuW 1952, 513 (515); *Steinhauer*, Der Streit um die Auslegung des § 205 a RAO, S. 39.

[211]   *Steinhauer*, Der Streit um die Auslegung des § 205 a RAO, S. 39 unter Hinweis auf die Äußerungen *Beckers* in seinen Erläuterungen zu RFH 18.03.1931, StuW 1931, 553 zu § 201 a RAO "So ... wäre vielleicht zu begrüßen, wenn die Finanzämter aufgrund des § 201 a verlangen, daß ihnen die Empfänger von Schmiergeldern angegeben werden; es

Damit hätte der Gesetzgeber auf dem Umweg über die Ermächtigung des § 205 a Absatz 2 und das hieran geknüpfte Abzugsverbot des Absatz 3 RAO das erreicht, was er erreichen wollte: Eine weitgehende tatsächliche Unabziehbarkeit der Schmiergelder.

Diese v. a. von *Steinhauer* und *Falkenberg* vertretene Ansicht wird durch die historische Auslegung, insbesondere die gesamte gesellschaftliche und wirtschaftliche Entwicklung bis zum Erlaß des § 205 a RAO, unterstützt.

b) amtliche Begründung zu § 4 EStG 1934

Ein entscheidendes Argument, wonach das gefundene Ergebnis aber nicht nur als bloße Theorie aufzufassen ist, sondern vielmehr auch vom Gesetzgeber legitimiert wird, übersehen jedoch sowohl *Steinhauer* als auch *Falkenberg*.

Wie bereits dargestellt, ist die amtliche Begründung des § 205 a RAO bei seiner Auslegung nicht hilfreich. Es findet sich aber eine wertvolle Auslegungshilfe in der amtlichen Begründung zu § 4 EStG 1934. Dort heißt es:

"Die bisher in Praxis, Schrifttum und Rechtsprechung nicht eindeutig geklärte Frage, wie sogenannte Schmiergelder bei der Ermittlung des Gewinns oder Überschusses der Einnahmen über die Werbungskosten zu behandeln sind, ist jetzt in § 205 a AO (§ 21 StAnpG) geregelt".[212]

§ 4 EStG definiert als materiell-steuerrechtliche Norm die Berechnung des Gewinns, der für die Einkommensteuer des Steuerpflichtigen maßgeblich ist. Ein ausdrückliches gesetzliches Abzugsverbot für Schmiergelder bei der Gewinnermittlung hätte deshalb systematisch im § 4 EStG angesiedelt werden müssen. Im Zuge der Neuordnung des Einkommensteuergesetzes im Jahre 1934, vor allem der Änderungen bei der Gewinnermittlung, prüfte der Gesetzgeber aufgrund der erheblichen Kritik aus Gesellschaft und Wirtschaft an der Absetzbarkeit von Schmiergeldern als Betriebsausgaben oder Werbungskosten, die Möglichkeit der Einführung eines entsprechenden ausdrücklichen Abzugsverbotes[213] in § 4 EStG. Der Gesetzgeber hielt ein solches Verbot im Ergebnis allerdings für unnötig und verwies in seiner amtlichen Begründung zu § 4 EStG explizit auf § 205 a RAO. Aus dieser amtlichen Begründung kann daher zum einen der Beweis dafür

---

212 wird damit zu rechnen sein, daß diese die Einkünfte verschweigen." und in StuW 1933, 1010: "Wenn wirklich mit der Angabe der Schmiergeldempfänger künftig Ernst gemacht wird, ist ein gesetzliches Verbot der Anerkennung von Schmiergeldern nicht mehr nötig".

212 RStBl. 1935, S. 37.

213 Z. B. *Becker*, in seinen Erläuterungen zu RFH v. 28.06.1933, StuW 1933, 1009, 1010.

erbracht werden, daß § 205 a RAO im Interesse der *Besteuerung des Zahlenden* ergangen ist, so daß der Steuerpflichtige keinesfalls fremde, sondern *eigene Steuern* zahlt. Zum anderen belegt die Fundstelle, indem der Gesetzgeber sog. Schmiergelder unter Hinweis auf § 205 a RAO expressis verbis anspricht, unmißverständlich, daß § 205 a RAO das Schmiergeldunwesen bekämpfen sollte, ohne es in seinem Wortlaut konkret aufzuführen.

c) Zusammenfassung

Festzuhalten bleibt, daß § 205 a RAO im Interesse der Besteuerung des Zahlenden und nicht der steuerlichen Erfassung des Zahlungsempfängers erlassen worden ist[214]. Durch die Ermächtigung des § 205 a Absatz 2 und das hieran geknüpfte Abzugsverbot des Absatz 3 RAO hat der Gesetzgeber ein faktisches Abzugsverbot für Schmiergelder eingeführt.

3. Schmiergeldunwesen und Empfängernachweis nach der Einführung des § 205 a RAO

Die Ansicht, daß § 205 a RAO als Waffe gegen das Schmiergeldunwesen gedacht war, erhält eine weitere Bestätigung durch die praktische Anwendung der Norm. Der Blick in die Praxis zeigt aber auch, daß der Anwendungsbereich der Vorschrift nicht auf Schmiergelder beschränkt wurde.

a) Praxis der Finanzämter

aa) Anwendung des § 205 a RAO auf Schmiergelder

Die Praxis der Finanzämter ging zunächst dahin, Schmiergeldfälle, die im Steuerermittlungs- oder Steueraufsichtsverfahren bekannt wurden, rein wirtschaftlich zu beurteilen, d. h., der "Schmierende" konnte die Zahlungen absetzen während der "Geschmierte" sie seinerseits versteuern mußte[215]. Nach der Machtübernahme durch die Nationalsozialisten änderte sich diese Betrachtungsweise dann schrittweise. In einer Mitteilung der "Wirtschaftlichen Kurzbriefe" vom 03.11.1933 wurden die Finanzämter zunächst angewiesen, "Im Kampf um die Bekämpfung unlauterer Methoden im Wettbewerb ... , Zahlungen von Schmiergeldern, die sich aus den Steuerakten feststellen, den Staatsanwaltschaften anzu-

---

[214]   Gleicher Ansicht sind im Ergebnis: *Berger*, RAO (1951), § 205 a Anm. 1 u. 2; *Hübschmann/Hepp/Spitaler*, AO (1953), § 205 a Anm. 3; *Steinhauer*, Der Streit um die Auslegung des § 205 a RAO, S. 39; *Falkenberg*, StuW 1952, 513; *Wüller*, Die steuerrechtliche Beurteilung von Vertrauensspesen, S. 44; *Biedermann*, StuW 1947, 243.

[215]   *Lüsebrink*, DStZ 1934, 33 (34).

45

zeigen"[216]. An der steuerrechtlichen Beurteilung der Schmiergelder änderte sich hierdurch jedoch noch nichts. Dies wurde erst durch § 205 a RAO erreicht. Von der Einführung des § 205 a RAO zum 1.1.1935 bis zur Währungsreform am 22.06.1948 wurde die Vorschrift von den Finanzverwaltungen nur auf Schmiergelder angewendet[217]. Die praktische Bedeutung der Norm war sehr gering. Es sind in diesem Zeitraum von immerhin ca. 13 Jahren lediglich zwei RFH-Urteile[218] veröffentlicht worden, beide betrafen Schmiergeldzahlungen.

Durch den Erlaß des Reichsministers der Finanzen vom 26.01.1939[219], der unter Hinweis auf § 1 Abs. 1, 3 StAnpG die Abzugsfähigkeit von Schmiergeldern schlechthin untersagte, wurde die Bedeutung des § 205 a RAO noch weiter eingeschränkt. Begründet wurde diese steuerpolitische Maßnahme mit national-sozialistischen Erwägungen, wonach die Steuergesetzgebung darauf ausgerichtet sein müsse, eine Übereinstimmung zwischen Recht und Moral (dem sog. Volksempfinden) zu erreichen[220]. Als Leitbild sei, das Verhalten eines ehrbaren, anständigen und offenen Kaufmannes zugrunde zulegen; die Absetzbarkeit von Schmiergeldern, so formulierte damals z. B. *Barske* - aus heutiger Sicht absonderlich - widerspreche diesem Verhaltenskodex, da sie dem "typisch jüdischen Geschäftsgeist, der skrupellos alle sich bietenden Vorteile ausnutze", Vorschub leisten würde[221].
Als Folge des Erlasses vom 26.01.1939 waren Schmiergeldzahlungen an Inländer deshalb bis zum Ende des zweiten Weltkriegs auch ohne die Anwendung des § 205 a RAO steuerlich nicht abzugsfähig[222].

Nach dem Krieg änderte sich die Rechtslage. Durch Art. I des Gesetzes des alliierten Kontrolrates zur Änderung der Gesetzgebung in bezug auf Einkommen-, Körperschaftsteuer und Gewinnabführung vom 11.02.1946[223] wurden die gesetzlichen Bestimmungen, nach denen Steuergesetze im national-sozialistischen Geiste zu verstehen und auszulegen sind, aufgehoben. Da nunmehr

---

[216]   Zitiert nach *Lüsebrink*, DStZ 1934, 33.
[217]   *Scheuffele*, FR 1971, 359; *Wüller* meint, daß durch die Anwendung des § 205 a RAO etwa *93 %* aller Schmiergeldzahlungen die Abzugsfähigkeit versagt wurde (siehe "Die steuer-rechtliche Beurteilung von Vertrauensspesen", S 12 (23).
[218]   RFH v. 01.04.1936 - VI A 197/36, RStBl. 1936, 446; RFH v. 25.05.1938 - VI 212/38, RStBl. 1938, 626.
[219]   RStBl. 1939, 195: *"Gemäß § 1 Abs. 3 StAnpG sind Tatbestände nach national-sozialistischer Weltanschauung zu beurteilen. Demgemäß können Schmiergelder, die an Inländer gezahlt werden, bei der Ermittlung des Einkommens nicht abgezogen werden".*
[220]   Amtliche Begründung zu § 1 Abs. 1, 3 StAnpG, RStBl. 1934, 1398.
[221]   *Barske* meint in DStZ 1939, 76 (78) benachteiligt wäre, wer sich anständiger Haltung befleißige und "dumm" genug sein würde, solche Mittel (gemeint sind hier Schmiergelder) nicht anzuwenden.
[222]   Vgl. z. B. *Riewald*, RAO, 1951, § 205 a Anm. 2.
[223]   Steuer- und Zollblatt 1946/47, Britische Zone vom 27.04.1946 Nr.1 - Jahrgang 1, S. 2 ff..

sowohl § 1 Abs. 1, 3 StAnpG vom 16.10.1934, als auch der darauf basierende Ministerialerlaß vom 26.01.1939 obsolet waren, konnten Schmiergelder steuerlich grundsätzlich wieder abgesetzt werden[224]. Die Bedeutung des § 205 a RAO nahm folglich wieder zu.

Nach der Währungsreform wurde § 205 a RAO von den Finanzverwaltungen zunehmend strikter angewendet. Bei Schmiergeldzahlungen an Inländer verlangten die Finanzämter nunmehr grundsätzlich die genaue Bezeichnung des Empfängers. Lediglich bei Schmiergeldzahlungen an Ausländer verzichteten die Finanzverwaltungen einheitlich auf die Empfängerbenennung[225], weil Schmiergelder im Auslandsgeschäft zur Erhaltung der Wettbewerbsfähigkeit der deutschen Volkswirtschaft unumgänglich seien und in der Regel keine Steuerverkürzung für den deutschen Fiskus nach sich zögen. Die Finanzverwaltungen knüpften die Anerkennung dieser Ausgaben allerdings an folgende zwei Bedingungen[226]:
1. Die "Provision" mußte tatsächlich an einen Ausländer - und nicht etwa an einen Ausländer als Mittelsmann- gezahlt worden sein.
2. Die Höhe der gezahlten "Provision" muß sich in einem angemessenen Verhältnis zum gesamten Auslandsumsatz halten.

In der Praxis vollzogen sich die Schmiergeldzahlungen zumeist so, daß sich die Unternehmen von vornherein vom Landesfinanzministerium den Abzug "diskreter Spesen" in einem bestimmten Prozentsatz ihres Umsatzes zusichern ließen. So erkannte z. B. die OFD Düsseldorf etwa 1/2 % des Auslandsumsatzes als abzugsfähigen "Provisionsumsatz" an[227].

bb) Anwendung des § 205 a RAO auf Schwarzmarkt- und OR-Geschäfte

In der Nachkriegszeit und besonders in der Zeit des Währungsverfalls nahm die Bedeutung des § 205 a RAO merklich zu.
Aufgrund der katastrophalen Versorgungslage gehörten Schwarzmarkt und OR-Geschäfte während dieser Zeit zu den üblichen Erscheinungen des Wirtschaftslebens. Noch bis Anfang der 50er Jahre traten Versorgungsengpässe insbesondere

---

[224] Siehe u. a. ESTR 1946, Ziffer 22.
[225] Siehe u. a. ESTR 1950, Ziffer 51 Abschnitt 26 Abs. 3, Rundverfügungen OFD Düsseldorf v. 29.05.1951, DB 1951, 494; v. 20.10.1951, DB 1952, 175; v. 19.07.1952, DB 1953, 115; OFPräs. HH v. 20.12.1948 BlStSozArbR 1949, S. 90; *Steinhauer*, Der Streit um die Auslegung des § 205 a RAO, S. 7 ff. (m. w. N.).
[226] Vgl. z. B. die Rundverfügungen OFD Düsseldorf v. 20.10.1951, DB 1952, 175 und v. 19.07.1952, DB 1953, 115.
[227] Rundverfügungen OFD Düsseldorf v. 20.10.1951, DB 1952, 175; v. 19.07.1952, DB 1953, 115.

bei Benzin, Kohlen, Nichtedelmetallen, Schrott, Glühlampen und Zucker auf[228]. Auch die politischen Folgen des verlorenen Krieges und der Besetzung durch die vier Mächte, wie z. B. Zonengrenzen und Eiserner Vorhang, beeinflußten das Wirtschaftsleben erheblich[229].

Die Finanzämter wurden deshalb zunächst angewiesen, daß überhöhte Betriebsausgaben unter gewissen Voraussetzungen auch ohne Empfängernachweis anerkannt werden könnten[230]. Nach diesen Verwaltungsanweisungen sollten die Finanzämter von einer strengen Handhabung des § 205 a RAO absehen, wenn der *"zuverlässige"* Steuerpflichtige nicht nur die Einkäufe, sondern auch die Verkäufe zu Überpreisen buchmäßig erfaßte und sich die überhöhten Ausgaben in einem bestimmten Rahmen hielten. Im übrigen sollte es genügen, wenn die Verwendung der Ausgaben und ihre Betriebsnotwendigkeit glaubhaft gemacht wurden.

Mit zunehmender Rückkehr normaler wirtschaftlicher Verhältnisse änderte sich diese großzügige Haltung der Finanzverwaltung. Den Wendepunkt markiert die Währungsreform vom 22.06.1948. Nicht einmal vier Monate später, am 6.10.1948, ordneten die der Gemeinsamen Steuer- und Zollabteilung (Gem-StuZAbt) angeschlossenen Finanzbehörden durch Erlaß[231] an, daß bei nicht belegten Betriebsausgaben und Anschaffungskosten die Namen und Anschriften der Empfänger zu verlangen und im Weigerungsfalle die nicht belegten Beträge dem Gewinn als Privatentnahme hinzuzurechnen seien.

Als Geburtsstätte der rigorosen Anwendung des § 205 a RAO gilt Hamburg. Ausgehend von dem Gedanken, daß die Steuerpflichtigen, die zur Vorlage von Belegen und zur Benennung der Zahlungsempfänger nicht in der Lage oder nicht willens sind, im Grunde genommem nur ein steuerunehrliches Verhalten ihrer Vertragspartner decken wollten[232], erließ der Oberfinanzpräsident (OFPräs.) von Hamburg am 20.12.1948 eine Verwaltungsverfügung. In diesem Rundschreiben wollte der OFPräs. den § 205 a RAO in Anbetracht der *Entwicklung der Verhältnisse* bei dem großen Umfang, den die nicht ordnungsgemäß belegten

---

228 *Red*, Wpg 1949, 127; ausführlicher zur wirtschaftlichen Lage nach dem zweiten Weltkrieg, Vgl. *Boehmer*, Die Einwirkungen des zweiten Weltkrieges, der Nachkriegszeit und der Währungsreform auf privatrechtliche Verhältnisse, S. 2 ff..

229 Siehe exemplarisch FG Hamburg v. 30.03.1950 - FG I 22/50, StuW 1950, 165, 174.

230 U. a. Finanzleitstelle v. 09.02.1948 (zitiert nach *Steinhauer*, Der Streit um die Auslegung des § 205 a RAO, S. 8); Badisches Finanzministerium vom 06.04.1948, BB 1948, 225.

231 Zitiert nach *Dornemann*, FR 1950, 33 (34).

232 So ausdrücklich der *OFPräs. von Hamburg* siehe: FG Hamburg v. 24.11.1949, StPr. 1950, 94; FG Hamburg v. 30.03.1950 - FG I 22/50, StuW, 165 (171); *Theis* vom Oberfinanzpräsidium Düsseldorf, räumt auf die Kritik aus der Wirtschaft in FR 1947, 61 (62) ein, "es gibt auch Steuerpflichtige, die noch steuerehrlich sind" und hält es grds. für möglich, sich mit einer Glaubhaftmachung der Ausgaben zu begnügen, aus finanzpolitischen Aspekten müsse der Steuerpflichtige dann jedoch die Steuern des Empfängers, z. B. Lohnsteuer, übernehmen, die dann naturgemäß pauschaliert werden müsse.

Geschäfte angenommen hatten, "in allen Fällen als bindende Richtschnur angewendet wissen"[233]. Die Finanzämter seien deshalb angewiesen, heißt es in dem Rundschreiben z. B. speziell zur Frage der OR-Geschäfte, grundsätzlich in allen Fällen, in denen bei Betriebsausgaben (Unkosten, Wareneinkäufen, Anschaffungen von Anlagevermögen und dergleichen) die Zahlungsempfänger nicht so genau bezeichnet würden, daß sie einwandfrei ermittelt werden könnten, die geltend gemachten Ausgaben als Privatentnahmen zu behandeln. Gleichlautende oder ähnliche Anordnungen wurden in den Bezirken der Oberfinanzpräsidenten von Bremen, Düsseldorf und Köln erlassen[234]. In der Literatur stieß die Vorgehensweise der Finanzbehörden auf Ablehnung[235]. *Red* warf den Oberfinanzpräsidenten vor, unter einer "Diktatur der leeren Kassen" nicht nur die Steuermoral, sondern auch die Staatsmoral zu beschädigen[236]. Jeder wisse, so führt er plakativ aus, daß z. B. Glühlampen, ausreichender Treibstoff und manch andere betriebsnotwendige Gegenstände nur auf dem - wörtlich gemeinten - freien Markt ohne Beleg beschafft werden könnten. Wenn von den Finanzverwaltungen für diese Geschäfte ordnungsgemäße Belege gefordert würden, widerspräche dies nicht nur gesetzgeberischer Vernunft, sondern auch staatlicher Ethik, da Rechtsforderungen aufgestellt würden, welche vom Steuerpflichtigen schlechterdings unerfüllbar seien[237]. *Klein*[238] war sogar der Meinung, daß das vom Oberfinanzpräsidenten von Hamburg angeordnete Verfahren mit einer rechtsstaatlichen Auslegung und Anwendung des § 205 a RAO nicht vereinbar ist. Dessen ungeachtet wurde durch Erlaß der GemStuZAbt vom 24.02.1949 die Anordnung des Oberfinanzpräsidenten von Hamburg auf das gesamte vereinigte Wirtschaftsgebiet übertragen[239].

Die strikte Anwendung des § 205 a RAO konnte in Einzelfällen ruinös sein. Dieser wirtschaftliche Effekt der neuen Rechtsanwendung hat zu zahlreichen Verfahren vor den Finanzgerichten und dem BFH sowie einer Flut von Veröffentlichungen in der Literatur geführt[240]. Wegen der harten Linie des OFPräs. von Hamburg verwundert v. a. die häufige Anrufung des FG Hamburg nicht. Die Rechtsprechung des FG Hamburg war dabei von dem Bestreben gekennzeichnet die Zweckmäßigkeitserwägungen der Verwaltung auf ein erträgliches Maß zurückzuschneiden. So erkannte das FG Hamburg z. B. in einer Entscheidung

---

[233] BlStSozArbR 1949, 90 zitiert nach *Binder*, Wpg 1950, 122 f..
[234] Siehe *Klein*, DB 1949, 413.
[235] Siehe z. B. *Binder*, Wpg 1950, 122 f..
[236] *Red*, Wpg 1949, 127 (128).
[237] *Red*, Wpg 1949, 127 (128).
[238] *Klein*, DB 1949, 413 (415).
[239] Zitiert nach *Steinhauer*, Der Streit um die Auslegung des § 205 a RAO, S. 9 (m. w. N.).
[240] Vgl. z. B. die zahlreichen Beispiele bei *Scheuffele*, FR 1971, 359, der darauf aufmerksam macht, daß seit der Währungsumstellung bis ca. 1970 rund 50 Urteile der Finanzgerichte bekannt geworden sind.

vom 30.03.1950[241] durchaus die Notwendigkeit an, den "überhandnehmenden, steuerunehrlichen Bestrebungen weiter Kreise" v. a. wegen des "großen Umfangs nicht ordnungsmäßig belegter Geschäfte" entgegenzutreten, es verpflichtete die Verwaltung allerdings, im Rahmen der Ermessensausübung die Umstände des Einzelfalles und die allgemeine steuerliche Zuverlässigkeit des Steuerpflichtigen zu berücksichtigen. "Weil die Anwendung des § 205 a RAO", so führt das FG Hamburg in diesem Urteil weiter aus, "immer bedeutet, daß eine Ausgabe, die zweifellos Betriebsausgabe und wirklich geleistet ist, nicht zum Abzug zugelassen wird und daß der Steuerpflichtige daher einen um diese Ausgabe höheren Gewinn versteuern muß ... wirkt er demnach immer wie die Auferlegung einer Steuer für Einkünfte, die der Steuerpflichtige gar nicht gehabt hat, *wie die Verlagerung der Steuerpflicht von dem eigentlich steuerpflichtigen Empfänger der Zahlung auf den an sich nichtsteuerpflichtigen Zahler, also wie die Auferlegung einer Buße dafür, daß der Empfänger der Leistung nicht benannt wird.* Das kann aber je nach den Gründen der Nichtbenennung zu Unbilligkeiten führen. Es sind Fälle möglich, in denen der Steuerpflichtige keineswegs ein steuerunehrliches Verhalten decken will und er triftige und einleuchtende Gründe für die Nichtbenennung des Empfängers der Zahlung geltend machen kann. Es sind Situationen denkbar, die das Gesamtverhalten des Steuerpflichtigen einschließlich der Nichtbenennung des Zahlungsempfängers entschuldbar erscheinen lassen. In solchen Fällen ist es unbillig, an die Nichtbenennung des Zahlungsempfängers die Versagung der Abzugsfähigkeit der Zahlung mit ihren steuerlichen Folgen zu knüpfen, und es kann bei der Interessenabwägung wichtiger sein, diese Unbilligkeit zu vermeiden, als unter allen Umständen eine *Ersatzbesteuerung* aus Gründen reiner Zweckmäßigkeit oder aus finanzpolitischen Erwägungen durchzuführen. Denn was unbillig ist, ist jedenfalls in einem höheren Sinne letzten Endes auch für die Allgemeinheit, für den Staat, der ein Rechtsstaat sein will, nicht zweckmäßig, weil Entscheidungen, die als unbillige Härte empfunden werden müssen, geeignet sind, das Vertrauen in die Staatsführung zu erschüttern."

Der BFH erkannte diese Problematik und trug der geänderten wirtschaftlichen Situation in seiner Rechtsprechung dadurch Rechnung, daß er den Zweck des § 205 a RAO nun nicht mehr ausschließlich in der Bekämpfung des Schmiergeldunwesens, sondern "ganz allgemein in der Verhinderung verwerflichen Geschäftsgebarens"[242] sah und in seinen Entscheidungen auf die konkreten Verhältnisse des jeweiligen Marktes abstellte. "Sind die Gewerbetreibenden, wie dies in der Zeit vor der Währungsumstellung in weitem Umfange der Fall war, allgemein gezwungen, Kohle, Benzin und andere Bedarfsmittel auf dem schwarzen Markt zu kaufen, um ihren Betrieb aufrecht zu erhalten, da der legale Markt vollkommen

---

[241] FG I 22/50, StuW 1950, 165, 171 (m. w. N.).

[242] So z. B. der BFH in seiner ersten Entscheidung zu § 205 a AO nach der Währungsreform v. 23.02.1951 - IV 81/50 S, BStBl. III 1951, 77 (78).

versagt, so werden bei einer Anwendung des § 205 a RAO Unterlagen verlangt, deren Beschaffung nicht zugemutet werden kann. Anders ist die Lage aber dort, wo ein Kaufmann im Interesse einer unlauteren Konkurrenz, sich unzulässiger Mittel bedient, deren Bekämpfung dem Zweck des § 205 a AO entspricht ..."[243]. In dem zitierten Fall verwies der BFH deshalb die Angelegenheit zur weiteren Sachaufklärung, insbesondere zur Klärung der Verhältnisse auf dem Wollmarkt in der Zeit nach der Währungsreform durch Einholung gutachtlicher Äußerungen, an das FG zurück.

cc) Zusammenfassung

§ 205 a Absatz 2 und das hieran geknüpfte Abzugsverbot des Absatz 3 RAO, welches der Gesetzgeber ursprünglich als faktisches Abzugsverbot speziell für Schmiergelder einführte, wurde von der Finanzverwaltung und der Rechtsprechung im Laufe der Zeit als Mittel zur Bekämpfung "allgemein verwerflichen Geschäftsgebarens in der Wirtschaft" weiterentwickelt.

Der Ursprung dieser Entwicklung liegt in einer Verfügung der Oberfinanzbehörde in Hamburg vom 20.12.1948, die in der Notzeit nach dem zweiten Weltkrieg über § 205 a RAO insbesondere das Schieberunwesen und die Schwarzgeldgeschäfte unterbinden wollte. Das FG Hamburg übernahm dann 1950 den Gedanken, daß durch Verlagerung der Steuerpflicht von dem eigentlich steuerpflichtigen Empfänger der Zahlung, auf den an sich nicht steuerpflichtigen Zahler, der Zahler gewissermaßen mit einer Buße für die Nichtbenennung des Empfängers sanktioniert werde. *Tipke* nahm diesen Gedanken dann auf und entwickelte § 205 a RAO zu einer Gefährdungshaftung weiter. Es sei durchaus legitim, *so Tipke*, wenn zur Unterstützung der Gesamtrechtsordnung auch das Steuerrecht unlauterem Geschäftsgebaren entgegenwirke; § 205 a RAO wolle aber nicht unlauteres Geschäftsgebaren an sich, um seiner selbst willen, bekämpfen, sondern durch die in § 205 a Abs. 3 RAO angeordnete Rechtsfolge Steuerausfälle vermeiden, die im Gefolge unlauteren Geschäftsgebarens häufig eintreten würden. Die Ansicht *Tipkes* dürfte dabei auch davon beeinflußt worden sein, daß er 1954 zunächst selbst in der Finanzverwaltung Hamburg und ab 1957 dann am Finanzgericht Hamburg tätig war.

b) Gesetzesauslegung gem. § 1 Abs. 2 StAnpG

Fraglich ist, ob die Ausweitung des § 205 a RAO als Mittel zur Bekämpfung allgemein verwerflichen Geschäftsgebarens in der Wirtschaft gesetzeskonform ist.

---

[243] So z. B. der BFH v. 23.02.1951 - IV 81/50 S, BStBl. III 1951, 77 (79).

Im folgenden soll deshalb untersucht werden, ob die Grenzen der zulässigen Gesetzesauslegung eingehalten wurden.

Die bisherigen Ergebnisse zeigen, daß die Auslegung des § 205 a RAO erheblich durch die jeweilige wirtschaftliche Situation beeinflußt wurde. Der Grund hierfür liegt in § 1 Abs. 2 StAnpG[244]. Danach ist bei der Auslegung von Steuergesetzen auch "... die Entwicklung der Verhältnisse" zu berücksichtigen. Diese Maxime soll der allmählichen Fortentwicklung des Steuerrechts durch die Rechtsprechung unter Anpassung an die Verkehrsbedürfnisse dienen[245] und dem Recht somit eine gewisse Elastizität verleihen. Daß diese teleologisch, objektive Auslegung auch auf § 205 a RAO angewendet wurde, ist allerdings erstaunlich, da sich die Norm im Verfahrensrecht befindet. Ursprünglich wollte man die Auslegungsregel des § 1 Abs. 2 StAnpG auf das materielle Steuerrecht beschränken. Da gerade den verfahrensrechtlichen Vorschriften der Charakter der Stabilität innewohne und mit Rücksicht auf die Ordnungsfunktion des Verfahrensrechtes auch innewohnen müsse[246] meinte man damals nämlich, daß die Berücksichtigung der Entwicklung der Verhältnisse für das Besteuerungsverfahren nicht der Finanzverwaltung, sondern dem Gesetzgeber überlassen bleiben müßte[247].

Mitte der 50er Jahre haben erstmals *Hartz*[248] und *Oswald*[249] darauf hingewiesen, daß die Auslegungsregeln des § 1 Abs. 2 StAnpG inzwischen auch das Verfahrensrecht beeinflussen würden. *Gast* hat dieses Thema dann aufgegriffen und nachgewiesen, daß gerade die Handhabung und Bedeutung des § 205 a RAO zeigt, welch nachhaltige Auswirkungen die Berücksichtigung der Entwicklung der Verhältnisse gem. § 1 Abs. 2 StAnpG mittlerweile auch auf das Verfahrensrecht hatte. M. E. könnte genau hier die Ursache und gleichfalls der entscheidende Lösungsansatz für die Probleme im Zusammenhang mit § 205 a RAO liegen.

Bei der Anwendung des § 1 Abs. 2 StAnpG ist stets zu beachten, daß die im Wege der Gesetzesauslegung zu berücksichtigenden Änderungen der Verhältnisse nicht im *Definitionsbereich* der Steuernorm, sondern in dem *Sachverhaltsbereich* eingetreten sein müssen, auf den sich die Norm bezieht[250]. Es ist zweifelhaft, ob sich

---

[244] Dieser lautet: "Dabei sind die Volksanschauung, der Zweck und die wirtschaftliche Bedeutung der Steuergesetze und die Entwicklung der Verhältnisse zu berücksichtigen".
[245] *Becker*, RAO, Anm. 7 zu § 4 RAO 1919.
[246] *Boehmer*, Praxis der richterlichen Rechtsschöpfung, § 25.
[247] So z. B. *Gast*, Der Einfluß der Entwicklung der Verhältnisse auf die Auslegung von Steuergesetzen, S. 53.
[248] DB 1954, 92 und DB 1957, 517.
[249] StW 1954, 279.
[250] *Kühn/Hofmann*, AO, Anhang zu § 4 Anm. 3.

die zur Gesetzesanwendung und –auslegung des § 205 a RAO Berufenen[251] hieran gehalten haben.

aa) zulässige Auslegung im Sachverhaltsbereich der Norm

§ 205 a RAO wurde ursprünglich als Waffe gegen das Schmiergeldunwesen eingeführt. Sein Sachverhaltsbereich bezieht sich somit auf eine spezielle Unsitte in der deutschen Wirtschaft.

Als in der Nachkriegszeit der legale Markt völlig versagte, waren die Unternehmer gezwungen, sich die zur Aufrechterhaltung des Betriebes notwendigen Wirtschaftsgüter auf dem schwarzen Markt zu überhöhten Preisen und ohne Rechnung zu beschaffen. Mit zunehmender Normalisierung, speziell nach der Währungsreform, wurden diese Schwarzmarkt- und OR-Geschäfte jedoch ebenfalls als Unsitte empfunden, da sie i. d. R. nicht mehr zur Aufrechterhaltung des Betriebes, sondern im Interesse einer unlauteren Konkurrenz eingesetzt wurden. Es ist deshalb grundsätzlich nichts dagegen einzuwenden, wenn der Zweck des § 205 a RAO von der Bekämpfung des Schmiergeldunwesens gem. § 1 Abs. 2 StAnpG nachträglich auf die Bekämpfung von Schwarzmarkt- oder OR-Geschäften erweitert wurde. Denn letztlich handelt es sich hierbei lediglich um neue Unsitten in der deutschen Wirtschaft und damit um Veränderungen im Sachverhaltsbereich des § 205 a RAO, welche der Gesetzgeber im Jahre 1933 bei der Einführung der Vorschrift nicht vorhergesehen hatte bzw. nicht vorhersehen konnte.

Nicht zu beanstanden ist ferner die Aussage des BFH in seiner ersten Entscheidung zu § 205 a RAO nach der Währungsreform[252], daß durch § 205 a RAO "ganz allgemein verwerflichem Geschäftsgebaren in der Wirtschaft entgegengewirkt" werden solle. Diese allgemeine Formulierung des BFH ist als Hinweis aufzufassen, daß neben Schmiergeld-, Schwarzgeld- und OR-Geschäften im Laufe der Zeit durchaus noch weitere Unsitten in der deutschen Wirtschaft aufkommen könnten, welche u. U. gem. § 1 Abs. 2 StAnpG ebenfalls unter § 205 a RAO fallen können. In die gleiche Richtung weist die Anmerkung von Hoffmann[253], Richter am BFH, zu dem zitierten Urteil vom 23.02.1951, in welcher er den "beachtlichen volkswirtschaftlichen Zweck" der Vorschrift betont. Sofern also, bedingt durch Veränderungen der wirtschaftlichen, sozialen oder politischen Verhältnisse neue Unsitten in der deutschen Wirtschaft entstehen, ist eine Gesetzesauslegung in den

---

[251] D. h. Finanzverwaltung und –gerichte.
[252] IV 81/50 S, BStBl. III 1951, 77 (78).
[253] Anmerkung zu BFH v. 23.02.1951, FR 1951, 202.

Grenzen des § 1 Abs. 2 StAnpG durchaus zulässig, da lediglich ein Wandel im Sachverhaltsbereich vorliegt, auf den die Norm "angepaßt" wird[254].

Zur besseren Übersicht, werden die Einzelheiten nachfolgend in einem Schema (Schema I) dargestellt:

---

[254] Zu berücksichtigen ist aber nicht "jede sprunghafte Änderung", sondern nur eine solche Änderung, die sich im Laufe der Entwicklung als dauernd erweist, so z. B. ebenfalls *Kühn/Hofmann*, AO, Anhang zu § 4 Anm. 3.

Schema I: *Zulässige* Auslegung des § 205 a RAO im Sachverhaltsbereich

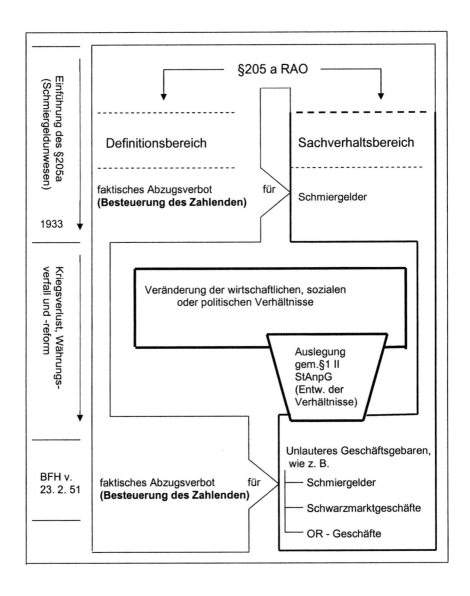

bb) unzulässige Auslegung im Definitionsbereich der Norm

Wie bereits dargelegt, dürfen im Wege der Auslegung gem. § 1 Abs. 2 StAnpG keine Änderungen im Definitionsbereich der Steuerrechtsnorm herbeigeführt werden. Dies lassen m. E. diejenigen außer acht, welche § 205 a RAO zu einer "Art Gefährdungshaftung" auslegen. Denn, indem sie einen - wenn auch verdeckten - Haftungstatbestand einführen, passen sie § 205 a RAO nicht mehr lediglich im Sachverhaltsbereich an neue Gegebenheiten an. Sie verändern vielmehr den Definitionsbereich der Norm. Aus einer Vorschrift, welche der Gesetzgeber ursprünglich im Interesse der *Besteuerung des Zahlenden* erlassen hatte, wird nunmehr eine Norm, die der *Besteuerung des Zahlungsempfängers* dienen soll. § 205 a RAO erhält dadurch eine völlig neue Zielrichtung, welche im Ergebnis nur der Verhinderung von Steuerausfällen und damit dem Ertragszweck dient. Nach allgemeiner Ansicht ist aber der Zweck der Einnahmeerzielung zur Auslegung untauglich[255], da eine Ausrichtung auf diesen Zweck zwangsläufig zur Maxime "in dubio pro fisco" führt[256]. Darüber hinaus verfügt § 205 a RAO nicht über geeignete Mittel zur Durchführung der Besteuerung des Zahlungsempfängers. Die massiven Probleme bei der praktischen Anwendung der "neuen Art von Gefährdungshaftung" sind deshalb die logische Folge einer unzulässigen Gesetzesauslegung. Sie bestätigen im übrigen die Befürchtung *Boehmers*[257], der für den Fall regelwidriger Anwendung des § 1 Abs. 2 StAnpG vorausgesagt hatte, daß die Stabilität und Ordnungsfunktion des Verfahrensrechtes aus den Fugen geraten könnte. Es verwundert daher nicht, daß die neue Art von Gefährdungshaftung als z. B. "Fremdkörper im Steuerrecht"[258] bezeichnet wird und eine Abschaffung "lieber heute als morgen"[259] gefordert wird. Sämtliche Anwendungs-

---

[255] *Mössner*, DStZ 1990, 132 (135); *Vogel*, DStZ 1977, 5 (8 f.); *Tipke*, Über teleologische Auslegung, Lückenfeststellung und Lückenausfüllung, in: Festschrift für v. Wallis, S. 133 (135); *Birk*, StuW 1990, 300 (304).

[256] *Mössner*, DStZ 1990, 132 (135); *Tipke*, Steuerkongreßreport 1967, 39 (57): "§ 1 Abs. 2 StAnpG meint nun nicht den allgemeinen Hauptzweck der Steuergesetze, den Steuerberechtigten die nötigen Mittel zu beschaffen - das ist ihr Motiv, ihre finanzpolitische Aufgabe -, sondern den Zweck der einzelnen Bestimmung. So wenig, wie der Strafrichter in der Existenz der Strafrechtsordnung die Aufforderung zu erblicken hat, möglichst viele Menschen hoch zu bestrafen, so wenig kann der Finanzbeamte aus der Steuerrechtsordnung die Aufgabe ableiten, möglichst hohe Steuern zu erheben oder möglichst hohe Mehrergebnisse zu erzielen. So wenig, wie ein Strafrichter den Zweck der Strafgesetze allein dadurch am besten erfüllt, daß er die meisten und höchsten Strafen verhängt, so wenig erfüllt ein Steuerbeamter die Steuerrechtsordnung am besten dadurch, daß er in seinem Veranlagungs- oder seinem Finanzamtsbezirk das höchste Steueraufkommen erzielt." oder "§ 205 a RAO ... ist nicht so zu handhaben, daß für den Fiskus generell etwas möglichst zweckmäßiges herauskommt."

[257] *Boehmer*, Praxis der richterlichen Rechtsschöpfung, § 25.

[258] *Labus*, BB 1966, 1010:

[259] *Falkenberg*, StuW 1952, 513 (530).

probleme stellen sich im übrigen nicht, wenn man entsprechend der hier vertretenen Ansicht § 205 a RAO als Vorschrift zur Besteuerung des Zahlenden versteht.

Zur besseren Übersicht, werden die Einzelheiten nachfolgend wiederum in einem Schema (Schema II) dargestellt.

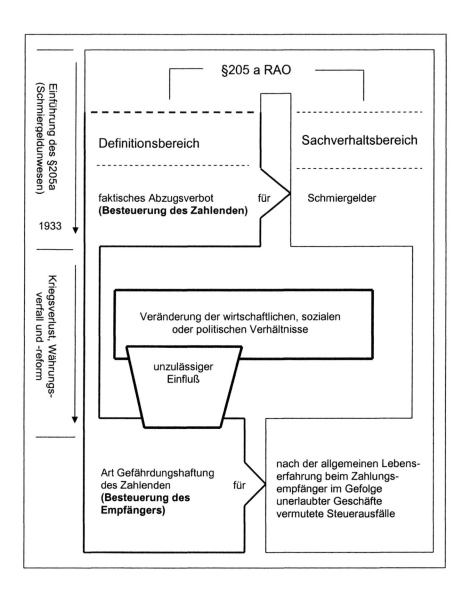

§205 a RAO

Einführung des §205a
(Schmiergeldunwesen)

1933

Kriegsverlust, Währungs-
verfall und -reform

Definitionsbereich

Sachverhaltsbereich

faktisches Abzugsverbot   für   Schmiergelder
(Besteuerung des Zahlenden)

Veränderung der wirtschaftlichen, sozialen
oder politischen Verhältnisse

unzulässiger
Einfluß

Art Gefährdungshaftung
des Zahlenden   für
**(Besteuerung des
Empfängers)**

nach der allgemeinen Lebenserfahrung beim Zahlungs-
empfänger im Gefolge
unerlaubter Geschäfte
vermutete Steuerausfälle

cc) Zusammenfassung

Festzuhalten ist, daß die Weiterentwicklung des Normzweckes von § 205 a RAO als Mittel zur Bekämpfung von Schwarzmarkt-, OR-Geschäften oder, allgemein ausgedrückt, verwerflichem Geschäftsgebaren in der deutschen Wirtschaft eine zulässige, sogar notwendige, Gesetzesauslegung gem. § 1 Abs. 2 StAnpG darstellt, während die Ausweitung zu einer "Art Gefährdungshaftung" abzulehnen ist.

4. Zwischenergebnis

Als Zwischenergebnis kann somit festgehalten werden, daß § 205 a RAO im Interesse der Besteuerung des Zahlenden erlassen wurde und Schmiergelder, Schwarzmarkt-, OR-Geschäfte bzw. allgemein unlautere Gepflogenheiten in der deutschen Wirtschaft bekämpfen sollte, indem durch Absatz 3 ein faktisches Abzugsverbot dieser Ausgaben eingeführt wurde. § 205 a RAO ist somit ein Beispiel für die Verfolgung ordnungspolitischer Ziele durch Steuergesetze.

Diese Auslegung rechtfertigt sich aus der grammatikalischen Interpretation der Vorschrift in Verbindung mit ihrer Stellung im Gesetz und ihrer Entstehungsgeschichte. Letzte Zweifel beim Wortlaut des § 205 a RAO werden durch die amtliche Begründung zu § 4 EStG 1934 ausgeräumt, die hinsichtlich der steuerrechtlichen Behandlung von Schmiergeldern bei der Gewinnermittlung ausdrücklich auf § 205 a RAO verweist. Aufgrund der allgemeinen Fassung des § 205 a RAO bestehen keine Bedenken, den Sachverhaltsbereich gem. § 1 Abs. 2 StAnpG unter Berücksichtigung der Entwicklung der Verhältnisse neben Schmiergelder auch auf Schwarzmarkt- oder OR-Geschäfte bzw. allgemein auf verwerfliches Geschäftsgebaren auszulegen, wobei letzteres verdeutlichen soll, daß aufgrund der Schnellebigkeit auf dem Gebiet der Wirtschaft eine abschließende Aufzählung nicht möglich ist.

IV. Verstoß gegen die Neutralität des Steuerrechts?

Gegen das Auslegungsergebnis könnte eingewendet werden, daß Steuerrecht keine anderen als steuerliche Zwecke verfolgen dürfe[260]. Richtig ist zwar, daß "es in der Regel nicht Sache des Finanzamtes ist, sich ein Urteil über das ethische Verhalten eines Steuerpflichtigen zu bilden und davon die im Ermittlungs-

---

[260] *Mattern/Meßmer*, RAO, § 205 a Rz. 1387; *Hübschmann/Hepp/Spitaler*, AO (7. Auflage) (86. Lfg.) § 205 a Anm. 17; *Maassen*, StRK-Anm. AO, § 205 a Rz. 24; vgl. generell zum Grundsatz der Wertneutralität des Steuerrechts BFH v. 28.11.1977 - GrS 2-3/77, BStBl. II, 1978, 105 (109); BFH v. 21.11.1983 - GrS 2/82, BStBl. II, 1984, 160 (166).

verfahren zu treffenden Maßnahmen abhängig zu machen"[261]. Werte wie Moral, Gerechtigkeit etc. haben aber auch im Steuerrecht ihren Platz[262]. Die Durchbrechung des Neutralitätsgebots könnte daher verfassungskonform sein, sofern sie von einem hinreichenden sachlichen Grund getragen wird.

Becker[263] erblickte diesen sachlichen Grund in der Einschränkung des unlauteren Wettbewerbs. Auch *Tipke*[264] meint, es sei legitim, wenn zur Unterstützung der Gesamtrechtsordnung auch das Steuerrecht "unlauterem Geschäftsgebaren" entgegenwirke. Der rechtfertigende sachliche Grund liegt somit in der Verhinderung verwerflichen bzw. unlauteren Geschäftsgebarens in der deutschen Wirtschaft. Angesichts dieses Zieles ist das Abzugsverbot in § 205 a Abs. 3 RAO unzweifelhaft auch geeignet, erforderlich und verhältnismäßig. Es sei an dieser Stelle nur auf die zahlreichen Abhandlungen im Zuge der Einführung des ausdrücklichen Abzugsverbotes für Schmier- und Bestechungsgelder gem. § 4 Abs. 5 S. 1 Nr. 10 EStG Bezug genommen[265], so daß sich eine weitere Untersuchung erübrigt.

---

[261] So z. B. ausdrücklich BFH v. 05.06.1956 - I 106/56 U, BStBl. III 1956, 206 (207); BFH v. 16.07.1957, - I 316/56 U, BStBl. III 1957, 364; bzw. BFH v. 30.09.1931 - VI A 1184/31, StuW 1931, 1024, wonach die Steuerbehörde wirtschaftliche Tatbestände zu behandeln hat und kein Moralrichter ist.

[262] *Mössner*, DStZ 1990, 132 (133 u. 138); *Raupach*, Darf das Steuerrecht andere Teile der Rechtsordnung stören?, in: FS für Tipke, 1995, 105 (114) "Gerade die Einheit der Rechtsordnung gebietet eine solche Privilegierung".

[263] Vgl. seine Erläuterungen zu RFH v. 28.06.1933, StuW 1933, 1009 (1010).

[264] *Tipke/Kruse*, RAO (7. Auflage) § 205 a Anm. 1, Tipke weist aber zutreffend darauf hin, daß neben dem Steuerrecht z. B. auch die Möglichkeiten des Wettbewerbsrechts genutzt werden sollten.

[265] Z. B. *Boldt*, Schmiergelder im Einkommensteuerrecht, S. 363 ff.; *v. Crailsheim*, Die steuerrechtliche Behandlung von Schmiergeldzuwendungen, S. 72 ff.; *Günzler*, Steuerrecht und Korruption, S. 148 ff.; *Behr*, Wer gut schmiert, der gut fährt?, in: FS Offerhaus, S. 345 (364 f.); *Offerhaus*, in: Crezelius/Raupach/Schmidt/Uelner, Steuerrecht und Gesellschaftsrecht als Gestaltungsaufgaben, S. 237 (246 ff.); *derselbe*, Moral im Steuerrecht?, Harzburger Steuerprotokoll 1995, S. 29 ff.; *Salzberger/Theisen*, DB 1996, 396 ff.; *Klingelhöfer*, Im Spannungsfeld von Steuer- und Strafrecht: Schmiergelder, StBp, 309 ff.; *Kiesel*, Die Zuwendung an Angestellte und Beauftragte im Ausland und das Abzugsverbot des § 4 Abs. 5 Nr. 10 EStG, DStR 2000, 949 ff.; vgl. auch die Statistik im sog. Korruptions-Report, veröffentlicht in: Impulse 6/2002, 38 ff..

3. Teil: Anwendungsbereich des § 160 AO

Im folgenden Teil soll das Verhältnis von Anspruch (Wortlaut) und Wirklichkeit (Auslegung nach der herrschenden Meinung) des § 160 AO untersucht und bewertet werden. Im Mittelpunkt der Ausführungen steht eine Beschreibung der Konturen, die § 160 AO in der praktischen Anwendung zwischenzeitlich erhalten hat. Daran anschließend folgt jeweils eine kritische Auseinandersetzung mit dem status quo.

A. Anwendungsbereich nach dem Wortlaut

§ 160 AO lautet wie folgt:
(1) Schulden und andere Lasten, Betriebsausgaben,
Werbungskosten und andere Ausgaben sind steuerlich
regelmäßig nicht zu berücksichtigen, wenn der
Steuerpflichtige dem Verlangen der Finanzbehörde
nicht nachkommt, die Gläubiger oder die Empfänger
genau zu benennen. Das Recht der Finanzbehörde,
den Sachverhalt zu ermitteln, bleibt unberührt.
(2) § 102 bleibt unberührt.

I. allgemein

Allgemein ausgedrückt betrifft Absatz 1 Satz 1 die steuerliche Berücksichtigung von Lasten und Ausgaben beim Steuerpflichtigen. Er ist weder von der Branche noch von der Art der Geschäfte her eingeschränkt. Es fehlt jegliche konkrete Verknüpfung mit bestimmten Steuerarten. Die Norm kann deshalb auf alle Arten von Steuern, die durch Lasten und Ausgaben gemindert werden können, angewendet werden[266].
Schulden und Lasten beeinflussen vor allem die Bemessungsgrundlage der Substanzsteuern, z. B. Vermögens-, Erbschafts- und Schenkungssteuer. Sie spielen aber auch bei der Gewinnermittlung durch Bestandsvergleich nach §§ 4, 5 EStG eine Rolle[267].

---

[266] *Hübschmann/Hepp/Spitaler*, AO, § 160 Rz. 7; *Tipke/Kruse*, AO, § 160 Rz. 6; *Christian/Schwehm*, DStZ 1997, 324 (328); *Schwarz*, AO, § 160 Rz. 2; *Bruschke*, StB 2001, 42.

[267] Vgl. hierzu z. B. FG München v. 26.10.2000 - 10 V 388/88, EFG 2001, 189 (190); FG Rheinland-Pfalz v. 26.09.2001 - 1 K 1959/99, DStRE 2002, 188; *Fumi*, EFG 2001, 191 (192).

Betriebsausgaben, Werbungskosten und andere Ausgaben mindern vor allem die Bemessungsgrundlage für die Ertragssteuern, z. B. Einkommen- und Gewerbesteuer.

II. Tatbestandsvoraussetzungen

Der Tatbestand enthält einige Begriffe, die dem Steuerrechtler aus anderen Vorschriften bekannt sind. Mit den Begriffen Betriebsausgaben, Werbungskosten und sonstige Ausgaben wird primär ertragsteuerliches Vokabular aufgegriffen. *Betriebsausgaben* sind nach der Legaldefinition des § 4 Abs. 4 EStG Aufwendungen, die durch den Betrieb veranlaßt sind. *Werbungskosten* werden in § 9 Abs. 1 Satz 1 EStG definiert als Aufwendungen zur Erwerbung, Sicherung und Erhaltung der Einnahmen. *Steuerpflichtiger* ist gem. § 33 AO, wer eine Steuer schuldet, für eine Steuer haftet, eine Steuer für Rechnung eines Dritten einzubehalten und abzuführen hat, wer eine Steuererklärung abzugeben, Sicherheit zu leisten, Bücher und Aufzeichnungen zu führen oder andere ihm durch die Steuergesetze auferlegte Verpflichtungen zu erfüllen hat.

Darüber hinaus enthält § 160 AO aber auch einige originär zivilrechtliche Begriffe.

Der Terminus *"Lasten"* wird u. a. in den §§ 103, 436, 446, 546, 748, 995, 47, 2022, 2126, 2185, 2379 BGB, § 56 ZVG und § 16 WEG benutzt. Lasten werden als auf einer Sache oder einem Recht liegende Verpflichtung zu Leistungen verstanden, die aus der Sache oder dem Recht zu entrichten sind und den Nutzwert mindern[268]. Sie können ihre Grundlage im öffentlichen Recht haben oder privatrechtlicher Natur sein[269]. Eine exakte Definition enthält keine der o.g. Vorschriften.

Die Begriffe *"Schuldner"* und *"Gläubiger"* haben ihre Wurzeln in den §§ 241 ff. BGB. Im Schuldrecht steht die schuldrechtliche Forderung des Berechtigten (Gläubigers) der Schuld (Obligation, Verbindlichkeit) des Verpflichteten (Schuldners) gegenüber.

In wieweit sich eine zivilrechtlich geprägte Betrachtungsweise in der steuerrechtlichen Diskussion durchsetzen konnte, wird an anderer Stelle untersucht.

Durch die Formulierungen *"regelmäßig"* und *"Verlangen der ...behörde"* bedient sich § 160 AO verwaltungsrechtlichen Vokabulars. In den §§ 41 StVO, 264 SGB III wird der Behörde z. B. durch den Begriff "regelmäßig" Ermessen eröffnet im Ausnahmefall anders zu verfahren, als im Regelfall. Die Formulierung

---

[268] RG 66, 318; OLG Hamm v. 26.10.1988 - 13 U 96/86, NJW 1989, 840; *Palandt*, BGB, § 103 Rz. 1;

[269] Gitter, in: *MünchKomm*, BGB, § 103 Rz. 5.

"Verlangen der ...behörde" tritt in verschiedenen Gesetzen im Zusammenhang von Mitwirkungs-[270], Auskunfts-[271] oder Ermittlungspflichten[272] auf.

Der Ausdruck *"Empfänger"* ist gesetzlich nicht definiert. Insbesondere ist nicht geregelt, ob als Empfänger derjenige anzusehen ist, der die Leistung in Empfang nimmt oder derjenige, der die Leistung letztlich erhält, d. h., bei dem sie sich wirtschaftlich auswirkt. Nicht definierbar sind ferner die Begriffe *"andere Ausgaben"* und *"genau"*.

Insgesamt bleibt festzuhalten, daß der Wortlaut des § 160 AO ähnlich einer Generalklausel oder eines Auffangtatbestandes formuliert ist. Durch die Verwendung von Oberbegriffen und allgemein gehaltener Tatbestandsmerkmale wird der Vorschrift ein sehr weiter Anwendungsbereich eröffnet.

III. Stellungnahme

1. allgemein

Der Wortlaut des § 160 AO umschreibt den Anwendungsbereich nur unvollständig. So läßt der Gesetzestext nicht erkennen, ob es sich bei den Lasten und Ausgaben um feste, in der Höhe bestimmte Beträge handeln muß, oder ob es ausreicht, wenn diese nur dem Grunde nach feststehen. Nach dem Wortlaut des § 160 AO reicht es für die Nichtberücksichtigung ferner aus, daß der Steuerpflichtige einem "Verlangen der Finanzbehörde", "die Gläubiger oder Empfänger genau zu benennen" nicht nachkommt. Der Gesetzestext schweigt jedoch darüber, unter welchen Voraussetzungen die Finanzbehörde eine entsprechende Auskunft verlangen kann. Daß dies nicht in ihrem freien Belieben steht, folgt aus dem Rechtsstaatsprinzip[273]. § 160 AO sagt ferner nichts darüber, welche konkreten Angaben der Steuerpflichtige zu machen hat, damit eine "genaue" Gläubiger- oder Empfängerbezeichnung vorliegt. Anders als z. B. § 143 AO enthält § 160 AO kein korrespondierendes Regelwerk von Dokumentationspflichten. Dies ist bedenklich. Denn wenn der Gesetzgeber auf der einen Seite Wert darauf legt, daß der Gläubiger bzw. Leistungsempfänger auf Verlangen "genau" benannt wird, müßte er auf der anderen Seite durch Normierung von

---

[270]   Z. B. § 330 a LAG.
[271]   Z. B. § 21 AFBG; § 315 SGB III; § 98 SGB X; § 6 UhVorschG.
[272]   Z. B. § 16 GefStoffV; § 18 e SGB IV.
[273]   Niedersächsisches FG v. 08.06.1989 VI 320/88, EFG 1990, 48.

Dokumentationspflichten die Voraussetzung für die Erfüllbarkeit des Auskunftsbegehrens schaffen[274].

Bei dem Tatbestandsmerkmal "genau" handelt es sich nicht um einen unbestimmten Rechtsbegriff auf der Tatbestandsseite, sondern schlicht um eine unglückliche Formulierung durch den Gesetzgeber. Dabei entbehrt es nicht einer gewissen Komik, daß gerade durch die Verwendung des Tatbestandsmerkmals "genau", im Ergebnis eine "ungenaue" Vorschrift erreicht wird. Die Problematik des unpräzisen Tatbestandes liegt in der für den Rechtsschutz des Bürgers nach Art. 19 Abs. 4 GG wichtigen Frage der Kontrolldichte bei der Überprüfung der Finanzverwaltung durch die Finanzgerichte.

Mißlingt dem Steuerpflichtigen auf berechtigtes Verlangen der Finanzbehörde eine genaue Bezeichnung, sind Lasten und Ausgaben "regelmäßig" steuerlich nicht zu berücksichtigen. Das Wort "regelmäßig" eröffnet der Behörde auf der Rechtsfolgenseite einen Ermessensspielraum. Der Gesetzgeber gibt dadurch zu erkennen, daß er angesichts der Vielgestaltigkeit der von einer Norm erfaßten Sachverhalte keine abschließende Regelung treffen wollte, sondern der Verwaltung die Verwirklichung der Gerechtigkeit im Einzelfall überlassen wollte[275]. Die Einräumung des Ermessensspielraums ermächtigt die Finanzverwaltung allerdings nicht nach Gutdünken vorzugehen. Sie hat vielmehr gemäß § 5 AO ihr Ermessen entsprechend dem Zweck der Ermächtigung auszuüben und die gesetzlichen Grenzen des Ermessens, d. h., den Verhältnismäßigkeits- und insbesondere den Zumutbarkeitsgrundsatz, zu beachten. Verwaltungsentscheidungen sind gesetzlich gelenkte Entscheidungen. Dies gebietet neben dem Grundsatz der Gesetzmäßigkeit der Verwaltung auch das Prinzip der Gewaltenteilung[276]. Conditio sine qua non für eine ermessensfehlerfreie Entscheidung der Finanzverwaltung bei der Anwendung des § 160 AO ist somit, daß der Gesetzgeber den Zweck der Vorschrift klar und eindeutig definiert hat. Unterläßt er dies, bewegt sich die Entscheidung der Verwaltung zwangsläufig im rechtsfreien Raum. Für den Steuerpflichtigen entstünde die Gefahr, daß die Finanzbehörde die Norm willkürlich auf Sachverhalte anwendet, auf die sie nach dem ursprünglichen Willen des Gesetzgebers nicht angewendet werden sollte.

Daß diese Befürchtung nicht unbegründet ist, wird z. B. daraus ersichtlich, daß es nach allgemeiner Auffassung im Ermessen der Finanzbehörde stehen soll, ob sie überhaupt ein Benennungsverlangen an den Steuerpflichtigen richtet, obwohl sich dies aus dem Wortlaut nicht entnehmen läßt und auch verfassungsrechtlich bedenklich ist. Steuerbelastungen sind aufgrund des Legalitätsprinzips nur *durch*

---

[274] *Hübschmann/Hepp/Spitaler*, AO, § 160 Rz. 11; zu den Aufzeichnungspflichten im Schrotthandel vgl. FG Düsseldorf v. 05.12.1996 - 14 K 4740/92 F, EFG 1997, 588 ff..

[275] Niedersächsisches FG v. 08.06.1989 VI 320/88, EFG 1990, 48 (49).

[276] BVerfG v. 05.08.1966 - 1 BvF 1/61, HFR 1967, 469.

Gesetz, nicht aber *aufgrund* Gesetzes denkbar. Dies folgt u. a. aus dem Gebot der Rechtsanwendungsgleichheit als Ausfluß der steuerlichen Lastengleichheit. Damit ist aber der administrative Steuereingriff, d. h. im Umkehrschluß, auch der Verzicht auf einen Steuereingriff als Ermessensentscheidung der Verwaltung ausgeschlossen.

Desweiteren sucht man im Tatbestand des § 160 AO vergebens einen Hinweis darauf, daß der Steuerpflichtige "haften" soll. In den Haftungsvorschriften der §§ 69 ff. AO ist hiervon z. B. ausdrücklich die Rede. Hat der Gesetzgeber bei § 160 AO das Wort "haften" vergessen?

Der unpräzise Tatbestand ist vor allem aufgrund der drastischen - in der Praxis teils als existenzbedrohend[277] bezeichneten - Rechtsfolgen des § 160 AO zu kritisieren. *Tipke*[278] begegnet derartiger Kritik mit dem Einwand "Wortklauberei" sei fehl am Platze. Dies ist bedenklich. Eine Norm muß zwar grundsätzlich abstrahieren. Der Normgeber darf dabei allerdings nicht gegen den Bestimmtheitsgrundsatz verstoßen. Die verfassungsrechtlichen Anforderungen hat das Bundesverfassungsgericht z. B. wie folgt formuliert: "Der Grundsatz der Tatbestandsmäßigkeit als Ausdruck des Rechtsstaatsprinzips im Bereich des Abgabenwesens fordert, daß steuerbegründende Tatbestände so bestimmt sein müssen, daß der Steuerpflichtige die auf ihn entfallende Steuerlast vorausberechnen kann"[279] oder an anderer Stelle "Die Grundsätze des Rechtsstaats fordern, daß die Norm, die eine Steuerpflicht begründet, nach Inhalt, Gegenstand, Zweck und Ausmaß hinreichend bestimmt und begrenzt ist, so daß die Steuerlast meßbar und in gewissem Umfang für den Staatsbürger voraussehbar und berechenbar wird"[280]. Der Grundsatz der Tatbestandsmäßigkeit der Besteuerung verbietet daher die Erteilung von Ermächtigungen an die Finanzbehörden in unbestimmten Generalklauseln (wie z. B. im Polizeirecht), sofern es um die Begründung von Steuerpflichten geht oder die Auslegung steuerbegründender oder steuer-

---

[277] Z. B. *Spatscheck/Alvermann*, DStR 1999, 1427; *Köstler*, INF 1998, 235; *Christian/Schwehm*, DStZ 1997, 324, (329).

[278] *Tipke/Kruse*, AO, § 160 Rz. 6.

[279] BVerfG v. 14.12.1965 – 1 BvR 571/69, BVerfGE 19, 253, 267; BVerfG v. 28.02.1973 – 2 BvL 19/70, BVerfGE 34, 366; BVerfG v. 12.10.1978 – 2 BvR 154/74, BVerfGE 49, 343 (362).

[280] BVerfG v.10.10.1961 – 2 BvL 1/59, BVerfGE 13, 153; v. 15.05.1985 - 1 BvR 274/85, HFR 1986, 424 und v. 26.11.1985 - 1 BvR 416/85, HFR 1986, 646; vgl. aus der Literatur z. B. *Brinkmann*, Tatbestandsmäßigkeit der Besteuerung und formeller Gesetzesbegriff, S. 7 ff.; *Benda*, Die Wahrung verfassungsrechtlicher Grundsätze im Steuerrecht, DStZ 1984, 159 (162 f.); *Tipke/Lang*, Steuerrecht, S. 58 f. m. w. N..

erhöhender Normen über den möglichen Wortsinn hinaus[281]. Ob § 160 AO diesen Anforderungen genügt, erscheint zweifelhaft und bedarf daher einer weiteren Prüfung, insbesondere vor dem Hintergrund, daß der Steuerpflichtige angeblich als Haftender *fremde* Steuern entrichten soll.

2. Verstoß gegen den Bestimmtheitsgrundsatz?

Der Bestimmtheitsgrundsatz hat sowohl demokratiestaatliche wie rechtsstaatliche Wurzeln. Präziser ausgedrückt, er findet seine verfassungsrechtlichen Grundlagen im Prinzip der Gesetzmäßigkeit der Verwaltung (Art. 20 Abs. 3 GG), d. h., in dem Vorbehalt des Gesetzes, dem Prinzip der Gewaltenteilung (Art. 20 Abs. 2 GG), dem der Rechtssicherheit und des Vertrauensschutzes sowie - jedenfalls nach der Judikatur des Bundesverfassungsgerichts - in der Gewährleistung eines effektiven Rechtsschutzes (Art. 19 Abs. 4 GG)[282]. Die Auferlegung von Steuerpflichten als Eingriff der öffentlichen Gewalt bedarf der gesetzlichen Ermächtigung, und diesem Erfordernis einer parlamentsgesetzlichen Grundlage für Eingriffe in Freiheit und Eigentum des Bürgers kann nur dann wirklich entsprochen sein, wenn die Ermächtigung keine generalklauselartige Globalermächtigung, sondern eine begrenzte und näher bestimmte Ermächtigung darstellt. Das im Gesetzmäßigkeitsprinzip implizierte Bestimmtheitserfordernis bezieht sich auf die Eingriffsvoraussetzungen und auf den Eingriffsinhalt, also auf den Tatbestand der Norm ebenso wie auf die Rechtsfolge[283]. Dem Bestimmtheitsgrundsatz wäre im Steuerrecht beispielsweise nicht entsprochen, wenn das Steuergesetz die Höhe der steuerlichen Belastung durch *Fixierung eines bloßen Rahmens oder einer bloßen Obergrenze* festlegte[284]. Diese verfassungsrechtlich geforderte Begrenzung und Bestimmtheit kann eine Eingriffsnorm allein durch ihren möglichen Wortsinn und in dessen Rahmen erhalten. Der Bürger genießt Vertrauensschutz, nur mit solchen Maßnahmen belastet zu werden, die er im Rahmen des möglichen Wortsinns aus dem Normtext entnehmen kann.

Nach dem vermeintlichen Regelungszweck des § 160 AO soll eine Versagung des Abzugs von Lasten, Betriebsausgaben, Werbungskosten und anderen Ausgaben *in Höhe des geschätzten Steuerausfalls* vorgenommen werden, der durch die Nichtversteuerung auf der Seite des (unbekannten) Zahlungsempfängers entsteht[285].

---

[281] *Brinkmann*, Tatbestandsmäßigkeit der Besteuerung und formeller Gesetzesbegriff, S. 8 (m. w. N.): "Dem Bestimmtheitsgrundsatz genügen Generalklauseln, wenn sie die wesentlichen Bestimmungen über die Steuer *mit hinreichender Genauigkeit* treffen".

[282] BVerfG v. 12.11.1958 – 2 BvL 4, 26, 40/56, 1, 7/57, BVerfGE 8, 274 (325 f.); *Papier*, in: Friauf, Steuerrecht und Verfassungsrecht, S. 61 (63).

[283] *Tipke/Lang*, Steuerrecht, S. 58.

[284] *Papier*, in: Friauf, Steuerrecht und Verfassungsrecht, S. 61 (63).

[285] Siehe unter: 3. Teil B I 1.

Der Steuerpflichtige soll aber nicht für den Gesamtbetrag des Steuerausfalles haften, sondern maximal in der Höhe der geltend gemachten Erwerbsaufwendungen. Der Steuerpflichtige dürfe nämlich nicht schlechter gestellt werden, als er bei Verzicht auf die Berücksichtigung der Erwerbsaufwendungen stünde[286]. Es ergeben sich daher Unterschiede hinsichtlich der ggfs. verbleibenden Absetzbarkeit unstreitig betrieblich veranlaßter Aufwendungen, je nachdem, in welcher Progressionszone sich das Einkommen der Leistungsempfänger bewegt. Eine vollständige Versagung des Betriebsausgaben- bzw. Werbungskostenabzuges soll z. B. in Betracht kommen, wenn der geschätzte Steuersatz des Zahlungsempfängers gleich oder höher ist, als der des Steuerpflichtigen. Da der Tatbestand des § 160 AO aber voraussetzt, daß der Zahlungsempfänger oder Gläubiger unbekannt ist, hat die gängige Praxis der h. M. zur Folge, daß der Zahlende die eigene effektive steuerliche Belastung letztlich nur spekulativ ermittelt werden kann. Der Wortlaut des § 160 AO fixiert lediglich *einen Rahmen bzw. eine bloße Obergrenze* der steuerlichen Belastung bis zur Höhe der vollständigen Versagung des Betriebsausgaben- bzw. Werbungskostenabzugs. Sofern § 160 AO also der Ermittlung fremder Steuern dienen soll, für die der Zahlende einzustehen hat, genügt die Norm nach meinem Dafürhalten nicht den Anforderungen des Bestimmtheitsgrundsatzes und wäre daher verfassungswidrig.

B. Anwendungsbereich nach der herrschenden Meinung

Nachfolgend wird dargestellt, welche Konturen § 160 AO durch die herrschende Meinung in der Literatur, die Finanzämter und die Rechtsprechung in der Praxis mittlerweile erhalten hat. Dabei werden jeweils einzelne Sachfragen unter der herrschenden Meinung und Kritik daran diskutiert und jeweils zu einer Lösung gebracht.

I. Zweck

1. herrschende Meinung

Nach herrschender Ansicht in Rechtsprechung[287] und Literatur[288] soll Normzweck des § 160 AO sein, sicherzustellen, daß im Inland keine Steuerausfälle eintreten,

---

[286] *Boldt*, Schmiergelder im Einkommensteuerrecht, S. 124.
[287] Vgl. z. B. BFH v. 30.03.1983 - R 228/78, BStBl. 1983, 654 (655); BFH v. 09.08.1989 - I R 66/86, BStBl. II 1989, 995 (996); BFH v. 22.10.1991 - VIII R 64/86, BFH/NV 1992, 449 (451); BFH v. 06.04.1993 - XI B 94/92, BFH/NV 1993, 633; BFH v. 30.08.1995 - I R 126/94, BFH/NV 1996, 267; BFH v. 15.10.1998 - II R 8/99, BStBl. II 1999, 333; BFH v. 01.04.2003 – I R 28/02, BB 2003, 1716.

wenn zwar auf der Seite des leistenden Steuerpflichtigen Lasten und Ausgaben steuermindernd berücksichtigt werden, ihre Erfassung auf der Seite des Zahlungsempfängers aber gefährdet erscheint. Der BFH verwendet in seiner Rechtsprechung bevorzugt die Formulierung, daß der Steuerpflichtige in diesen Fällen "gleichsam als Haftender"[289] in Anspruch genommen wird. Im Schrifttum[290] und der Rechtsprechung einzelner Finanzgerichte[291] wird von "Gefährdungshaftung" gesprochen. Sofern der Steuerpflichtige der Benennungspflicht gem. § 160 AO nicht nachkommt, sei die steuermindernde Wirkung der Lasten und Ausgaben selbst dann zu versagen, wenn feststeht, daß diese Lasten bestehen bzw. der Steuerpflichtige die Ausgaben tatsächlich geleistet hat[292].

[288] *Christian/Schwehm*, DStZ 1997, 324 (325); *Raupach*, Darf das Steuerrecht andere Teile der Rechtsordnung stören?, in FS für Tipke, 1995, S. 105 (121); *Carl/Klos*, WiB 1995, 330 (331); *Stahl*, KÖSDI 1993, 9286; *Kaligin*, RIW 1988, 634 (635); *Jüptner*, FR 1985, 12 ff.; *Padberg*, FR 1977, 566 (592); *Kottke*, Reisen, Spesen, Zechen und das Finanzamt, 273; *Münzel*, Die Nichtabzugsfähigkeit von Ausgaben nach § 160 AO, S. 4 ff.; *v.Crailsheim*, Die steuerrechtliche Behandlung von Schmiergeldzuwendungen, S. 183; *Boldt*, Schmiergelder im Einkommensteuerrecht, S. 119; *Tipke/Kruse*, AO, § 160 Rz. 3; *Schwarz*, AO, § 160 Rz. 1; *Pump/Lohmeyer*, AO, § 160 Rz. 9 a; *Koch/Scholtz*, AO, § 160 Rz. 2; *Lippross*, Basiskommentar Steuerrecht, § 160 AO Rz. 1; *Herrmann/Heuer/Raupach*, § 4 EStG Rz. 62 "Schmiergelder"; *Kühr/Lohmeyer*, § 160 AO Rz. 8 ff.; *Bruschke*, StB 2001, 42; *v. Wallis*, DStZ 1981, 67 (69); *Schmidt*, EStG, § 4 Rz. 631.

[289] BFH v. 10.03.1999 - XI R 10/98, FR 1999, 765; BFH v. 24.06.1997 - VIII R 9/96, BStBl. II 1998, 51; BFH v. 06.04.1993 - XI B 94/92, BFH/NV 1993, 633 (634); BFH v. 09.08.1989 - I R 66/86, BStBl. II, 1989, 995 (996); BFH v. 09.04.1987 - IV R 142/85, BFH/NV 1987, 689 (690); BFH v. 30.03.1983 - I R 228/78, BStBl. II 1983, 654 (655); BFH v. 17.12.1980 - I R 148/76, BStBl. II 1981, 333; vgl. auch BFH v. 24.06.1997 - VIII R 9/96, BFH R 369 (371): "Die gesetzliche Regelung nimmt bewußt in Kauf, daß ein Steuerpflichtiger *wie ein Haftender* letztlich *fremde Steuern* zahlt."; BFH v. 05.11.2001 - VIII B 16/01, DStRE 2002, 397 (398) = BFH/NV 2002, 312; FG Berlin v. 02.10.2000 - 8 K 8005/99, ISTR 2001, 289 (290) = EFG 2002, 330; FG Rheinland-Pfalz v. 26.09.2001 - 1 K 1959/99, DStRE 2002, 188; *v. Wallis*, StRK - Anm. AO, § 160 Rz. 5.

[290] *Schwarz*, AO, § 160 Rz. 1; *Tipke/Kruse*, AO, § 160 Rz. 3 (m. w. N.) "eine Art Gefährdungshaftung"; *Halaczinsky*, NWB Nr.31/1991, Fach 2, 5691; *Pump/Lohmeyer*, AO, § 160 Rz. 9 a: "§ 160 AO stellt eine eigenständige Gefährdungshaftung (= Stellvertreterbesteuerung) dar."; *Vogelberg*, Praxis Steuerstrafrecht 2000, 254; *Spatscheck/Alvermann*, DStR 1999, 1427; *Kühn/Hofmann*, AO, § 160 Anm. 2; *Herff*, KÖSDI 1996, 10717 (10718); *Schmidt-Liebig*, DStR 1987, 571 (574).

[291] FG Münster v. 26.02.1998 - 8 K 4318/95, EFG 1998, 920 "eine Art Gefährdungshaftung"; FG Köln v. 08.11.1995 - 11 K 2169/93, EFG 1996, 318 (320) "Gefährdungshaftung"; Niedersächsisches FG v. 08.06.1989 - VI 320/88, EFG 1990, 48 (49) "...wird § 160 AO in die Nähe einer Gefährdungshaftung gerückt"; FG Münster v. 13.02.1979 - VI 2772/77, EFG 1979, 425 "Gefährdungshaftung".

[292] BFH v. 17.12.1980 - I R 148/76, BStBl. II 1980, 333; BFH v. 09.08.1989 - I R 66/86, BStBl. II 1989, 995; FG Münster v. 13.02.1979 - VI 2772/77 E, EFG 1979, 425; FG Rheinland-Pfalz v. 26.09.2001 - 1 K 1959/99, DStRE 2002, 188; *Schwarz*, AO, § 160 Rz. 1.

2. Kritik

Nach einer anderen Auffassung soll § 160 AO nur bzw. auch den Zweck verfolgen, einem *verwerflichen Geschäftsgebaren* in der Wirtschaft entgegenzutreten. Die Ansicht konnte sich indes nicht durchsetzen und ist nur noch in Teilen der Literatur[293] und der älteren Rechtsprechung[294] zu finden.

3. Stellungnahme

a) allgemein

Trotz einer ausführlichen und sehr kontroversen Diskussion ist der Zweck des § 160 AO weiterhin unklar. Dies beruht hauptsächlich auf der vagen Formulierung in der Regierungsbegründung[295], daß die Bedeutung der Vorschrift "*vor allem* in der Verhinderung von Steuerausfällen" liegt. Da Steuergesetze allerdings grundsätzlich primär dazu dienen, Geld in die Kassen des Staates zu bringen, ist der Zweck der Einnahmeerzielung nach allgemeiner Ansicht zur Auslegung untauglich[296], weil eine Ausrichtung auf diesen Zweck zwangsläufig zur Maxime "in dubio pro fisco" führt[297]. Besonders *Kirchhoff*[298] hat darauf hingewiesen, daß die gerechte Verteilung der Steuerlast ebenfalls Zweck eines Steuergesetzes ist. Damit wird es zur allerersten Gerechtigkeitsanforderung an ein Steuergesetz, daß ihm die Kriterien für die Entscheidung des Gesetzgebers, einen bestimmten Sachverhalt oder Vorgang als steuerwürdig anzusehen, entnommen werden kann[299]. *Kirchhoff* hat hierfür den Begriff des Belastungsgrundes einer Steuer geprägt. Welchen Zweck § 160 AO neben der reinen Einnahmeerzielung oder mit den Worten Kirchhoffs, "welchen Belastungsgrund" die Vorschrift verfolgt, sucht man in der amtlichen Begründung vergebens, so daß der Gesetzgeber letztlich selbst den Boden für Spekulationen bereitet. Der Hinweis in der Regierungsbegründung,

---

[293] *Halaczinsky*, NWB Nr.31/1991, Fach 2, 5691; *Lang*, JbFSt 1983/84, 195 (224); *Hübschmann/Hepp/Spitaler*, AO (10.Auflage) § 160 Rz. 2a; *Kühn/Hofmann*, AO, § 160 Anm. 2; *Beermann*, AO, § 160 Rz. 4; *Schmidt*, EStG, § 4 Rz. 631; *Tipke/Kruse*, Steuerrecht, § 5 Rz. 56; *Günzler*, Steuerrecht und Korruption, S. 146; *Claßen*, Besteuerung des Unrechts, S. 127; *List*, BB 1994, 1535.

[294] BFH v. 09.04.1987 - IV R 142/85, BFH/NV 1987, 689; BFH v. 17.12.1980 - I R 148/76, BStBl. II 1981, 333 (335); andeutungsweise auch BGH v. 22.11.1985 - 2 StR 64/85, NStZ 1986, 271.

[295] BT-Drucks. VI/1982, 146: zu § 141.

[296] *Mössner*, DStZ 1990, 132 (135); *Vogel*, DStZ 1977, 5 (8 f.); *Tipke*, Über teleologische Auslegung, Lückenfeststellung und Lückenausfüllung, in: Festschrift für v. Wallis, S. 133 (135); *Birk*, StuW 1990, 300 (304).

[297] *Mössner*, DStZ 1990, 132 (135).

[298] *Kirchhof*, NJW 1987, 3217.

[299] *Mössner*, DStZ 1990, 132 (135).

§ 160 AO "entspricht dem § 205 a AO"[300] hilft jedenfalls nicht weiter. Wie bereits dargestellt wurde[301] war der Normzweck des § 205 a RAO ebenfalls unklar war. Der Gesetzgeber wurde deshalb schon damals heftig kritisiert. Besonders anschaulich ist in diesem Zusammenhang der Appell von *Steinhauer*[302] aus dem Jahre 1954: "Das Beispiel der Auslegung des mehrdeutigen § 205 a RAO wird dem Gesetzgeber bei einer künftigen Reform der Abgabenordnung auch zeigen, wie wichtig es ist, Zweck und Inhalt einer gesetzlichen Bestimmung klar und eindeutig zum Ausdruck zu bringen".

Der Streit um die ratio legis des § 160 AO ist keineswegs rein wissenschaftlicher Natur, sondern wegen der doppelten Ermessensentscheidung bei der Anwendung der Norm, von besonderer praktischer Bedeutung:

Nach der herrschenden Meinung, der Zweck des § 160 AO liege allein darin, Steuerausfälle zu verhindern, soll die Vorschrift eine rein fiskalpolitische Funktion haben.
Nach einer anderen Auffassung soll § 160 AO nur bzw. auch den Zweck verfolgen, einem *verwerflichen Geschäftsgebaren* in der Wirtschaft entgegenzutreten. Nach dieser Meinung hätte § 160 AO eine nur bzw. auch wirtschafts- und ordnungspolitisch intendierte Funktion.

Die Auswirkungen dieser unterschiedlichen Sichtweisen auf die praktische Anwendung des § 160 AO hat *Münzel*[303] anschaulich beschrieben:

• Mißt man § 160 AO eine ordnungspolitische Funktion bei, so ist der Empfängernachweis in allen Fällen unlauteren Geschäftsgebarens zu verlangen. Denn nach dieser Auffassung soll gerade die Abzugsfähigkeit solcher unerwünschter Zahlungen verhindert werden. Bei Schmiergeldzahlungen[304] etwa müßte die Empfängerbenennung selbst dann verlangt werden, wenn konkret keine Steuerausfälle drohen.
• Unter Zugrundelegung einer rein steuerrechtlichen Funktion könnte das Auskunftsverlangen hingegen in einem solchen Fall zulässigerweise nicht gestellt werden. Da nämlich keine Steuerausfälle drohen, würde eine trotzdem gestellte Aufforderung zur Empfängerbenennung nicht dem Normzweck entsprechen. Folglich wäre sie ermessensfehlerhaft. Auf eine etwaige Verwerflichkeit des Geschäftes kommt es nach dieser Meinung gerade nicht an.

---

[300] BT-Drucks. VI/1982, 146: zu § 141.
[301] Siehe unter: 2. Teil C und D.
[302] *Steinhauer*, Der Streit um die Auslegung des § 205 a AO, S. XIII.
[303] *Münzel*, Die Nichtabzugsfähigkeit von Ausgaben nach § 160 AO, S. 21 f..
[304] Sofern diese nicht bereits unter § 4 Abs. 5 Nr.10 EStG fallen.

Unterschiede ergeben sich auch auf der Rechtsfolgenseite:

• Folgt man der Ansicht, die den Normzweck in der Verhinderung von Steuerausfällen bzw. in einer Gefährdungshaftung sieht, so kommt es im Fall der Nichtbenennung des Empfängers auf die mutmaßliche Höhe des Steuerausfalls an. Denn nur in Höhe dieses Steuerausfalls ist nach einem so verstandenen Normzweck die Abzugsversagung gerechtfertigt. Dementsprechend sind die wahrscheinlichen steuerlichen Verhältnisse des Empfängers zu berücksichtigen.

• Bei der Annahme eines ordnungspolitischen Zweckes spielt dies hingegen keine Rolle. Da lediglich auf die Verwerflichkeit der Zahlung abgestellt wird, ist die Höhe des Steuerausfalls irrelevant. Im Rechtsfolgenermessen ist lediglich Raum für die Berücksichtigung atypischer Verhältnisse beim Zuwendungsgeber.

b) Haftung im Besteuerungsverfahren des Empfängers

Sofern man entsprechend der vorherrschenden Meinung den Zweck des § 160 AO in der Verhinderung von vermuteten Steuerausfällen sieht, würde § 160 AO inhaltlich eine Art "Gefährdungshaftung"[305] begründen. Da § 160 AO allerdings nicht der Ermittlung der Steuern des Steuerpflichtigen dienen soll[306], geht es um die Steuerschuld des Gläubigers bzw. Zahlungsempfängers, sprich um Steuern eines Dritten. Soll der zahlende oder sich verschuldende Steuerpflichtige für fremde Steuern einstehen, bedarf dies der Rechtfertigung[307]. Allgemein wird für die Gefährdungshaftung als Rechtfertigungsgrund angegeben, daß der Inhaber oder Halter von Betrieben oder Sachen spezifische Betriebs- oder Sachgefahren herbeiführt und daher auch für Schäden einstehen muß, die mit diesen Gefahren in engem Zusammenhang stehen[308]. Doch weder in der Verausgabung von Betriebsausgaben, noch in dem Eingehen von Verbindlichkeiten, kann die Eröffnung einer Gefahrenquelle gesehen werden. Somit liegen die rechtfertigenden Merkmale für eine Gefährdungshaftung, nämlich Vorgänge von besonderer Betriebsgefahr für die Allgemeinheit, an sich nicht vor.

---

[305] *Schwarz*, AO, § 160 Rz. 1; *Tipke/Kruse*, AO, § 160 Rz. 3 m. w. N..
[306] Siehe unter: 3. Teil B I 1 a.
[307] *Hübschmann/Hepp/Spitaler*, AO, § 160 Rz. 22.
[308] *Larenz*, JuS 1965, 374; vgl. zur Gefährdungshaftung im BGB §§ 833, 701, 231 sowie die Vorschriften im HaftpflichtG, StVG, ProdHaftG, LuftVG, BergG, AtomG und ArznMG; "Eine über die gesetzlich geregelten Fälle hinausgehende Gefährdungshaftung läßt sich weder im Wege der Einzel- noch der Gesamtanalogie begründen" BGH v. 26.06.1972 - III ZR 32/70, VersR 72, 1047.

aa) Haftungsgrund

In der Rechtsprechung zu § 160 AO findet sich der Rechtfertigungsansatz, daß derjenige, der den Gläubiger oder Empfänger zwar kennt, ihn aber gleichwohl nicht preisgibt oder der sich auf einen Geschäftspartner einläßt, dessen Identität er nicht kennt, den Steueranspruch *gefährdet*, den der Fiskus gegen den Gläubiger und Empfänger hat, denn bei solchen Geschäften besteht nach der Lebenserfahrung der Verdacht, daß die Nichtbenennung des Empfängers diesem die Nichtversteuerung ermöglichen soll[309]. *Frotscher*[310] sieht deshalb in § 160 AO eine Haftungsnorm, deren Grund eine vom Steuerpflichtigen veranlaßte oder mitverursachte, wenn auch nicht verschuldete, *Steuergefährdung* ist. Dieser Rechtfertigungsansatz steht jedoch zum einen im Widerspruch zur herrschenden Auffassung, die den Normzweck gerade nicht in der Verhinderung verwerflichen Geschäftsgebarens sieht. Zum anderen kann m. E. eine Steuergefährdung keine Gefährdungshaftung rechtfertigen. Im Steuerrecht ist die Haftung grundsätzlich akzessorisch, d. h., der Haftungsanspruch hängt von der Existenz des Primäranspruches, für den gehaftet wird, ab[311]. Jede Art von Haftung muß deshalb nicht etwa nur eine Steuer*gefährdung*, sondern vielmehr einen Steuer*ausfall* in konkret bezifferbarer Höhe voraussetzen. Ob und ggfs. in welcher Höhe allerdings ein Steuerausfall droht, ist bei der Anwendung des § 160 AO nicht bekannt. Mangels Primäranspruch ist daher die Ansicht, daß es sich bei § 160 AO um eine Haftungsvorschrift handelt, abzulehnen.

Unterstützt wird dies dadurch, daß die Nichtanerkennung der Ausgaben etc. i.S. des § 160 AO nicht zum Erlöschen der Steuerschuld des Gläubigers oder Zahlungsempfängers führen kann[312]. Wird ein Empfänger von Betriebsausgaben, die beim Steuerpflichtigen nach § 160 AO bei der steuerlichen Gewinnermittlung nicht berücksichtigt worden sind, nachträglich bekannt, so muß er nach allgemeiner Ansicht diese Beträge nachversteuern. Im Ergebnis führt dies zu einer doppelten steuerlichen Erfassung der Beträge. Wenn dies nicht beabsichtigt

---

[309]   BFH v. 29.11.1978 - I R 148/76, BStBl. II 1979, 587 (589); BFH v. 30.03.1983 - I R 228/78 , BStBl. II 1983, 654 (655); BFH v. 09.08.1984 - I R 66/86, BStBl. II 1989, 995 (996); BFH v. 24.06.1997 - VIII R 9/96, BStBl. II 1998, 51 (54); BFH v. 06.04.1993 - XI B 94/92, BFH/NV 1993, 633; BFH v. 15.10.1998 - IV R 8/98, BFH/NV 1999, 698 (699).

[310]   *Schwarz*, AO, § 160 ,Rz. 1.

[311]   *Kühn/Hofmann*, AO, Vorbem. §§ 69 - 77 Anm. 1; vgl. zur Ausübung des Entschließungsermessens bei der Frage einer Inanspruchnahme des Haftenden im Rahmen des § 191 Abs. 1 AO BFH v. 17.10.2001 – II R 67/98, BFH/NV 2002, 610 (612): "Diese Ermessensentscheidung ist nur dann rechtmäßig, wenn das FA den entscheidungserheblichen Sachverhalt einwandfrei und erschöpfend ermittelt hat". Siehe auch *Speich*, DB 1968, 772 ff.; *Schick*, BB 1983, 1041 (1043 m. w. N.); *Friedrich*, DB 1984, 1114 (1117).

[312]   Vgl. *Streck/Schwedhelm*, Stbg 1992, 25; auch *Wassermeyer*, IStR 1995, 580: "Es fehlt die verfahrensrechtliche Möglichkeit, die Zurechnung nach § 160 AO solange auszusetzen, bis geklärt ist, ob der Ansatz von Einnahmen bei dem benannten Empfänger möglich ist".

gewesen wäre, hätte der Gesetzgeber hier eine Schranke oder z. B. die Möglichkeit eines Innenschuldnerausgleichs einfügen müssen, damit der Steuerpflichtige sich wegen der von ihm entrichteten "fremden" Steuern beim eigentlichen Steuerpflichtigen schadlos halten kann.

Nach den bisherigen Ausführungen ist daher zweifelhaft, ob § 160 AO entsprechend der herrschenden Meinung wirklich der Ermittlung *fremder* Steuern dient.

bb) Kürzung der Bemessungsgrundlage des Zahlenden

Die Anwendbarkeit des § 160 AO setzt nach h. M. eine Kürzung der Bemessungsgrundlage beim Steuerpflichtigen voraus. Geht es ausschließlich um die steuerliche Erfassung des Gläubigers oder Empfängers (d. h. des Dritten), sollte es gleichgültig sein, ob sich die Ausgabe beim Zahlenden steuerlich auswirkt. Es wäre dann auch nicht verständlich, daß z. B. Schmiergelder, die nach § 4 Abs. 5 Nr. 10 EStG auf Seiten des Zahlenden nicht abzugsfähig sind, nicht unter § 160 AO fallen sollen und die Benennung ihrer Empfänger mithin nicht gem. § 160 AO verlangt werden können soll[313], weil angeblich § 160 AO hinter andere Bestimmungen, die den Ansatz von Ausgaben, Schulden usw. trotz Benennung des Empfängers versagen, zurücktritt (z. B. §§ 4 Abs. 5 , 6 EStG). Dies wäre lediglich dann schlüssig, wenn § 160 AO zur Ermittlung der *eigenen* Steuer des Zahlenden dient und durch die Nichtberücksichtigung der Ausgaben z. B. unlauteres Geschäftsgebaren bekämpft werden soll. Weil dieser ordnungspolitische Zweck nämlich bereits durch die speziellen Vorschriften, wie z. B. § 4 Abs. 5 Nr. 10 EStG, erreicht wurde, bedürfte es in der Tat keines Rückgriffs auf § 160 AO mehr.

c) Besteuerungsverfahren des Zahlenden

Sofern es in § 160 AO um eigene Steuern des Zahlenden geht, stellt sich die Frage, ob die Norm verfassungsgemäß ist.

aa) Verstoß gegen Art. 101 Abs. 1 Satz 2 GG[314]

Scheuffele[315] ist der Ansicht, daß § 160 AO gegen Art. 101 Abs. 1 Satz 2 GG verstößt, da ein Gesetz, welches eine Leistungspflicht an den Ungehorsam des Steuerpflichtigen anknüpft, seinem Wesen nach kein Steuergesetz, sondern ein

---

[313] So aber z. B. *Schwarz*, AO, § 160 Rz. 2.
[314] Wortlaut: "Niemand darf seinem gesetzlichen Richter entzogen werden".
[315] FR 1971, 359 (363).

Straf- oder Bußgeldgesetz sei[316]. Bei § 160 AO werde die Strafe vom Finanzamt festgesetzt. Wenn sich der Steuerpflichtige dagegen wehren will, müsse er nach § 33 Abs. 1 Nr. 1 und § 35 FGO die Finanzgerichte anrufen. Für die Durchführung von Rechtsmitteln gegen Geldstrafen und -bußen seien aber die ordentlichen Gerichte zuständig[317].

Die Ansicht Scheuffeles konnte sich nicht durchsetzen. So weist z. B. v. Crailsheim[318] zutreffend darauf hin, daß Art. 101 Abs. 1 Satz 2 GG nur fordert, daß der gesetzlich vorgesehene Richter mit der Sache befaßt wird. Ob ein Strafrichter oder ein Finanzrichter die Sache bearbeite, sei gleichgültig, soweit die Zuständigkeit in voraus eindeutig abstrakt generell festgelegt ist. Nach § 13 GVG sei der ordentliche Rechtsweg für Strafsachen nur gegeben, wenn nicht aufgrund von Bundesrecht besondere Gerichte *bestellt* sind: Eine solche Bestellung erfolgt allerdings durch § 33 FGO. Die Zuständigkeit der Finanzverwaltung und der Finanzgerichte verstößt daher nicht gegen Art. 101 Abs. 1 Satz 2 GG. Der Ansicht *Scheuffeles* ist mithin nicht zu folgen.

bb) Verstoß gegen den Grundsatz "nulla poena sine culpa"

Obwohl *v. Crailsheim,* wie zuvor beschrieben, der Meinung ist, daß für § 160 AO nicht der Rechtsweg für Strafsachen einschlägig ist, vertritt er gleichwohl die Ansicht, daß § 160 AO eine Strafvorschrift darstelle, für die der verfassungsrechtliche Grundsatz *"nulla poena sine culpa"* gelte[319].

Danach wirkt die Anwendung des § 160 AO, wenn Ausgaben oder Lasten tatsächlich entstanden sind, wie die Auferlegung einer Steuer für Einkünfte, die der Steuerpflichtige nicht erzielt hat, oder "wie eine Buße dafür, daß der Empfänger der Leistung nicht benannt wird"[320]. Ob Strafe vorliege oder nicht könne sich nicht nach der Stellung einer Vorschrift im Gesetz oder nach ihrer Bezeichnung richten; maßgeblich seien vielmehr die Auswirkungen der Norm. Werden also Ausgaben oder Lasten allein wegen § 160 AO nicht berücksichtigt, so soll es sich dabei um eine Bestrafung handeln. Der Ansicht des BFH, daß

---

[316] Siehe im einzelnen unter: 2. Teil C V; Scheuffele bezieht sich allerdings noch auf § 205 a RAO.

[317] Vgl. *v. Crailsheim,* Die steuerrechtliche Behandlung von Schmiergeldzuwendungen, S. 186.

[318] Die steuerrechtliche Behandlung von Schmiergeldzuwendungen, S. 186.

[319] *V. Crailsheim,* Die steuerrechtliche Behandlung von Schmiergeldzuwendungen, S. 186 (191).

[320] So z. B. FG Hamburg v. 30.03.1950 - FG I 22/50, StuW 1950, 171; vgl. auch BFH v. 05.05.1966 - IV 37/64, BStBl. III 1966, 518, der von "einer Bestrafung gleichkommenden Ergebnissen" spricht.

§ 160 AO kein strafrechtliches Verschulden verlange[321], könne nicht zugestimmt werden; vielmehr sei die Norm bei verfassungskonformer Auslegung nur anwendbar, wenn der Steuerpflichtige aufgrund eines vorwerfbaren Verhaltens keinen oder nicht den richtigen Gläubiger oder Empfänger benenne.

Begründet wird diese Ansicht mit der ständigen Rechtsprechung des BVerfG[322], wonach dem Grundsatz Verfassungsrang zukomme, daß jede Strafe, auch strafähnliche Sanktionen, Schuld voraussetzt. Hergeleitet wird dies aus dem Rechtsstaatsprinzip, aus Art. 1 Abs. 1 GG und aus Art. 2 Abs. 1 GG. Mit Strafe werde dem Täter ein Rechtsverstoß zum Vorwurf gemacht. Dies setze Vorwerfbarkeit, also Schuld voraus. Strafe ohne Schuld sei eine mit dem Rechtsstaatsprinzip nicht vereinbare Vergeltung für etwas, das der Betroffene nicht zu verantworten habe und verletze ihn daher in seinem Grundrecht aus Art. 2 Abs. 1 GG.

Nach dieser Ansicht soll mithin das Verschulden im Rahmen der bei § 160 AO zu treffenden Ermessensentscheidung zu berücksichtigen sein, d. h. sofern der Steuerpflichtige den richtigen Empfänger oder Gläubiger ohne eigenes Verschulden nicht benennen kann, würde eine Anwendung des § 160 AO gegen den Grundsatz *"nulla poena sine culpa"* verstoßen und wäre daher ermessensfehlerhaft. Die Ansicht *v. Crailsheims* verdient Anerkennung. Auch das Niedersächsische FG hat darauf hingewiesen, daß § 160 AO nicht rechtfertige, das unredliche Verhalten einzelner Steuerpflichtiger *generell* auf die redlichen Geschäftspartner abzuwälzen[323]. Im weiteren Verlauf dieser Untersuchung wird insbesondere das Verschuldensmerkmal noch eingehender untersucht[324].

cc) Verstoß gegen Art. 3 Abs. 1 GG

(1) Steuerpflichtige mit bzw. ohne Einkommen

Nach *Scheuffele*[325] soll § 160 AO gegen Art. 3 Abs. 1 GG verstoßen, weil er nach dem "Zufallsprinzip" Steuerpflichtige nicht bestraft, deren Verlust größer ist als die Höhe der nach § 160 AO nicht berücksichtigten Lasten und Ausgaben.

---

[321] Z. B. BFH v. 29.11.1978 - I R 148/76, BStBl. II 1979, 587 (588) dies soll sich daraus ergeben, daß § 160 AO anders als z. B. §§ 69, 70, 71, 72 AO nicht ausdrücklich eine Pflichtverletzung fordert; vgl. aus der Rspr. der Finanzgerichte FG Münster v. 13.02.1979 - VI 2772/77, EFG 1979, 425; FG Bremen v. 21.04.1989 - I 81/84, EFG 1998, 49 (50).

[322] U. a. Beschluß vom 25.10.1966 - 2 BvR 506/63, BVerfGE 20, 323 (331).

[323] Nds. Finanzgericht v. 08.06.1989 - VI 320/88, EFG 1990, 48 (49).

[324] Siehe unter: 3. Teil B IV und D.

[325] FR 1971, 359 (363).

Zahlt jemand z. B. in einem Veranlagungszeitraum DM 100.000 Schmiergelder bei einem Verlust vor Steuern von DM 100.000, so hat er auch dann kein zu versteuerndes Einkommen, wenn er den Empfänger nach Aufforderung nicht benennt. Hat er dagegen einen hohen Gewinn erwirtschaftet und muß er beispielsweise 53 % Einkommensteuer zahlen, so beträgt seine Strafe für die Nichtbenennung DM 53.000[326].

In der Literatur wird gleichwohl die Ansicht vertreten, daß § 160 AO nicht gegen den Gleichheitssatz verstößt, da Scheuffele die Möglichkeit des Verlustrücktrags und - vortrags nach § 10 d EStG übersehe[327]. Sofern Ausgaben nach § 160 AO beim Steuerpflichtigen in einem Jahr nicht berücksichtigt würden, in dem er hohe Verluste erlitten hat, werde er dennoch bestraft, da durch die Versagung des Abzuges sein Verlust geringer ist. Infolgedessen habe er dann weniger Verlustausgleichsmöglichkeiten in anderen Besteuerungszeiträumen. Grundsätzlich ist dieser Kritik zuzustimmen. Folgerichtig werden dann aber Steuerpflichtige mit positivem Einkommen in späteren Veranlagungszeiträumen und solche mit ausschließlich negativem Einkommen ungleich behandelt, da die Anwendung des § 160 AO eine Kürzung der Bemessungsgrundlage voraussetzt. Die Anwendung des 160 AO verstößt in diesen Fällen somit gegen den Gleichheitssatz des Art. 3 Abs. 1 GG und ist daher - auch wenn die beschriebene Konstellation selten auftreten wird - verfassungswidrig.

(2) Verstoß gegen das Leitungsfähigkeits- und das Nettoprinzip

In der Literatur[328] wird ferner diskutiert, daß § 160 AO gegen das im Steuerrecht elementare Leistungsfähigkeits-[329] und das Nettoprinzip[330], die ihrerseits Konkretisierungen des Art. 3 Abs. 1 GG darstellen, verstößt, wenn Betriebsausgaben, die unstreitig angefallen und nachgewiesen sind, nicht steuermindernd berücksichtigt

---

[326] Beispiel nach: *v. Crailsheim* Die steuerrechtliche Behandlung von Schmiergeldzuwendungen, S. 186 (189).

[327] Vgl. z. B. *v. Crailsheim* Die steuerrechtliche Behandlung von Schmiergeldzuwendungen, S. 186 (189).

[328] *V. Crailsheim*, Die steuerrechtliche Behandlung von Schmiergeldzuwendungen, S. 186 (188).

[329] Vgl. zum Leistungsfähigkeitsprinzip: *Birk*, Das Leistungsfähigkeitsprinzip als Maßstab der Steuernormen, S. 158 ff. (m. w. N.).

[330] Das Nettoprinzip als Ausfluß des Leistungsfähigkeitsprinzips ist im steuerrechtlichen Schrifttum durchgängig anerkannt (siehe z. B. *Schmidt*, EStG, § 2 Anm. 4; *Lang*, StuW 1985, 10 (14 u. 16); *Tipke/Lang*, Steuerrecht, § 9 C 2.2) wird allerdings vom Einkommensteuergesetzgeber nicht immer durchgehalten. §§ 4 Abs. 5, 9 Abs. 1 Satz 3 Nr. 4, 22 Nr. 3 Satz 3 und § 12 Nr.1 Satz 2 EStG durchbrechen das Prinzip. Zur Frage der verfassungsrechtlichen Rechtfertigung von Ausnahmen vom Nettoprinzip, vgl. BVerfG v. 07.11.1972 - 1 BvR 338/68, BVerfGE 34, 103 (115 ff.) und v. 23.01.1990 - BvL 4, 5, 6, 7/87, BVerfGE 81, 228 (237).

werden. Die Durchbrechung sei aber durch den *Sachgrund "Steuerausfälle zu verhindern"* gerechtfertigt. Damit solle eine gleichmäßige Besteuerung gewährleistet werden, was als ein "sehr wichtiges Anliegen" einzustufen sei[331]. Die Nichtabziehbarkeit sei als Mittel geeignet, diesen Zweck zu fördern. Ein in jeder Hinsicht gleichwirksames Mittel, welches den Steuerpflichtigen weniger belaste, sei nicht ersichtlich. Bei der Interessenabwägung sei zwar zu berücksichtigen, daß der Steuerpflichtige bei Nichtbenennung für die Steuerschuld eines anderen haften müsse. Insgesamt werde man das Interesse an einer gleichmäßigen Besteuerung aber höher ansetzen müssen, da der von § 160 AO betroffene Steuerpflichtige die Möglichkeit habe, die negativen Rechtsfolgen des § 160 AO zu vermeiden.

Dieser Ansicht muß aus mehreren Gründen widersprochen werden.

Zum einen wird pauschal unterstellt, daß der Zahlende und der Zahlungsempfänger aufgrund gemeinsamen Entschlusses die Folgen des § 160 AO in Kauf nehmen. Den Steuerpflichtigen leichtfertig derartig kollusiven Verhaltens zu beschuldigen und ohne konkrete Anhaltspunkte die Rechtsfolge (d. h. Nichtberücksichtigung der Ausgaben oder Schulden) zu verhängen, dürfte aber gegen die Unschuldsvermutung des Art. 6 der Konvention zum Schutz der Menschenrechte und Grundfreiheiten[332] verstoßen.

Zum anderen wurde bereits dargestellt[333], daß der Zweck der Einnahmeerzielung nach allgemeiner Ansicht zur Auslegung und damit auch zur Rechtfertigung einer Steuernorm untauglich ist, weil dies zwangsläufig zur Maxime "in dubio pro fisco" führen würde. Entsprechend der *Kirchhoffschen Lehre* bedarf es zur Rechtfertigung der Verstöße gegen das Leistungsfähigkeits- und das Nettoprinzip neben der Einnahmeerzielungsabsicht eines konkreten *Belastungsgrundes*. Da die h. M. dem § 160 AO aber einen rein fiskalischen Zweck beimißt und einen weitergehenden, z. B. ordnungspolitischen Zweck, ausdrücklich ablehnt, liegt ein rechtfertigender Belastungsgrund nicht vor. Die Durchbrechung des Leistungsfähigkeits- und des Nettoprinzips verstößt daher - zumindest, solange den Steuerpflichtigen kein Verschulden an der Nichtbenennung trifft - gegen Art. 3 Abs. 1 GG und ist deshalb verfassungswidrig.

Schließlich steht zum Zeitpunkt der Nichtberücksichtigung z. B. von Betriebsausgaben gem. § 160 AO nicht fest, ob der Zahlungsempfänger die Einnahmen nicht evtl. bereits ordnungsgemäß versteuert hat. Die Steuerausfälle, welche als Sachgrund für die Rechtfertigung der Verstöße gegen das Leistungsfähigkeits- und das

---

[331]   *V. Crailsheim*, Die steuerrechtliche Behandlung von Schmiergeldzuwendungen, S. 186 (190).

[332]   *Abgekürzt:* MRK.

[333]   Siehe unter: 3. Teil I 3 a.

Nettoprinzip genannt werden, sind daher hypothetisch bzw. unbewiesen. Da im Steuerrecht Haftung grundsätzlich akzessorisch ist, trifft den Fiskus die Beweislast für die Existenz des Primäranspruches[334]. Solange der Steuerausfall mithin nicht in konkret bezifferbarer Höhe feststeht, ist der Sachgrund "Verhinderung von Steuerausfällen" nicht einschlägig; zumal eine Anwendung des § 160 AO in diesen Fällen nicht etwa zu der beabsichtigten gleichmäßigen, sondern zu einer drohenden doppelten Besteuerung führen würde.

dd) Verstoß gegen den Grundsatz der Steuerfreiheit des Existenzminimums

Da die steuerliche Nichtberücksichtigung von Lasten und Ausgaben zu einer Gefährdung der durch Art. 1 Abs. 1 GG und das Sozialstaatsprinzip gem. Art. 20 Abs. 1 GG gewährleisteten Steuerfreiheit des Existenzminimums[335] führen kann, nimmt *v. Crailsheim*[336] an, daß § 160 AO in einem bestimmten Bereich verfassungswidrig sein könnte. Er meint jedoch, daß bei der Ausübung des Ermessens gem. § 160 AO im Rahmen einer verfassungskonformen Auslegung die Steuerfreiheit des Existenzminimums berücksichtigt werden könne. Das bevorrechtigte öffentliche Interesse habe dabei grundsätzlich Vorrang vor den wirtschaftlichen Interessen des Einzelnen. Nur wenn die Existenz des Steuerpflichtigen entscheidend gefährdet sei, könne das öffentliche Interesse ausnahmsweise zurückstehen. Denn es sei immer zu berücksichtigen, daß sich der Steuerpflichtige die Nichtberücksichtigung der Ausgaben oder Lasten in der Regel *selbst* zuzuschreiben hätte. Im Falle einer drohenden Existenzgefährdung könne notfalls über §§ 163, 227 AO geholfen werden.

Auch *v. Crailsheim* unterstellt somit ein kollusives Zusammenwirken zwischen Zahlenden und Zahlungsempfänger, so daß insofern wieder auf die bereits angesprochene Unschuldsvermutung des Art. 6 MRK hingewiesen werden muß. Ein Zurücktreten der wirtschaftlichen Interessen des Einzelnen kommt nur in Betracht, wenn konkrete Anhaltspunkte dafür sprechen, daß der Steuerpflichtige durch eigenes Verschulden den Empfänger oder Gläubiger nicht benennen kann.

ee) Verstoß gegen Art. 2 Abs. 1 GG

Die derzeitige Praxis könnte ferner eine Beeinträchtigung der allgemeinen Handlungsfreiheit des Steuerpflichtigen darstellen.

---

334   Siehe unter: 1. Teil B I.

335   Vgl. erster Senat des BVerfG v. 29.05.1990 - 1 BvL 20, 26/84 und 4/86, BVerfGE 82, 60 (85) und zweiter Senat des BVerfG v. 25.09.1992 - 2 BvL 5/91, 2 BvL 8/91, 2 BvL 14/91, BStBl. II 1993, 413 (418) die mit unterschiedlichen Begründungen jeweils die Steuerfreiheit des Existenzminimums bestätigen.

336   Die steuerrechtliche Behandlung von Schmiergeldzuwendungen, S. 190.

Das BVerfG hat in einer Entscheidung vom 14.12.1965[337] u. a. folgendes ausgeführt:

"Die Freiheit der Entfaltung der Persönlichkeit erschöpft sich nicht in der allgemeinen Handlungsfreiheit[338], sondern umfaßt in der grundgesetzlichen Ordnung auch den grundrechtlichen Anspruch, nicht durch staatlichen Zwang mit einem Nachteil belastet zu werden, der nicht in der verfassungsmäßigen Ordnung begründet ist. Das Grundrecht verbietet Eingriffe der Staatsgewalt, die nicht rechtsstaatlich sind[339]. Insbesondere gehört zur Handlungsfreiheit auch das Grundrecht des Bürgers, nur auf Grund solcher Rechtsvorschriften zu Steuern herangezogen zu werden, die formell und materiell der Verfassung gemäß sind und deshalb zur verfassungsmäßigen Ordnung gehören. Denn in die wirtschaftliche Freiheit des Einzelnen greift die öffentliche Gewalt nicht nur durch Gebote und Verbote, sondern auch durch Auferlegung von Steuern ein[340]."

Die Auferlegung einer Mitwirkungspflicht des Steuerpflichtigen bei der Steuerermittlung in fremden Steuerverfahren ist eine Beeinträchtigung der allgemeinen Handlungsfähigkeit[341]. Wie bereits im ersten Teil der Arbeit dargestellt[342], ist sie aber u. a. gem. § 93 AO grundsätzlich hinzunehmen. Den mit dieser Pflicht beschwerten Bürger gem. § 160 AO im Wege einer Gefährdungshaftung aber zur Zahlung der Steuern Dritter auch dann zu zwingen, wenn er seine ihm vom Staat auferlegten Pflichten nicht schuldhaft verletzt hat, ist die Belastung mit einem Nachteil durch staatlichen Zwang, der nicht in der verfassungsmäßigen Ordnung begründet ist, weil dieser Eingriff der Staatsgewalt nicht rechtsstaatlich ist[343]. Er würde insbesondere dazu führen, das unredliche Verhalten einzelner Steuerpflichtiger über § 160 AO generell auf die redlichen Geschäftspartner abzuwälzen[344]. Die Haftung ohne Verschulden gem. § 160 AO verletzt daher in diesen Fällen das Grundrecht des Art. 2 Abs. 1 GG.

---

[337] 1 BvR 413, 416/60, BVerfGE 19, 206 (215).

[338] Vgl. hierzu BVerfG v. 16.11.1957 - 1 BvR 253/56, BVerfGE 6, 32 (41).

[339] BVerfG v. 08.11.1959 - 1 BvR 425/52, BVerfGE 9, 83 (88); BVerfG v. 07.04.1964 - 1 BvL 12/63, BVerfGE 17, 306 (313 ff.).

[340] Friedrich, DB 1968, 1418 (1420); BVerfG v. 03.12.1958 - 1 BvR 488/57, BVerfGE 9, 3 (11).

[341] "Staatsorganisationsrechtlich sind die Kosten des Gesetzesvollzugs an die Verwaltungszuständigkeit gebunden (Art. 104 a Abs. 1 GG). Diese Verbindung wird durch die Einschaltung Privater in den Gesetzesvollzug aufgelöst. Steuerfinanzierte Kosten der staatlichen Aufgabenerfüllung verändern sich in Sonderlasten einzelner Privater", so Trzaskalik, in: Friauf, Steuerrecht und Verfassungsrecht, S. 157 (158 ff.).

[342] Siehe unter: 1. Teil B II (§ 93 Abs. 1 Satz 1 AO rechtfertigt insbesondere die Frage nach dem Empfänger von Ausgaben, welche von der Finanzverwaltung nach Maßgabe der §§ 328 ff. AO sogar mit Zwangsmitteln durchgesetzt werden kann).

[343] Siehe unter: 3. Teil B I 3 c bb.

[344] Vgl. hierzu: Nds. Finanzgericht v. 08.06.1989 - VI 320/88, EFG 1990, 48 (49).

d) Zwischenergebnis

Zusammenfassend läßt sich als Zwischenergebnis festhalten, daß die Anwendung des § 160 AO durch die h. M. unter mehreren Gesichtspunkte verfassungswidrig ist. Problematisch ist die Vereinbarkeit mit dem Bestimmtheitsgrundsatz, dem Grundsatz "nulla poena sine culpa", dem Grundsatz der Steuerfreiheit des Existenzminimums, Art. 3 Abs. 1 GG und Art. 2 Abs. 1 GG.

4. Ausblick

Bevor § 160 AO wegen der beschriebenen Verstöße gegen geltendes Verfassungsrecht für nichtig erklärt werden kann, bedarf es jedoch noch einer weitergehenden Untersuchung. Sofern die Norm nämlich nicht gemäß der h. M die Ermittlung *fremder*, sondern die Ermittlung *eigener* Steuern des Steuerpflichtigen bezwecken soll und neben der Einnahmeerzielungsabsicht entsprechend der *Kirchhoffschen Lehre* ein zulässiger *Belastungsgrund* verfolgt wird, könnte die Norm durchaus verfassungsgemäß sein.

Um den Normzweck des § 160 AO im Rahmen der Auslegung zutreffend ermitteln zu können, ist die Prüfung, wessen Besteuerung die Vorschrift dient, mithin von ausschlaggebender Bedeutung.

II. § 160 AO als "materielle Verfahrensnorm"

1. herrschende Meinung

Nach allgemeiner Auffassung soll es sich bei § 160 AO sowohl um eine verfahrensrechtliche, als auch um eine materiell-steuerrechtliche Vorschrift handeln[345]. § 160 AO wird deshalb auch als "Sondervorschrift innerhalb der AO"[346] bezeichnet.

In verfahrensrechtlicher Hinsicht wird die Norm als *subjektive Beweislastregel* (auch Beweisführungs- oder formelle Beweislast- bzw. Feststellungsregel genannt) eingeordnet[347]. Darunter versteht man im Verfahrens- und Prozeßrecht

---

[345] Z. B. *Kühn/Hofmann*, AO, § 160 Rz. 2; *Jüptner*, FR 1985, 12; *Tipke/Kruse*, FGO, § 96 Rz. 5; *Schöll*, AO, § 160 Rz. 10; *Tipke/Lang*, Steuerrecht, § 21 Rz. 201; *Bublitz*, BB 1987, 167 (168); *Littwin*, BB 1994, 2326; *v. Crailsheim*, Die steuerrechtliche Behandlung von Schmiergeldzuwendungen, S. 185.

[346] *V. Wallis*, DStZ 1981, 67 (68).

[347] *Weber-Grellet*, StuW 1981, 48 (58); *Schrade*, DStR 1981, 221 (222); *Hübschmann/ Hepp/Spitaler*, FGO, § 96 Rz. 136 (152); *v.Crailsheim*, Die steuerrechtliche Behandlung von Schmiergeldzuwendungen, S. 184 f..

die einer Partei obliegende Last, zur Vermeidung von Nachteilen durch eigene Tätigkeit den Beweis streitiger Tatsachen zu erbringen[348].

Wie die materiell-steuerrechtliche Seite zu qualifizieren ist, wird uneinheitlich beantwortet.

Einige meinen, § 160 AO erkenne Betriebsausgaben lediglich unter einer *auflösenden Bedingung* an[349]. Denn die fehlende oder falsche Empfängerbezeichnung nehme der Leistung an sich nicht den Charakter als Betriebsausgabe. Diese könne vom Steuerpflichtigen somit zunächst gewinnmindernd verbucht werden. Die Anerkennung der Betriebsausgabe sei aber gleichsam "auflösend bedingt". Die Bedingungen gem. § 160 AO seien:

• das Finanzamt verlangt die Empfängerbenennung
• der Steuerpflichtige kommt dem Verlangen nicht nach
• das Finanzamt versagt die Anerkennung aufgrund einer Ermessens entscheidung

Andere stellen mehr auf den Charakter als Haftungsnorm ab und meinen, daß § 160 AO ein *Abzugsverbot* für eigentlich abzugsfähige Betriebsausgaben enthalte, über welches das Finanzamt bei einer ungenauen Empfängerbenennung durch den Steuerpflichtigen ermessensfehlerfrei zu entscheiden hat[350]. Durch diese Technik halte sich der Fiskus mittels einer "Art Gefährdungshaftung" beim Steuerpflichtigen für einen Steuerausfall schadlos, den der Gläubiger oder Empfänger vermutlich auslöst[351].

2. Kritik

Ob es sich bei § 160 AO wirklich sowohl um eine verfahrensrechtliche als auch um eine materiell-steuerrechtliche Vorschrift und damit um eine "Sondervorschrift innerhalb der AO" handelt, ist umstritten.

---

[348] *Rosenberg*, Die Beweislast, S. 18 ff.; *Meyer*, Beweislastprobleme im Steuerrecht, S. 37 f.; *v. Crailsheim*, Die steuerrechtliche Behandlung von Schmiergeldzuwendungen, S. 185; *Hübschmann/Hepp/Spitaler*, FGO, § 96 Rz. 151.

[349] *Bublitz*, BB, 1987, 167 (168).

[350] *Bauer*, DStR 1988, 413 (414); *Littwin*, BB 1994, 2326; *Boldt*, Schmiergelder im Einkommensteuerrecht, S. 120; Nach *Tipke/Lang*, Steuerrecht, § 21 Rz. 201 und 211 soll § 160 AO keine Beweisregel, sondern *ausschließlich* eine Vorschrift des materiellen Rechts sein; vgl. ebenfalls BFH v. 30.03.1983 - I R 22/78, BStBl. II 1983, 654; BFH v. 06.04.1993 - XI B 94/92, BFH/NV 1993, 633 (634).

[351] *Tipke/Kruse*, AO, § 160 Rz. 3 (m. w. N.).

a) Besteuerungsverfahren des Empfängers

Fraglich ist insbesondere die Qualifizierung als "subjektive Beweislastregel"[352].
Die Zweifel werden zum einen damit begründet, daß die vom Untersuchungs-
grundsatz geprägte AO grundsätzlich keine subjektive Beweislast kennt[353].
Beweisführungslast und Amtsermittlungsgrundsatz passen nicht zueinander.
Zum anderen macht § 160 AO in zweierlei Hinsicht Ausnahmen von dem Prinzip,
daß eine Beweisführungslast als automatische Folge die Nichtanwendung der
fraglichen Umstände und damit einen Verfahrensverlust nach sich ziehen soll.
Denn zunächst besteht die Benennungspflicht nur auf Verlangen des Finanzamtes,
wodurch bereits eine Abschwächung des Beweisführungserfordernisses vorgenommen wird. Darüber hinaus führt die Nichtbenennung nur "regelmäßig" zur
steuerlichen Nichtberücksichtigung. Die Möglichkeit eines Entscheidungsermes-
sens läßt aber die automatische Nachteilszufügung als Merkmal der Beweisführungslast entfallen.

Die Gegenauffassung erkennt das erste Argument, wonach die Abgabenordnung
keine subjektive Beweislast kennt, zwar grundsätzlich an, weist allerdings darauf
hin, daß zahlreiche Ausnahmen existierten, die unstreitig auch zulässig seien[354].
Gegen das zweite Argument wird eingewandt, daß eine Durchbrechung der
unmittelbaren Nichtanerkennung als Werbungskosten, Betriebsausgaben oder
anderen Ausgaben bei unterlassener oder fehlerhafter Benennung allein durch den
Zweck des § 160 AO, der einzig in der Vermeidung von Steuerausfällen bestehen
soll, nicht aber darin, dem Staat zusätzliche Einnahmen zu verschaffen, gerechtfertigt sei[355].

Nach einer weiteren Meinung ist § 160 AO nicht als subjektive Beweislastregel,
sondern als Regelung der *objektiven Beweislast* anzusehen[356]

b) Besteuerungsverfahren des Zahlenden

Der BFH hat in einer Entscheidung vom 10.03.1999[357] zum Ausdruck gebracht,
daß "§ 160 AO den Betriebsausgabenabzug und damit *die Besteuerung des*

---

[352] Gegen die Einordnung als Beweislastverteilung spricht sich z. B. *Günther* in StW 1985, 37
und DB 1989, 1373, (1374) aus.

[353] *Meyer*, Beweislastprobleme im Steuerrecht, S. 10 f. (113 f.); *Tipke/Kruse*, AO, § 88 Rz. 28;
Hübschmann/Hepp/Spitaler, AO, § 88 Rz. 154 ff..

[354] *V. Crailsheim*, Die steuerrechtliche Behandlung von Schmiergeldzuwendungen, S. 185;
Tipke/Kruse, AO, § 88 Rz. 28; *Hübschmann/Hepp/Spittaler*, AO, § 88 Rz. 154 ff..

[355] BFH v. 10.03.1999 - XI R 10/98, FR 1999, 765 (766); BFH v. 30.03.1983 - I R 228/78,
BStBl. II 1983, 654; FG Rheinland-Pfalz v. 26.09.2001 - 1 K 1959/99, DStRE 2002, 188;
Schmidt, Die Problematik der objektiven Beweislast im Steuerrecht, S. 165.

[356] Z. B. *Jüptner*, FR 1985, 12; *Bublitz*, BB 1987, 167 (168); *Günther*, DB 1989, 1373 (1374).

Steuerpflichtigen" betrifft. Hieraus könnte der Schluß gezogen werden, daß § 160 AO dem Steuerpflichtigen eben nicht eine Beweis- bzw. Nachweislast in einem fremden, sondern *im eigenen Besteuerungsverfahren* auferlegen will.

Meyer[358] ist der Auffassung, daß § 160 AO weder eine subjektive noch eine objektive Beweislastregel begründet. Der Steuerpflichtige werde lediglich zu einem *"Hilfsbeamten der Finanzbehörde"*, der zur Aufklärung in einem anderen Besteuerungsverfahren beitragen solle. Soweit hierdurch Rückschlüsse auf sein eigenes Besteuerungsverfahren gezogen würden, hätten diese ihren Platz bei der Erkenntnisfindung, also in der Beweiswürdigung.
Trazaskalik[359] ordnet § 160 AO neuerdings ebenfalls als *"Anweisung zur Beweiswürdigung"* ein. Wenn ein Steuerpflichtiger eine Kürzung seiner Bemessungsgrundlage begehrt, "erschwere" die Nichtbenennung des Gläubigers bzw. Zahlungsempfängers die Kontrolle. Es ginge mithin um eine Beweiswürdigung des Vorbringens des Steuerpflichtigen. Denn solange die Finanzbehörde den Empfänger nicht kennt, bestehen erhebliche Kontrollprobleme, so *Trazaskalik*. Man könne z. B. daran zweifeln, ob die Leistung überhaupt erbracht wurde, bzw. daran, ob es sich um eine nach materiellem Recht abzugsfähige Ausgabe handelt. Der Empfänger sei in diesem Zusammenhang eine wesentliche Informationsquelle.
Nach einer weiteren Meinung[360] darf die Finanzbehörde in "besonderen Fallkonstellationen" von demjenigen, der den Abzugsposten geltend macht, gem. § 160 AO den Empfängernachweis gewissermaßen als "Beweisprobe" verlangen. Besondere Fallkonstellationen lägen z. B. vor, wenn exorbitant hohe Schmiergeldzahlungen geltend gemacht werden und sich deshalb Zweifel an der Höhe der geltend gemachten Abzugsposten ergeben.

3. Stellungnahme

a) Besteuerungsverfahren des Empfängers

Gegen die Einordnung als Beweislastregel lassen sich neben den bereits angeführten noch weitere Argumente finden. Eines läßt sich z. B. aus dem Tatbestand selbst ableiten. § 160 AO setzt voraus, daß Werbungskosten oder Betriebsausgaben entstanden und nachgewiesen sind, *insofern* also gar keine non-liquet Situation mehr besteht. Sofern man die Vorschrift als subjektive Beweislastregel qualifiziert, würde sich also die Situation stellen, daß ohne non-liquet eine

---

357 XI R 10/98, FR 1999, 765.
358 in: Beweislastprobleme im Steuerrecht, S. 128.
359 In: *Hübschmann/Hepp/Spitaler*, AO, § 160, Randziffern 51, 59 u. 63.
360 So z. B. *Lürssen*, Die §§ 159-160 AO und das Steuerstrafrecht, S. 65 f..

Beweisführungslast relevant sein könnte[361]. Die Gegenauffassung meint, eine solche Betrachtungsweise würde verkennen, daß die subjektive Beweislast nur die Frage behandelt, wie zu entscheiden ist, wenn eine Partei einer ihr obliegenden Beweisführung nicht nachkommt. Weswegen ihr die Beweisführung obliegt, sei ohne Bedeutung[362]. *Schmidt*[363] weist in diesem Zusammenhang darauf hin, daß letztlich am wahren Problem vorbei diskutiert werde, denn tatsächlich würde über § 160 AO (auf Verlangen) das weitere Tatbestandsmerkmal der Empfänger- bzw. Gläubigerbezeichnung dem Schulden- und Lasten- bzw. Werbungskosten- und Betriebsausgabenbegriff "angehängt", um im konkreten Fall zur Abzugsfähigkeit zu gelangen. Bezüglich dieses letzten Merkmales bestünden bis zur Überzeugung der Behörde von der Person des Gläubigers bzw. Empfängers oder des Nichtvorliegens eines Steuerausfalles Zweifel. In der Praxis stelle sich mithin sehr wohl die "Beweislastfrage". *Schmidt* beschreibt damit die praktischen Auswirkungen des § 160 AO zwar durchaus zutreffend. Dogmatisch ist seine Ansicht allerdings nicht haltbar, da sich "Betriebsausgaben" oder "Werbungskosten" gem. § 160 AO allein nach der Veranlassung einer Aufwendung durch den Betrieb oder Beruf bestimmen. Der Empfänger ist nicht Konstitutens, sondern lediglich Indiz für die Veranlassung. Sofern der Gesetzgeber wirklich das *weitere Tatbestandsmerkmal* der Empfänger- bzw. Gläubigerbezeichnung einführen und dem Steuerpflichtigen hierfür die subjektive Beweislast auferlegen wollte, hätte dies ausdrücklich im Wortlaut verankert werden müssen. Das der Gesetzgeber aber keinesfalls ein weiteres Tatbestandsmerkmal einführen wollte, wird bereits daraus ersichtlich, daß der Abzug grundsätzlich auch ohne Empfänger- bzw. Gläubigerbezeichnung möglich ist. Die Benennung ist nämlich nur "auf Verlangen der Finanzbehörde" nötig.

Wer § 160 AO hingegen als Regelung der *objektiven Beweislast* ansieht, gerät ebenso in kaum lösbare dogmatische Probleme. *Schmidt* hat diese in seiner Dissertation[364] ausführlich dargestellt. Da § 160 AO durch die Benennungspflicht ein besteuerungsrelevantes Merkmal aufstellt, ohne es unmittelbar dem Betriebsausgaben- bzw. Werbungskostenbegriff anzuhängen, ist eine gewisse Zäsur zwischen Gläubiger- bzw. Zahlungsempfängerbenennung und Werbungskosten- bzw. Betriebsausgabenbegriff nicht zu verkennen. Hat § 160 AO den Zweck, Steuerausfälle wegen Nichterfassung der Einnahmen beim Empfänger zu verhindern, handelt es sich insoweit gar nicht um den Nachweis eines steuermin-

---

361 Vgl. hierzu z. B. *Schmidt*, Die Problematik der objektiven Beweislast im Steuerrecht, S. 165; *Hübschmann/Hepp/Spitaler*, AO, § 88 Rz. 156; vgl. auch BFH v. 27.06.2001 - I R 46/00, BFH/NV 2002, 1 (3) der jüngst nochmals klarstellte, daß eine Beweislastentscheidung erst dann in Betracht kommt, wenn eine beweisbedürftige Tatsache nicht bewiesen worden ist, andernfalls sei für einen Rückgriff auf Beweislastregeln kein Raum.

362 *Weber-Grellet*, StuW 1981, 48 (58).

363 *Schmidt*, Die Problematik der objektiven Beweislast im Steuerrecht, S. 165.

364 Die Problematik der objektiven Beweislast im Steuerrecht, S. 166 ff..

dernden Merkmales auf seiten des Steuerpflichtigen, sondern eines steuererhöhenden Merkmales, für das regelmäßig die Finanzbehörde die objektive Beweislast trägt. Die Nichtberücksichtigung der Ausgaben des Steuerpflichtigen soll nämlich nur in diesem Fall eine durch das Korrespondenzverhältnis von Ausgaben auf der einen und Einnahmen auf der anderen Seite ermöglichten Verrechnungsangelegenheit sein[365]. Bei einer solchen Betrachtungsweise würde der Steuerpflichtige letztlich die Beweislast der Finanzbehörde aus einem anderen Besteuerungsverfahren tragen. Die Einordnung der Benennungspflicht des § 160 AO als Regelung einer Feststellungslast widerspräche damit der grundsätzlichen Funktion der objektiven Beweislast, die Nichtfeststellbarkeit von Tatsachen in einem Rechtsanwendungsverfahren zwischen *den Beteiligten dieses Verfahrens* zu überbrücken; eine solche Argumentation trüge daher nicht dem Umstand Rechnung, daß § 160 AO - nach Einschätzung der Vertreter dieser Ansicht[366] - im Wege der "Gefährdungshaftung" dem Steuerpflichtigen "eine fremde Schuld" zurechnen soll. Laut *Schmidt*[367] begegnet die Annahme einer Beweisführungslast dagegen diesen Bedenken nicht, da mit ihrer Hilfe offen rechtspolitische Ziele und Funktionen verbunden werden könnten. Sie erfahre insofern keinen unsystematischen Funktionswandel, weil sie unbestreitbar eine unmittelbare Verhaltensanweisung an die Parteien beinhalte. Daß in ihrer Folge der Steuerpflichtige auch die objektive Beweislast hinsichtlich der Feststellbarkeit des Zahlungsempfängers trage, sei "nur" eine logische Folge der Auferlegung der subjektiven Beweislast. Auch die Aussetzung des Untersuchungsgrundsatzes bei der Erforschung des Leistungsempfängers spreche für eine Einordnung als Beweisführungslast, so *Schmidt*. Wenn die Behörde nach dem Empfänger nicht forschen müsse, könnten die von den Kritikern geäußerten Bedenken hinsichtlich einer Beweisführungslast in Verfahren unter Geltung des Untersuchungsgrundsatzes nicht durchschlagen.

Für die Einordnung als subjektive Beweislastregel wird schließlich noch die systematische Stellung der Vorschrift innerhalb der AO angeführt[368]. *Tipke*[369] meint dagegen, "da der Zweck der Vorschrift als einer Art Haftungsvorschrift klar ist, kann ihre Fehlplazierung im Gesetz nicht zu Auslegungsirrtümern führen".

Insgesamt bleibt somit festzuhalten, daß nach keiner der bislang bekannten Meinungen eine einwandfreie systematische Einordnung des § 160 AO möglich ist. Jede Ansicht hinterläßt deutliche Zweifel. M. E. hängt dies damit zusammen,

---

365   *Kruse*, Steuerrecht I, § 17 II 3, S. 328
366   Statt vieler: *Tipke/Kruse*, AO, § 160 Rz. 7.
367   Die Problematik der objektiven Beweislast im Steuerrecht, S. 166.
368   *V.* Crailsheim, Die steuerrechtliche Behandlung von Schmiergeldzuwendungen, S. 185.
369   *Tipke/Kruse*, AO, § 160 (z. B. Lfg. 66, Juli 1992) Rz. 4 (nicht mehr ab Lfg. 92, August 2000).

daß es nicht zu rechtfertigen (und folglich systematisch auch nicht einzuordnen) ist, daß durch § 160 AO dem Steuerpflichtigen die Beweislast in einem *fremden* Besteuerungsverfahren auferlegt werden soll.

b) Besteuerungsverfahren des Zahlenden

Ob § 160 AO - mit den Worten des BFH aus der Entscheidung vom 10.03.1999 gesprochen - die Besteuerung des Steuerpflichtigen betrifft und ihm daher nicht eine Beweis- bzw. Nachweislast in einem fremden, sondern im eigenen Besteuerungsverfahren auferlegt, ist allerdings auch nicht zweifelsfrei. Falls dies beabsichtigt gewesen wäre, hätte § 160 AO - in Anlehnung an § 159 AO - eventuell folgende Fassung erhalten müssen:

"Schulden und andere Lasten, Betriebsausgaben, Werbungskosten und andere Ausgaben sind steuerlich regelmäßig nicht zu berücksichtigen, wenn der Steuerpflichtige nicht nachweist, wer Gläubiger oder Empfänger war"[370].

Sofern man § 160 AO als Vorschrift oder Anweisung zur Beweiswürdigung einordnet, stellt sich die Frage, wie 160 AO von den allgemeinen Vorschriften der Sachverhaltsermittlung abzugrenzen ist.
Wie im ersten Teil dieser Arbeit festgestellt wurde[371], legitimiert bereits § 93 Abs. 1 Satz 1 AO die Frage nach dem Empfänger, wenn in einem konkreten Besteuerungsverfahren seitens der Finanzbehörde Zweifel bestehen, ob Ausgaben überhaupt angefallen sind. § 93 AO rechtfertigt diese Nachfrage auch, falls es der Finanzbehörde primär um die steuerlichen Verhältnisse des Empfängers geht. Die Zahlung als solche ist schon ein hinreichender Grund für die Nachforschung.
§ 160 AO ist daher als Vorschrift, die lediglich "zur Beweiswürdigung anleitet", überflüssig[372].

Die gleichen Bedenken lassen sich gegen die Ansicht ins Feld führen, wonach die Finanzbehörde in "besonderen Fallkonstellationen" von demjenigen, der den Abzugsposten geltend macht, gem. § 160 AO den Empfängernachweis gewissermaßen als "Beweisprobe" verlangen dürfe. Würde man die Anwendung des § 160 AO auf "besonderen Fallkonstellationen" zulassen, hieße das aber, die

---

[370] Vgl. hierzu *Meyer*, Beweislastprobleme im Steuerrecht, S. 125; *Martin*, BB 1986, 1021 (1028) ordnet § 160, wie § 159 AO, z. B. als besondere Nachweispflicht ein.

[371] Siehe unter: 1. Teil B II.

[372] *Hübschmann/Hepp/Spitaler*, AO, § 160 Rz. 59 ordnen § 160 AO trotzdem als Vorschrift zur Beweiswürdigung ein, da eine solche Auslegung - auch wenn man § 160 AO dann als überflüssig erachten könnte - allemal einer Interpretation vorzuziehen sei, die zu beachtlichen verfassungsrechtlichen Problemen führen müsse.

Vorschrift als Instrument zur Sachverhaltsermittlung[373], insbesondere zur Aufklärung *der Besteuerungsgrundlagen des Leistenden* einzusetzen, wofür jedoch die allgemeinen Vorschriften zur Sachverhaltsermittlung (§§ 90, 93 AO) bereits ausreichen.

III. Tatbestand

1. Schulden

a) herrschende Meinung

Als *Schulden* i.S. des § 160 AO gelten Verpflichtungen zu einmaliger Leistung, gleichgültig, ob sie auf einmal oder in Teilbeträgen zu erbringen sind[374]. Die Verweigerung des Abzuges durch das Finanzamt läßt sich in der Weise bewerkstelligen, daß der betreffende Schuldposten in einer der Gewinnermittlung dienenden Vermögensübersicht von der Berücksichtigung ausgeschlossen wird, wodurch sich der Gewinn des betreffenden Veranlagungszeitraumes entsprechend erhöht[375]. Von besonderer praktischer Bedeutung ist die steuerliche Berücksichtigung von Darlehen, wobei zwischen "echten" und "unechten" Darlehen zu unterscheiden ist.

aa) echte Darlehen

Bei *echten Darlehen* handelt es sich wirtschaftlich und rechtlich um Fremdkapital, das bei einem Dritten, der sich auch im Ausland befinden kann, aufgenommen wird[376]. Nach Ansicht des BFH ist § 160 AO bei Schulden, deren Ansatz sich in der Bilanz erfolgsneutral vollzogen hat, nicht einschlägig[377]. Bei einer auf einem handelsrechtlichen Jahresabschluß aufbauenden steuerlichen Gewinnermittlung sei § 160 AO lediglich auf solche Schulden anzuwenden, die sich in der Jahresbilanz erfolgswirksam eigenkapitalmindernd ausgewirkt hätten oder auf solche

---

373 Für die Einordnung als Vorschrift zur Sachverhaltsermittlung spricht sich u. a. *Lürssen* in: Die §§ 159-160 AO und das Steuerstrafrecht, S. 68 aus, während z. B. *Münzel* in: Die Nichtabzugsfähigkeit von Ausgaben nach § 160 AO, S. 60 dies ausdrücklich ablehnt.

374 *Tipke/ Kruse*, AO, § 160 Rz. 6.

375 BFH v. 27.09.1967 - I 231/64, BStBl. II 1968, 67 (68); *Padberg*, FR 1977, 566 (568).

376 Vgl. ausführlich: *Bauer*, DStR 1988, 413 (414).

377 BFH v. 16.03.1988 - I R 151/85, BStBl. II 1988, 759; FG München v. 26.10.2000 - 10 V 388/88, EFG 2001, 189 (190); vgl. auch die Anmerkung von *Fumi*, EFG 2001, 191 (192) der auf die grundsätzliche Bedeutung des BFH - Urteils v. 16.03.1988 hinweist und mittels teleologischer Reduktion des § 160 AO die Berücksichtigung von Schulden, deren Ansatz sich in der Jahresbilanz erfolgsneutral ausgewirkt hat, generell ausschließen will.

Betriebsausgaben, die als Aufwendungen in der Gewinn- und Verlustrechnung erfolgsmindernd angesetzt würden. Der Ansatz einer Darlehensschuld kann sich zwar, so der BFH in einer anderen Entscheidung[378], im Bereich der Substanzsteuern sowohl im Rahmen der allgemeinen Vermögensermittlung als auch der Betriebsvermögensermittlung auswirken. Ertragsteuerlich könne jedoch der als Darlehen behandelte Kapitalzufluß nur entweder eine Einlage oder die Aufnahme von Fremdkapital sein[379]. Aufnahme und Tilgung des Darlehens sind danach für den Darlehensnehmer erfolgsneutrale Vorgänge. Aber auch beim Darlehensgeber soll, so der BFH in der zuvor zitierten Entscheidung weiter, weder die Ausreichung noch die Rückzahlung des Darlehens zu einer Gewinnauswirkung führen.

bb) unechte Darlehen

Unechte oder anders ausgedrückt *"fingierte Darlehen"* bestehen zivilrechtlich nicht. Es gibt keinen Darlehensgläubiger, sondern meist nur eine Deckadresse, einen Strohmann etc., hinter dem der Steuerpflichtige und der "Empfänger des Darlehens" selbst steckt. In der Praxis domizilieren die Strohmänner häufig im Ausland. Bei den Zuflüssen aus fingierten Darlehen handelt es sich wirtschaftlich gesehen meist um Rückflüsse von schwarzen Geldern oder verschleierter Betriebseinnahmen. Der Steuerpflichtige verfolgt mit dieser Transaktion mehrere Ziele. Zum einen versucht er, den Gewinn seines -inländischen- Unternehmens durch Abzug der Darlehenszinsen zu mindern und "schwarzes Geld" wieder verkehrsfähig zu machen. Zum anderen will er erreichen, daß die Zinserträge seiner - regelmäßig von ihm beherrschten - ausländischen Firma nur der geringeren Steuerbelastung im Ausland unterworfen werden[380].

Unter Abwendung von seiner früheren Rechtsprechung[381] vertritt der BFH nunmehr die Ansicht, daß § 160 AO auf fingierte Darlehen nicht anzuwenden ist[382]. Der Zufluß des ausgereichten Darlehens sei vielmehr als verdeckte Betriebseinnahme aufzufassen und deshalb über eine Zuschätzung gem. § 162 AO zu berücksichtigen, während die Darlehenszinsen beim Darlehensnehmer weiterhin gem. § 160 AO nicht berücksichtigt würden, wenn der Darlehensgläubiger nicht genau benannt werde.

---

378 BFH v. 27.09.1967 - I 231/64, BStBl. II 1968, 67 (68).
379 BFH v. 16.03.1988 - I R 151/85, BStBl. II 1988, 759 (760).
380 *Bauer*, DStR 1988, 413 (414 m. w. N.).
381 BFH v. 27.09.1967 - I 231/64, BStBl. II 1968, 67 (68).
382 BFH v. 16.03.1988 - I R 151/85, BStBl. II 1988, 759 (760).

b) Kritik

Die Rechtsprechung des BFH zur Berücksichtigung von Darlehen führt in der Praxis zu überraschenden, gar verwirrenden, Ergebnissen. *Trzaskalik*[383] kritisiert z. B., daß im Gegensatz zur Darlehensschuld die Darlehenszinsen unter den Tatbestand des § 160 AO fallen sollen. Wenn ein bilanzierender Steuerpflichtiger den Abzug von Schuldzinsen geltend mache und auf das Benennungsverlangen der Finanzbehörde den Darlehensgeber (und Zinsgläubiger) nicht benenne, würden die Finanzbehörde regelmäßig den Abzug der Zinsen nach § 160 AO verwehren, so *Trzaskalik*. Da die Darlehensaufnahme gewinneutral wirkt - also keine Minderung der Bemessungsgrundlage geltend gemacht wird -, bietet § 160 AO aber keine Handhabe zur Entscheidung über die Darlehensverbindlichkeit[384]. Es gelten insoweit wieder die allgemeinen Regeln über die Sachverhaltsermittlung[385].
Nach Ansicht *Trzaskaliks* spalte die Finanzbehörde das Auskunftsverlangen also faktisch in folgende zwei Auskunftsverlangen auf:
1. Die eigene Steuerschuld des Zahlenden
2. Den möglichen Steuerausfall beim Empfänger

Die Verteidigungschancen des Steuerpflichtigen seien hierbei durchaus unterschiedlich. Geht es um die eigene Steuerschuld des Zahlenden, kann die Ausgabe auch auf andere Weise als durch die Benennung des Empfängers belegt werden. Soweit der mögliche Steuerausfall beim Empfänger zur Debatte steht, ist der Nachweis, daß die Ausgabe angefallen ist, nicht hilfreich[386].

c) Stellungnahme

Die beschriebenen Schwierigkeiten lassen sich beheben, wenn berücksichtigt wird, daß ein Auskunftsbegehren, welches seiner Art nach Beziehungen zwischen dem Steuerpflichtigen und einem Dritten zum Gegenstand hat, einheitliche Rechtsfolgen auslösen soll[387]. Das Benennungsverlangen kann nicht danach aufgespalten werden, ob es der Finanzbehörde um die Überprüfung der Ausgabe des Leistenden oder um die steuerliche Erfassung des Empfängers geht. Dieses

---

[383] *Hübschmann/Hepp/Spitaler*, AO, § 160 Rz. 9.

[384] BFH v. 16.03.1988 - I R 151/85, BStBl. II 1988, 759; *Bauer*, DStR 1988, 413.

[385] BFH v. 29.01.1992 - X R 145/90, BFH/NV 1992, 439; BFH v. 29.01.1992 - X R 73/91, BFH/NV 1995, 2.

[386] Nach BFH v. 29.01.1959 - IV 579/56 S, BStBl. III 1960, 26 kann die Benennung des Gläubigers oder Empfängers nicht durch andere Beweismittel oder Glaubhaftmachung ersetzt werden, weil dies nicht in gleichem Maße wie die Benennung des Gläubigers bzw. Empfängers die eingetretene Steuergefährdung beseitigen würde (Diese Entscheidung erging allerdings noch zu § 205 a RAO).

[387] So auch *Hübschmann/Hepp/Spitaler*, AO, § 160 Rz. 10.

gebietet schon ein Vergleich mit § 143 Abs. 3 Ziff. 2 AO, der zur Kontrolle der steuerlichen Verhältnisse *beider* Beteiligten dient. Die Kritik an der Rechtsprechung des BFH zu Darlehenszinsen erfolgt daher zu recht.

2. Betriebsausgaben

Bei der Anwendung des § 160 AO auf Betriebsausgaben ist unerheblich, ob diese sofort abgezogen werden können oder ob sie z. B. aktiviert werden müssen, weil die Aufwendungen der Anschaffung eines (nicht geringwertigen) Wirtschaftsgutes gedient haben[388]. Letztlich ist allein maßgeblich, daß sich die Betriebsausgaben beim Steuerpflichtigen steuermindernd auswirken. Auch sofern sich Kosten erst in späteren Veranlagungszeiträumen gewinnmindernd auswirken, ist ein Benennungsverlangen gem. § 160 AO nach allgemeiner Auffassung bereits im Jahr der gewinneutralen Bilanzierung zulässig[389]. Wie die Ausgaben bezeichnet werden, etwa als Provision, Trinkgeld, Bewirtungs- oder Übernachtungskosten, soll unerheblich sein[390]. Entscheidend ist lediglich, daß *"steuerlich abzugsfähige"* Lasten und Ausgaben vorliegen[391].

Die Anerkennung einer Rückstellung wegen möglicher Inanspruchnahme aus Bürgschaften kann nach Auffassung des BFH nicht nach § 160 AO von der Benennung des Darlehensgläubigers abhängig gemacht werden[392]. Eine Bürgschaftsverpflichtung sei erst dann zu passivieren, wenn eine Inanspruchnahme des Bürgen drohe[393]. Dies führe nur insoweit zu einer Gewinnminderung, als der zu aktivierende Rückgriffsanspruch gegen den Hauptschuldner wegen Wertminderung abzuschreiben sei. Es handele sich demnach um den Fall einer Teilwertabschreibung gem. § 6 Abs.1 Nr.1 Satz 2, Nr.2 Satz 2 EStG, der generell nicht unter die Regelung des § 160 AO fallen würde.

---

[388]   BFH v. 23.02.1951 - IV 81/50 S, BStBl. II 1951, 77 (78); BFH v. 23.03.1966 - IV 37/64, BStBl. III 1966, 360; BFH v. 05.05.1966 - IV 37/64, BStBl. III 1966, 518; BFH v. 22.05.1968 - I 59/65, BStBl. II 1968, 727; BFH v. 29.11.1978 - I R 148/76, BStBl. II 1979, 587 (588); BFH v. 17.12.1980 - I R 148/76, BStBl. II 1981, 333 (335); BFH v. 29.11.1978 - I R 148/76, DB 1979, 1584 (1585); zur Frage der betrieblichen Veranlassung BFH v. 27.11.2000 - IV B 23/00, BFH/NV 2001, 424.
       Tipke/Kruse, AO, § 160 Rz. 6; *Padberg*, FR 1977, 569; *Halaczinsky*, NWB Nr.31/1991, Fach 2, S. 5691 (5692); v. *Wallis*, DStZ 1981, 67 (69).
[389]   *Christian/Schwehm*, DStZ 1997, 324.
[390]   *Tipke/Kruse*, AO, § 160 Rz. 6.
[391]   BFH v. 18.02.1982 IV R 46/78, BStBl. II 1982, 394.
[392]   BFH v. 15.10.1998 - IV R 8/98, BStBl. II 1999, 333; *Bruschke*, StB 2001, 42 (44); *Wendt*, FR 1999, 767.
[393]   BFH v. 19.01.1989 - IV R 2/87, BStBl. II 1989, 393.

Die Finanzverwaltungen wollen § 160 AO auch auf neue Formen des Wertpapierhandels und der Unternehmensfinanzierung anwenden. So sollen z. B. bei Tafelgeschäften die von den Kreditinstituten ausgezahlten Kapitalerträge nur dann als
Betriebsausgaben anerkannt werden, wenn diese der Finanzverwaltung Namen
und Adressen derjenigen mitteilen, an die die Erträge ausgezahlt worden sind[394].
Falls die Banken Wertpapiere über die Tafel ankaufen, soll die Abzugsfähigkeit
der gezahlten Kaufpreise erst in Betracht kommen, wenn die Verkäufer genau
benannt werden[395].
Bei sog. Commercial Paper Programmen sollen die Zinsaufwendungen des
Emittenten nur dann abzugsfähig sein, wenn der jeweilige Schuldverschreibungsgläubiger (bzw. Investor) namentlich benannt wird[396].

a) Durchlaufende Posten

aa) herrschende Meinung

Da durchlaufende Posten gem. § 4 Abs.3 Satz 2 EStG keine Betriebsausgaben
sind, ist § 160 AO nach der herrschenden Meinung auf sie nicht anwendbar[397].
Gleiches gilt für Betriebsausgaben, die unter ein Abzugsverbot, z. B. gem. § 4
Abs. 5[398] oder § 4 Abs. 5 Satz 1 Nr. 10 EStG[399], fallen.

bb) Kritik und Stellungnahme

Grundsätzlich ist die herrschende Auffassung zu durchlaufenden Posten durchaus
konsequent, da die damit in Zusammenhang stehenden Aktiv- und Passivposten
nicht zu bilanzieren sind und wirtschaftlich gesehen nicht zum Betriebsvermögen
des Steuerpflichtigen gehören. Nach der ausdrücklichen gesetzlichen Regelung in
§ 4 Abs. 3 Satz 2 EStG scheiden durchlaufende Posten als Betriebseinnahmen und
-ausgaben bei der Gewinnermittlung nach § 4 Abs. 3 EStG aus. Dies gilt im
Ergebnis auch für die Gewinnermittlung nach §§ 4 Abs. 1 und 5 EStG, denn die

---

[394] Vgl. FG Baden-Württemberg, Außenstelle Freiburg, v. 28.03.2003 - 3 K 72/99, EFG 2003, 1139 f..

[395] Hierzu ausführlich: *Kleine*, JdFSt 1992/93, 96 ff.; *Dahm/Hamacher*, DStZ 1992, 753 ff..

[396] Vgl. FG Köln v. 06.03.2003 – 13 K 301/01, EFG 2003, 896 ff..

[397] BFH v. 04.12.1996 - I R 99/94, BStBl. II 1997, 404 (406); *Klein/Orlopp*, AO, § 160 Anm. 1; *Bruschke*, StB 2001, 42 (44).

[398] *Günther*, DB 1989, 1373.

[399] Ausführlich z. B. *Park*, DStR 1999, 1097 ff. der sog. neue "Schmiergeldparagraph" (m. w. N.); *Randt*, BB 2000, 1006 ff.; *Offerhaus*, in: Crezelius/Raupach/Schmidt/Uelner, Steuerrecht und Gesellschaftsrecht als Gestaltungsaufgaben, 237 (244 f.); *Joecks*, DStR 1997, 1025 ff..

rechtliche Eigenschaft des durchlaufenden Postens ist von der Art der Gewinnermittlung unabhängig[400].

In der Praxis stellt sich allerdings häufig die Frage, wann ein Zu- und Abfluß als durchlaufender Posten anzusehen ist. Generell kann er nur dann angenommen werden, wenn das entsprechende Geschäft in fremdem Namen und für fremde Rechnung getätigt worden ist[401], wobei dies für einen Dritten nicht unbedingt erkennbar sein muß. Bereits hieraus ergeben sich praktische Schwierigkeiten, welche - so kritisiert z. B. *Bruschke*[402] zu recht - "die Auffassung des BFH nicht ganz glücklich erscheinen lassen".

b) Gewerbesteuer

aa) herrschende Meinung

Bei der Ermittlung des Gewerbeertrages sollen Betriebsausgaben aufgrund des Vorranges des § 7 GewStG auch dann nicht abgezogen werden können, wenn der Zahlungsempfänger nicht gewerbesteuerpflichtig ist[403].

bb) Kritik

In dem vom BFH am 15.03.1995 entschiedenen Fall hatte eine GmbH, welche pharmazeutische Produkte produzierte, Honorare an angestellte Krankenhausärzte, u. a. Arzt S, für die klinische Prüfung von Arzneimitteln und für andere Arbeiten gezahlt. Da S nicht ausfindig gemacht werden konnte, wurden die S gezahlten Honorare gem. § 160 AO dem Gewinn und dem Gewerbeertrag der GmbH zugerechnet. Das FG München und der BFH bestätigten die Vorgehensweise der Finanzbehörde. Die Begründung des BFH steht allerdings im Widerspruch zum eigenen Zweckverständnis des § 160 AO[404], wonach die Norm nicht darauf ausgerichtet sei, dem Staat zusätzliche Einnahmen zu verschaffen. Zwar sei es Zweck des § 160 AO, einen Ausgleich für den vermuteten Steuerausfall beim Empfänger der Zahlung zu schaffen, so der BFH in der Entscheidung vom 15.03.1995 weiter, auch unterliege der Zahlungsempfänger im Streitfall als Arzt keinesfalls der GewSt.-Pflicht (§ 2 Abs. 1 Satz 2 GewStG, § 15 Abs. 2 i. V. m.

---

[400] BFH v. 26.06.1979 - VIII R 145/78, BStBl. II 1979, 625.

[401] BFH v. 13.08.1997 - I R 85/96, BStBl. II 1998, 161.

[402] In: StB 2001, 42 (44).

[403] BFH v. 16.02.1996 - I R 73/95, BStBl. II 1996, 592 (594); BFH v. 15.03.1995 - I R 46/94, BStBl. II 1996, 51; FG Rheinland-Pfalz v. 26.09.2001 - 1 K 1959/99, DStRE 2002, 188; zustimmend *Pump/Lohmeyer*, AO, § 160 Rz. 5.

[404] So auch *Gosch*, in seiner Anmerkung zu BFH v. 15.03.1995, StBp 1996, 44 (46); *Christian/Schwehm*, DStZ 1997, 324 (328); *Stahl*, KÖSDI 1993, 9286 (9289); *Halaczinsky*, NWB Nr. 31/1991, Fach 2, 5691 (5697).

§ 18 Abs. 1 Nr.1 EStG); diese Gesichtspunkte hätten jedoch aufgrund des Vorranges des § 7 GewStG unberücksichtigt zu bleiben[405]. Sind daher Betriebsausgaben bei der Ermittlung des zu Einkommensteuer-Zwecken ermittelten Gewinnes nach § 160 AO nicht abziehbar, so können sie nach der Rechtsprechung des BFH gem. § 7 GewStG auch bei der Ermittlung des Gewerbeertrages nicht mindernd angesetzt werden.

cc) Stellungnahme

Bei der Ermittlung des Gewerbeertrages sollen Betriebsausgaben aufgrund des Vorranges des § 7 GewStG auch dann nicht abgezogen werden können, wenn der Zahlungsempfänger nicht gewerbesteuerpflichtig ist Denn durch § 160 AO solle nur diejenige Steuer gesichert werden, die bei ordnungsgemäßem Verhalten der Beteiligten entstanden wäre, nicht aber eine höhere (Straf-) Steuer, so der BFH in einer früheren Entscheidung[406].

Die Argumentation des BFH in seiner Entscheidung vom 15.03.1995 zur Ermittlung des Gewerbeertrages überzeugt m. E. nicht. Sie ist nicht nur zu formalistisch. Sie verkennt zudem, daß sehr wohl auch Abweichungen von der beschriebenen Ermittlung des Gewerbeertrages nach § 7 GewStG möglich sind. Es sei hier nur auf die Fallkonstellationen der Eröffnung und Schließung des Gewerbebetriebes hingewiesen[407]. Zu kritisieren ist ferner, daß der BFH sich bei der Anwendung des § 160 AO nicht allein an dessen Zweck orientiert. Bei der Ermittlung des Gewerbeertrages sollen Betriebsausgaben aufgrund des Vorranges des § 7 GewStG auch dann nicht abgezogen werden können, wenn der Zahlungsempfänger nicht gewerbesteuerpflichtig ist

Unmittelbar nach der Entscheidung des BFH am 15.03.1995, allerdings noch vor dessen Veröffentlichung, hatte das FG Düsseldorf[408] übrigens in einem ähnlich gelagerten Fall am 18.04.1995 noch ausdrücklich entschieden, daß Schmiergeldzuwendungen (bzw. Zahlungen insgesamt) bezogen auf die GewSt-Meßbeträge gewerbeertragsmindernd zu berücksichtigen sind[409]. Wenn § 160 AO die "Nicht-

---

[405] Nach § 7 GewStG ist Gewerbeertrag der nach den Vorschriften des EStG oder des KStG zu ermittelnde Gewinn aus dem Gewerbebetrieb, der bei der Ermittlung des Einkommens für den dem Erhebungszeitraum entsprechenden Veranlagungszeitraum zu berücksichtigen ist, vermehrt und vermindert um die in §§ 8 und 9 GewStG bezeichneten Beträge; vgl. auch FG Rheinland-Pfalz v. 26.09.2001 - 1 K 1959/99, DStRE 2002, 188.

[406] BFH v. 20.07.1993 - XI B 85/92, BFH/NV 1994, 241; zustimmend: *Schwarz*, AO, § 160 Rz. 16.

[407] Siehe im einzelnen: *Schwarz*, AO, § 160 Rz. 16.

[408] Urteil v. 18.04.1995 - 6 K 4068/92, EFG 1995, 791 (792).

[409] So im übrigen auch schon *FG Berlin v. 22.01.1987 - I 381/85, EFG 389 (390)* zur Nichtbenennung von angestellten LKW-Fahrern, von denen der Steuerpflichtige seine Waren

berücksichtigung" von Abzugsbeträgen "regelmäßig" als Rechtsfolge vorsieht, komme es mit Blick auf den "Haftungszweck" der Vorschrift in Betracht, den gezahlten Betrag bei fehlender GewSt-Pflicht des Empfängers bei der Festsetzung des GewSt-Meßbetrages des Zahlenden gewerbeertragsmindernd zu berücksichtigen, so das FG Düsseldorf.

Gegen diese Entscheidung wurde Revision eingelegt. Es verwundert nicht, daß der BFH in diesem Verfahren seine bisherige Rechtsprechung bestätigte. Zu bedauern ist allerdings, daß der BFH trotz deutlicher Kritik in Teilen der Literatur an seinem Urteil vom 15.03.1995 die Gelegenheit nicht nutzte, sich inhaltlich mit der Problematik und den Argumenten der Kritiker auseinanderzusetzen, sondern es vorzog festzustellen, daß er die Frage der Ermittlung des Gewerbeertrages bereits am 15.03.1995 entschieden habe und lediglich kurz und knapp urteilte: "Zur Vermeidung von Wiederholungen wird auf die genannte Entscheidung Bezug genommen"[410]. M. E. ist das Urteil des FG Düsseldorf der gegenteiligen Rechtsprechung des BFH vorzuziehen. Sinn und Zweck des § 160 AO soll es nach Ansicht des BFH sein, lediglich das zu besteuern, was beim Empfänger verloren geht. Es geht daher nicht darum, "offenen" Auges, also trotz Kenntnis, daß beim (unbekannten) Empfänger entsprechende Steuerausfälle nicht drohen, Doppelbesteuerungen zu erreichen. *V. Wallis*, der sich bereits vor dem BFH mit dem Problem der "Gewerbesteuer" beschäftigt hatte und zum gleichen Ergebnis wie der BFH kam, bezeichnete die Tatsache, daß der Steuerpflichtige Gewerbesteuer zahlen müsse, obwohl diese beim Empfänger nicht anfalle, als "Schönheitsfehler"[411]. Ein derartiges Vorgehen dürfte jedoch den Grundsätzen der Verhältnismäßigkeit des Steuereingriffes widersprechen[412]. Es muß vielmehr darum gehen, Doppelbesteuerung gerade ausdrücklich zu vermeiden und die Belastung des von dem Abzugsausschluß Betroffenen so gering wie möglich zu halten. In diesem Sinne hatte denn auch der XI. Senat des BFH in seinem Beschluß vom 20.07.1993[413] entschieden. Daß dieser Senat hiervon auf Anfrage des im Ärztefall zu entscheidenden I. Senats abrückte, ist zu bedauern.

---

bezog. § 160 AO sei auf die GewSt nicht anzuwenden, da es auf die steuerliche Auswirkung beim Empfänger der Leistung ankomme und bei den Käufen von LKW-Fahrern keine gewerbesteuerliche Auswirkung bei diesen gegeben sei. Gleicher Ansicht sind *Stahl*, KÖSDI 1993, 9286 (9289); *Halaczinsky*, NWB Nr.31/1991, Fach 2, 5691 (5697); *Christian/Schwehm*, DStZ 1997, 324 (328).

[410] BFH v. 16.02.1996 - I R 73/95, BStBl. II 1996, 592 (594).
[411] DStZ 1981, 68 (69).
[412] *Gosch*, in seiner Anmerkung zu BFH v. 20.07.1993, StBp 1993, 285.
[413] XI B 85/92, BFH/NV 1994, 241.

Sofern feststeht, daß der Empfänger mit der Zahlung nicht gewerbesteuerpflichtig ist, muß m. E. die Anwendung des § 160 AO im Bereich der Gewerbesteuer des Zahlenden entfallen[414].

c) neue Formen des Wertpapierhandels und der Unternehmensfinanzierung

Die Finanzverwaltungen wollen § 160 AO auch auf neue Formen des Wertpapierhandels und der Unternehmensfinanzierung anwenden. So sollen z. B. bei Tafelgeschäften die von den Kreditinstituten ausgezahlten Kapitalerträge nur dann als Betriebsausgaben anerkannt werden, wenn diese der Finanzverwaltung Namen und Adressen derjenigen mitteilen, an die die Erträge ausgezahlt worden sind[415]. Falls die Banken Wertpapiere über die Tafel ankaufen, soll die Abzugsfähigkeit der gezahlten Kaufpreise erst in Betracht kommen, wenn die Verkäufer genau benannt werden.

In jüngerer Zeit hat die Finanzverwaltung über § 160 AO ferner die Abzugsfähigkeit von Zinsaufwendungen aus Commercial Paper-Programmen in Frage gestellt. In Einzelfällen wurden Betriebsausgaben in Höhe von über DM 100 Mio. nicht anerkannt[416]. Es wird damit gerechnet, daß die Finanzverwaltung diesen Weg konsequent weiterbeschreiten und § 160 AO auch auf andere Formen der Unternehmensfinanzierung[417] anwenden wird.

aa) Tafelgeschäfte mit Wertpapieren

Bei Tafelgeschäften mit Wertpapieren werden die effektiven Wertpapierstücke ohne Einschaltung eines Wertpapierdepots oder eines Kundenkontos am Bankschalter (= Tafel) Zug um Zug gegen Barzahlung ausgehändigt bzw. zurückgenommen. Auch die fälligen Schuldzinsen werden dem Bankkunden Zug um

---

[414]   Zustimmend: *Günther*, DB 1989, 1373 (1374); vgl. auch FG München v. 26.10.2000 - 10 V 388/88, EFG 2001, 189 (190): "Kaum haltbar dürfte auch die Anwendung des § 160 AO bei den GewSt-Meßbetragsbescheiden sein. Denn die Empfänger von Schmiergeldzahlungen sind im Regelfall nicht gewerbesteuerpflichtig".

[415]   Im Rahmen dieser Arbeit wird lediglich die ursprüngliche Form der Tafelgeschäfte angesprochen. Sofern Bankkunden, obwohl sie bei der jeweiligen Bank ihre Geldkonten führen, Tafelgeschäfte außerhalb dieser Konten anonymisiert in der Art von Bargeschäften abwickeln, müßten zunächst die näheren Hintergründe untersucht werden. Entsprechend dem Beschluß des BFH v. 02.08.2001 VII B 290/99, BB 2001, 1992 f. könnte bei diesen Fallkonstellationen in der Tat ein "hinlänglicher Anlass" für die Ausfertigung von Kontrollmitteilungen oder gar ein steuerstrafrechtlicher Anfangsverdacht vorliegen.

[416]   *Pyszka/Pitter*, BB 1999, 2381.

[417]   Eine Darstellung neuer Finanzierungsformen findet sich z. B. bei *Kümpel*, Bank- und Kapitalmarktrecht, Rz. 13.17 ff..

Zug gegen Aushändigung des Zinsscheines bar ausgezahlt[418]. Der nachfolgende Fall[419] veranschaulicht die auf Seiten der Bank erwachsenden steuerlichen Probleme:

Die Z-Bank refinanziert sich u. a. durch Emission von festverzinslichen Inhaber-schuldverschreibungen. Einen Teil dieser Schuldverschreibungen veräußert sie in ihren eigenen Niederlassungen im Tafelgeschäft. Ein anderer Teil der Schuldver-schreibungen wird über fremde Kreditinstitute vertrieben. Dies geschieht über-wiegend im sog. Botengeschäft, d. h., die fremden Kreditinstitute veräußern die Papiere für Rechnung der Z-Bank. In geringem Umfang kaufen die fremden Kreditinstitute die Papiere auch selbst an und veräußern sie für eigene Rechnung. Zinsscheine werden von den fremden Kreditinstituten durchweg nur "zum Einzug", d. h., für Rechnung der Z-Bank hereingenommen. Bei der Ausgabe und Rückgabe der Wertpapiere im Tafelgeschäft wird ein Standardformular für Kauf/Verkauf von Effekten verwendet, auf dem lediglich der Vermerk "Tafel-geschäft" eingetragen wird. Bei der Einlösung der Zinsscheine wird ein Beleg über "Effekten-Schaltereinlösung" erstellt. Darin bestätigt die Bank die Übernahme der Zinsscheine gegen Auszahlung der Zinserträge. Weiter geben die Bankbelege Auskunft darüber, ob der Bankkunde "Gebietsansässiger" oder "Gebietsfremder" ist. Falls es sich um einen Gebietsfremden handelt, wird auf dem Beleg die Legitimation des Kunden - nachgewiesen durch Vorlage eines Personaldokumentes- notiert. Im übrigen sind die Kunden als "persönlich bekannt" ausgewiesen.

Aufgrund der Buch- und Belegführung der Bank kann der Betrag der im Tafelge-schäft begründeten Schuldverpflichtungen und der im Tafelgeschäft ausgezahlten Zinsen genau bestimmt werden.

Im Rahmen einer Außenprüfung verlangt der Prüfer von der Z-Bank, Namen und Anschriften der Gläubiger der Schuldverschreibungen und der Empfänger der per Tafel gezahlten Zinsen zu benennen.

(1) Ansicht der Finanzverwaltung

Aus Sicht der Finanzverwaltung ist § 160 AO in diesem Fall einschlägig[420]. Sie begründet dies wie folgt:

Bei Inhaberschuldverschreibungen handelt es sich um Schulden, die gem. §§ 12, 19, 95, 98a, 3 BewG bei der Einheitsbewertung des Betriebsver-mögens mit Wirkung für die Vermögens- und Gewerbekapitalsteuer abgezogen werden. Die an die Gläubiger gezahlten Zinsen sind Betriebsausgaben, die den

---

[418] Vgl. *Bilsdorfer*, INF 2001, 13 (14); der aktuelle Streit zwischen dem I. und VII. Senat des BFH aufgrund der gegensätzlichen Entscheidungen vom 25.07.2000 (VII B 28/99, BFHE 192, 44 ff.) und 04.09.2000 (I B 17/00) im Zusammenhang mit der Frage, ob die Steuer-fahndung bei Bankdurchsuchungen Ermittlungen zu Tafelgeschäften anstellen darf, ist für die vorliegende Arbeit ohne Bedeutung und wird daher nicht weiter vertieft.

[419] Verkürzt nach: *Kleine*, JdFSt 1992/93, 96 f..

[420] *Kleine*, JdFSt 1992/93, 98 ff..

Gewinn und damit gem. § 5 EStG, §§ 7, 8 KStG das zu versteuernde Einkommen der Körperschaft mindern. Dem Wortlaut nach könne § 160 AO somit als Ermächtigungsgrundlage für ein Benennungsverlangen herangezogen werden. Da ferner die begründete Vermutung bestünde, daß die Mehrzahl der Erwerber von Inhaberschuldverschreibungen im Tafelgeschäft diese und die Erträge daraus der Besteuerung vorenthalten würden, bewege sich das Verlangen nach Benennung der Schuldner bzw. Gläubiger innerhalb des zulässigen Ermessensspielraums. Eine Ermessensreduzierung gem. § 30 a Abs. 1 AO komme nicht in Betracht, da ein Bankkunde diesen Schutz gem. § 30 a Abs. 3 AO nur beanspruchen könne, wenn er Inhaber bzw. Verfügungsberechtigter eines Guthabenkontos oder Depots sei, bei dem eine Legitimationsprüfung nach § 154 Abs. 2 AO vorgenommen wurde. Dies treffe für Tafelgeschäfte gerade nicht zu, da deren Besonderheit in der Anonymität der Geschäftsabwicklung bestehet[421]. Die Ermessensentscheidung werde auch dem Gebot der Verhältnismäßigkeit gerecht, weil der technische Aufwand zur Identifizierung der Kunden gering sei und die Bank wirtschaftliche Nachteile, welche sich aus der Preisgabe der Identität ergeben, in Kauf nehmen müsse. Das Auskunftsverlangen sei grundsätzlich auch nicht deshalb als unzumutbar anzusehen, weil die Bank Namen und Anschriften der Gläubiger bzw. Empfänger nicht kennt. Denn nach der herrschenden Rechtsauffassung sei ein Auskunftsverlangen auch gerechtfertigt, wenn dem Steuerpflichtigen z. B. fingierte Name oder Adressen angegeben wurden. Dies folge daraus, daß § 160 AO eine Art Gefährdungshaftung begründe und die Inanspruchnahme des Steuerpflichtigen keinen subjektiven Tatbestand[422] in Form einer schuldhaften Pflichtverletzung voraussetze.

Wegen des besonderen Rechtscharakters der Inhaberschuldverschreibung macht die Finanzverwaltung allerdings die Einschränkung, daß es unzumutbar sei, Namen und Anschriften der Gläubiger der Inhaberschuldverschreibungen zu verlangen. Es reiche aus, wenn die Bank Namen und Anschriften derjenigen Personen angebe, die das Wertpapier - im eigenen Namen - erworben oder das Papier bzw. den Zinsschein zur Einlösung vorgelegt haben. Falls sich aufgrund der Ermittlungen der Finanzbehörde herausstelle, daß diese Personen nicht oder nicht mehr Gläubiger der Inhaberschuldverschreibungen sind, weil sie die Papiere für andere gekauft oder zwischenzeitlich veräußert haben, könne dies der Bank nicht angelastet werden.

Wenn die Bank allerdings auf Verlangen der Finanzbehörde weder Namen noch Anschriften der Personen preisgebe, die an der Tafel aufgetreten sind, könne gem. § 160 AO der Abzug der entsprechenden Schulden und Betriebsausgaben versagt werden. Dabei seien im Rahmen der Ermessensentscheidung die beson-

---

[421] Vgl. hierzu auch BFH v. 07.11.2000 - 9 K 8038/97, DStRE 2002, 118 (120) zu bankinternen Verrechnungskonten, WGZ- und CpD- Konten.

[422] Vgl. hierzu auch: FG Münster v. 13.02.1979 - VI 2772/77, EFG 1979, 425.

deren steuerlichen Verhältnisse der mutmaßlichen Gläubiger bzw. Empfänger zu berücksichtigen. Die Finanzbehörde unterscheidet an dieser Stelle zwischen "Gebietsfremden" und "Gebietsansässigen".

Bei den *Gebietsfremden* bestehe eine gewisse Wahrscheinlichkeit, daß diese Personen weder mit ihren Einkünften noch mit ihrem Vermögen im Inland steuerpflichtig sind (§ 1 EStG, § 1 VStG). Obwohl die bloße Möglichkeit einer im Inland nicht bestehenden Steuerpflicht nicht ausreicht, von den Rechtsfolgen des § 160 AO abzusehen, hält es die Finanzbehörde für vertretbar, bei Gebietsfremden die entsprechenden Schulden und Betriebsausgaben zum Abzug zuzulassen. Bei *Gebietsansässigen*, d. h. im Inland wohnenden Bankkunden, seien die vereinnahmten Zinsen aber bei der Einkommensteuer und die verbrieften Forderungen bei der Vermögensteuer zu erfassen.

Bei Tafelgeschäften, die über andere Kreditinstitute abgewickelt werden, differenziert die Finanzverwaltung. Soweit die Kreditinstitute die Wertpapiere von der Z-Bank erworben haben und im Eigengeschäft veräußern, lägen die Voraussetzungen des § 160 AO bei der Z-Bank nicht vor, weil die Namen und Anschriften der Erwerber, nämlich die Kreditinstitute, bekannt sind. Die Frage der Anwendung von § 160 AO stelle sich bei dieser Fallkonstellation nicht bei der Z-Bank, sondern bei den anderen Kreditinstituten. Eine Kürzung der im Tafelgeschäft begründeten Verbindlichkeiten komme dort jedoch schon deshalb nicht in Betracht, weil diese nicht Schuldner der verbrieften Forderungen sind. Schuldner ist vielmehr die Z-Bank. Soweit die fremden Kreditinstitute die Inhaberschuldverschreibungen jedoch zum Einzug hereinnehmen, müsse dies bei der Z-Bank aus denselben Gründen und in demselben Umfang zur Kürzung von Verbindlichkeiten und Betriebsausgaben führen, wie wenn sie die Papiere selbst im Tafelgeschäft gehandelt hätte. Die Unfähigkeit der in ihrem Namen handelnden Banken, die Erwerber der Schuldverschreibungen und der Empfänger zu benennen, müsse sie sich zurechnen lassen. Die Benennung der anderen Kreditinstitute selbst reiche nicht aus, weil diese nicht Gläubiger und Empfänger i.S. des § 160 AO sind. Zu benennen seien vielmehr diejenigen, denen die Forderungen und Zinserträge wirtschaftlich zugeflossen sind. Das seien die Erwerber der Wertpapiere bzw. die Empfänger der Zinsen.

(2) Kritik und Stellungnahme

Die oben beschriebene Ansicht der Finanzverwaltung bedarf an mehreren Stellen einer Korrektur.

Es trifft zwar grundsätzlich zu, daß § 160 AO vom Wortlaut her auf Tafelgeschäfte mit Wertpapieren anwendbar ist. Die an die Gläubiger ausgezahlten Zinsen sind in der Tat als Betriebsausgaben im Sinne des § 4 Abs. 4 EStG einzuordnen, welche den Gewinn des die Kapitalerträge auszahlenden Kreditinstitutes mindern[423].

(a) fehlerhaftes Benennungsverlangen

Bereits bei der ersten Ermessensausübung, d. h., bei der Frage, ob ein Benennungsverlangen überhaupt geboten ist, könnte die Finanzverwaltung allerdings teilweise ermessensfehlerhaft handeln. Denn § 160 AO setzt voraus, daß auf der Empfängerseite zumindest mutmaßlich eine Steuerpflicht besteht. Dies trifft aber nur für die Zinsen zu[424]. Auf den An- und Verkauf der Inhaberschuldverschreibung, d. h. das Tafelgeschäft an sich, dürfte § 160 AO jedoch nicht anwendbar sein. Nach der Rechtsprechung des BFH zu echten Darlehen kann § 160 AO nicht auf Schulden angewendet werden, deren Ansatz sich in der Jahresbilanz erfolgsneutral vollzogen haben[425]. Diese BFH-Rechtsprechung ist im beschriebenen Fall einschlägig. Der Erwerber einer Inhaberschuldverschreibung gewährt der Bank rechtlich und wirtschaftlich einen Kredit bis zur Einlösung des Papiers[426]. Beim Darlehensgeber führt weder die Ausreichung noch die Rückzahlung des Darlehens zu einer Gewinnauswirkung[427]. Bei Gewerbetreibenden wird mit der Darlehenshingabe ein verminderter Guthaben- oder Kassenbestand durch Einbuchung einer Forderung oder Schuldverschreibung neutralisiert; gleiches gilt im umgekehrten Fall bei der Rückzahlung[428]. Bei Nichtgewerbetreibenden könnte es theoretisch zwar möglich sein, daß der die Schuldverschreibung an der Tafel veräußernde Privatkunde gem. § 23 Abs. 2 Nr.2 EStG Gewinne aus privaten Veräußerungsgeschäften (früher sog. Spekulationsgeschäfte) erzielt. Eine Anwendung des § 160 AO auf diesen Fall würde allerdings zu einer strukturell angelegten Überbesteuerung führen[429], weil der besteuerbare Gewinn aus privaten Veräußerungsgeschäften nicht feststellbar ist. Bekannt ist nur der Veräußerungspreis, den der Kunde erzielt. Gegengerechnet werden müßte gem. § 23 Abs. 3 Satz 1 AO der Betrag, den der Kunde innerhalb der Spekulationsfrist seinerzeit aufgewendet hat. Dieser Betrag ist allerdings unbekannt. Die durch § 160 AO angestrebte spiegelbildliche Erfassung von Steuerausfällen kann also gar nicht gelingen, da die Finanzverwaltungen bei der Besteuerung an den Veräußerungserlös anstatt an die Gewinne gem. § 23 Abs. 3 Satz 1 AO anknüpfen[430].

---

[423]   Bei Kreditinstituten die über eine eigene Rechtspersönlichkeit verfügen gem. §§ 7, 8 KStG, § 5 EStG, bei solchen, die nicht als juristische Person organisiert sind gem. § 5 EStG.

[424]   Siehe unter: 3. Teil B III 1 b.

[425]   Siehe unter: 3. Teil B III 1 aa.

[426]   *Kleine*, JdFSt 1992/93, 98 (107).

[427]   *Bauer*, DStR 1988, 413 (415).

[428]   *Dahm/Hamacher*, DStZ 1992, 753 (756).

[429]   *Dahm/Hamacher*, DStZ 1992, 753 (756).

[430]   Wohl aus diesem Grunde stellen die Finanzverwaltungen nunmehr Auskunftsverlangen gem. § 93 Abs. 1 AO an die Banken, siehe FG Baden-Württemberg, Außenstelle Freiburg,

(b) Kausalitätserfordernis?

Nach Ansicht von *Dahm/Hamacher*[431] ist ein Benennungsverlangen bei Tafelgeschäften ermessensfehlerhaft, da § 160 AO nie eine Relevanz für Steuern vom Vermögen haben könne. Die Finanzverwaltung weise zwar zutreffend darauf hin, daß die Wertpapiere verzinsliche Kapitalforderungen im sonstigen Vermögen der Inhaber sind, sie übersehe jedoch, daß dies in gleicher Weise für das Bargeldvermögen gilt, mit dessen Einsatz der Erwerber die Wertpapiere erworben hat. Durch die Umwandlung von Bargeld in Wertpapiere, so *Dahm/Hamacher*, trete für den Fiskus keine erhöhte Gefährdungslage ein. Der Steuerpflichtige wandele lediglich eine Erscheinungsform des sonstigen Vermögens in eine andere um; habe er das bisherige Bargeldvermögen der Besteuerung vom Vermögen entzogen und setze er diese Hinterziehung in bezug auf die erworbenen Wertpapiere fort, so beruhe dies auf seiner eigenen gesetzeswidrigen Verhaltensweise. Die Nichtidentifizierung anläßlich des Umwandlungsvorgangs sei für den Steuerausfall demzufolge nicht kausal, oder anders ausgedrückt, gehe im Sinne des Korrespondenzprinzips steuerlich nichts "aufgrund seiner Nichtidentifizierung" verloren. *Dahm/Hamacher* berufen sich zur Notwendigkeit einer Kausalität zwischen Steuerausfall und Nichtidentifizierung anläßlich des mit dem Steuerpflichtigen getätigten Geschäftes auf eine Entscheidung des BFH vom 16.03.1988[432]. Zwar hat der BFH diese Kausalität in der zitierten Entscheidung nicht mit der von *Dahm/Hamacher* unterstellten Deutlichkeit festgeschrieben; allenfalls "zwischen den Zeilen" kann ihr diese Bedeutung beigemessen werden. Die Entscheidung ist allerdings aus einem anderen Ansatzpunkt von Bedeutung:

Das Finanzamt hatte in dem entschiedenen Fall der Steuerpflichtigen, einer deutschen AG, ein Darlehen, welches diese von namentlich nicht benannten Treugebern[433] über eine Luxemburger AG in bar erhalten hatte sowie die an die Luxemburger AG gezahlten Zinsen gewinn- und vermögenserhöhend hinzugerechnet. Erstinstanzlich trug das Finanzamt die Vermutung vor, daß die Darlehenssumme aus unversteuerten Betriebseinnahmen der Steuerpflichtigen selbst stamme. Aus der Buchführung der Steuerpflichtigen - deren Ordnungsmäßigkeit von den Betriebsprüfern nicht in Frage gestellt wurde - konnte allerdings nachgewiesen werden, daß der als Darlehensschuld ausgewiesene Betrag keine verdeckte Betriebseinnahme der Steuerpflichtigen selbst darstellte. Zweitinstanzlich trug die Finanzverwaltung dann vor, daß das Darlehen aus unversteuerten Geldern der Darlehensgeber stamme; nach dem Sinn und Zweck des § 160 AO hafte die

---

431   v. 28.03.2003 - 3 K 72/99, EFG 2003, 1139 f..

432   In: DStZ 1992, 753 (756).

433   IV B 76/86, BStBl. II 1988, 759.
       Die ihrerseits weder Sitz noch gewöhnlichen Aufenthalt in der Bundesrepublik Deutschland hatten.

Steuerpflichtige auch für alle möglichen Steuerausfälle, die der nicht benannte Darlehensgeber verursacht habe. Diesem ausufernden Zweckverständnis schob der BFH einen Riegel vor. Zweck des § 160 AO sei nicht, so der BFH[434], beliebige in der Vergangenheit liegende steuerliche Ungereimtheiten des Darlehensgebers durch eine Steuererhöhung des Darlehensnehmers auszugleichen.

Der BFH Entscheidung ist zu entnehmen, daß nicht auf evtl. steuerliche Unregelmäßigkeiten des Darlehensgebers abzustellen ist. Er richtet vielmehr sein Augenmerk auf die Verhältnisse des Steuerpflichtigen, d. h. es müßte jeweils geprüft werden, ob dieser durch pflichtwidriges Verhalten einer Steuergefährdung Vorschub geleistet hat.

(c) Rechtsstaatsprinzip

Ein zusätzlicher Ermessensfehler der Finanzverwaltung könnte darin liegen, daß sie vom Steuerpflichtigen etwas verlangt, was dieser gar nicht erfüllen kann.

Die Finanzverwaltung verlangt wegen "der rechtlichen Besonderheiten" der Inhaberpapiere nicht die Benennung der Gläubiger der Inhaberschuldverschreibungen, sondern nur die Angabe der Personen, die gegenüber der Bank im eigenen Namen aufgetreten sind. Zu prüfen ist daher, ob die Bank diesem Verlangen überhaupt nachkommen kann.

Eine Inhaberschuldverschreibung ist eine Urkunde, in welcher der Aussteller gem. § 793 Abs. 1 Satz 1 BGB dem Inhaber der Urkunde eine Leistung verspricht. Gegenstand des Versprechens ist ein Forderungsrecht. Die Übertragung der Forderung erfolgt durch Übertragung des Papieres; dies geschieht nach sachenrechtlichen Regeln. Das Recht aus dem Papier folgt mithin dem Recht am Papier. Um die Verkehrsfähigkeit dieser Papiere zu erweitern, hat der Gesetzgeber gem. §§ 794, 796 BGB Einwendungen des Ausstellers gegenüber Inhabern im Sekundärmarkt weitgehend ausgeschlossen und sie gemäß § 935 Abs. 2 BGB hinsichtlich des gutgläubigen Erwerbs vom Nichtberechtigten besonders privilegiert[435]. Damit haben die Inhaberschuldverschreibungen eine ähnliche Verkehrsfähigkeit wie Geldscheine. Dies bringt es mit sich, daß das Gläubigerrecht wechseln kann, ohne daß die Bank Kenntnis oder Einfluß darauf hat. Die Bank kann in der Praxis also nicht feststellen, ob derjenige, der das Wertpapier zur Einlösung vorlegt, tatsächlich auch der Gläubiger des verbrieften Anspruches ist. Gleiches gilt für die Zinsscheine. Zinsscheine, auch Kupons

---

434 v. 16.03.1988 - IV B 76/86, BStBl. II 1988, 759 (760).
435 Für Kreditinstitute mit der Einschränkung des § 367 HGB.

101

genannt, sind Nebenpapiere, die zusammen mit der Haupturkunde, hier die Inhaberschuldverschreibung, ausgegeben werden. In der Praxis gibt der Aussteller verzinslicher Wertpapiere außer diesen meist noch Bögen aus, an denen für jede Zinsrate ein Zinsschein (Kupon) hängt. Bei Fälligkeit des einzelnen Zinsanspruches wird der entsprechende Zinsschein abgeschnitten und zur Einlösung vorgelegt[436]. Zinsscheine für verzinsliche Schuldverschreibungen verbriefen gem. § 803 BGB als selbständige Urkunde die Zinsforderung. Der Inhaber kann die Forderung gegen Aushändigung der Zinsscheine ohne Vorlegung der Haupturkunde geltend machen[437]. Sie bleiben selbst dann in Kraft, wenn die Hauptforderung erlischt oder die Verpflichtung zur Verzinsung geändert oder aufgehoben wird.

Wenn nun jemand zum Bankschalter kommt und eine Inhaberschuld-verschreibung oder einen Zinsschein (Kupon) präsentiert, hat er mithin einen Rechtsanspruch auf Auszahlung der Schuld bzw. des Zinsbetrages. Ob jedoch die Bank auch einen Anspruch hat, seinen Namen zu verlangen, ist fraglich. Ein derartiges Recht könnte sich allenfalls aus den Buchführungs- und Aufzeich-nungspflichten herleiten.
• Nach § 23 Abs. 1 Nr. 4 i. V. m. § 28 Abs. 2 Nr. 1 AWG können Rechtsgeschäfte zwischen Gebietsansässigen und Gebietsfremden[438] beschränkt werden, wenn sie den entgeltlichen Erwerb inländischer Wertpapiere durch Gebietsfremde zum Gegenstand haben. Zur Überwachung derartiger Geschäfte hat das Bundes-aufsichtsamt für das Kreditwesen mit Schreiben vom 21.01.1976[439] an die Spitzenverbände der Kreditinstitute[440] angeordnet, daß sich die Sachbearbeiter der Banken bei Tafelgeschäften "in jedem Fall vor Abschluß des Geschäftes über die Person und den außenwirtschaftlichen Status des Kunden (d. h. des Käufers) zu vergewissern und in den Belegen festzuhalten hat, in welcher Weise er sich vom Status des Kunden überzeugt hat." Dieser Verpflichtung ist die Bank nach-gekommen, wie sich aus den auf den Belegen angebrachten Vermerken (Gebiets-ansässiger/ Gebietsfremder) ergibt.
• Die Aufzeichnungspflichten gem. § 22 UStG erstrecken sich nur auf die Doku-mentation der vereinnahmten oder vereinbarten Entgelte; eine Aufzeichnung von Namen und Anschrift des Leistungsempfängers oder des Leistenden ist im Gegen-satz zu § 14 UStG nicht vorgeschrieben.

---

[436] *Brox*, Handelsrecht und Wertpapierrecht, Rz. 699.
[437] *Palandt*, BGB, § 803 Rz. 1.
[438] Vgl. dazu § 4 Abs. 1 Nr. 3 und 4 AWG.
[439] Akt.Z. I 5 - Gr 14/74.
[440] Abgedruckt bei *Consbruch/Möller/Bähre/Schneider*, Gesetz über das Kreditwesen, Text-sammlung, unter Ordn.-Nr. 20.02.

• Eine Aufzeichnungspflicht für Betriebsausgaben i.S.v. § 4 Abs. 4 EStG besteht generell nicht[441]. Infolgedessen muß auch der Empfänger einer Betriebsausgabe nicht aufgezeichnet werden. Die besonderen Aufzeichnungspflichten gem. § 4 Abs. 7 EStG sind nicht einschlägig.

• Auch die gesetzlichen Pflichten zur Aufzeichnung des Wareneingangs, § 143 AO, und Warenausgangs, § 144 AO, kommen nicht in Betracht. Waren sind bewegliche Sachen. Zwar finden auf Inhaberschuldverschreibungen die sachenrechtlichen Bestimmungen über bewegliche Sachen Anwendung. Gleichwohl sind sie keine Waren[442].

• § 146 Abs. 1 Satz 2 AO ordnet nur die tägliche Aufzeichnung von Kasseneinnahmen und Kassenausgaben an, ohne die Aufzeichnung der Einzahler oder Empfänger vorzuschreiben.

• Auch aus § 154 Abs. 2 AO läßt sich für Tafelgeschäfte eine Pflicht zur Legitimationsprüfung nicht herleiten, da kein kundenbezogenes Konto benutzt wird[443].

Im Ergebnis hat die Bank also weder zivilrechtlich noch unter Hinweis auf bank- oder steuerrechtliche Buchführungs- bzw. Aufzeichnungspflichten eine Anspruchsgrundlage, Name und Anschrift desjenigen, der die Inhaberschuldverschreibung oder den Zinsschein bzw. Kupon vorlegt, zu verlangen. Sofern dieser also seine Legitimation nicht preisgeben will, ist die Bank gleichwohl zur Zahlung verpflichtet und könnte ggfs. durch ein Zivilgericht hierzu verurteilt werden. Es ist daher nicht einzusehen, daß die Bank nach Auffassung der Finanzverwaltung die gezahlten Kaufpreise[444] bzw. die ausgezahlten Kapitalerträge[445] gem. § 160 AO nicht absetzen können soll, nur weil sie Name und Anschrift des Gläubigers der Inhaberschuldverschreibung oder des Zinsscheins bzw. der Person, welche diese Inhaberpapiere jeweils vorlegte, nicht benennen kann.

Der Gesetzgeber hat Inhaberpapiere sachenrechtlich mit einer ähnlichen Verkehrsfähigkeit wie Geld ausgestattet. Diese Verkehrsfähigkeit würde weitgehend beeinträchtigt, wenn man beim Ankauf solcher Papiere zu einer Legitimationsprüfung verpflichtet wäre. Würde die Finanzverwaltung durch Auslegung des § 160 AO eine dahingehende öffentlich-rechtliche Pflicht statuieren, so würde dadurch das Gegenteil dessen erreicht, was der Gesetzgeber für diese Wertpapiere als wesensbestimmend vorsieht[446]. Sofern der Gesetzgeber, z. B. aus politischen Erwägungen, die Verkehrsfähigkeit von Inhaberpapieren gesetzlich einschränkt, bestehen hiergegen grds. keine Bedenken, da sich die

---

441 *Schmidt*, EStG, § 4 Rz. 64.
442 Vor der Novellierung des HGB wurde dies v. a. mit § 1 Abs. 2 Ziff. 1 HGB begründet, der den Handel mit Wertpapieren neben den Handel mit Waren als konstitutives Merkmal für ein Grundhandelsgewerbe aufzählt. siehe auch *Tipke/Kruse*, AO, § 143 Rz. 7.
443 Vgl. zu Buchführungs- und Aufzeichnungspflichten: *Kleine*, JdFSt 1992/93, 98 (106 f.)
444 Beim Ankauf von Wertpapieren über die Tafel.
445 Bei der Annahme von Zinsscheinen über die Tafel.
446 *Dahm/Hamacher*, DStZ 1992, 753 (758).

Banken und deren Kunden hierauf einstellen können. Es widerspricht aber dem Prinzip des Vorranges des Gesetzes und dem Grundsatz des Vertrauensschutzes, als Ausfluß des Grundsatzes von Treu und Glauben, wenn der Gesetzgeber die Institution der Inhaberschuldverschreibung zunächst einführt und die Finanzverwaltung sie hinterher über das Steuerrecht systematisch aushöhlt.

Als Zwischenergebnis ist daher festzuhalten, daß bei Tafelgeschäften ein Benennungsverlangen gem. § 160 AO wegen Verstoßes gegen das Rechtsstaatsprinzip ermessensfehlerhaft ist, da die Bank keinerlei rechtliche Handhabe hat, die Identität des Vorlegers der Inhaberpapiere zu fordern. § 160 AO darf ferner von der Finanzverwaltung nicht als Mittel eingesetzt werden, die gesetzlich gewollte erhöhte Verkehrsfähigkeit von Inhaberpapieren einzuschränken.

(d) § 160 AO als Mittel zur Durchsetzung des Zinsbesteuerungsanspruchs?

Es entsteht der Eindruck, als wolle die Finanzverwaltung mittels § 160 AO eine Lösung des generellen Problems des Erfassungs- und Vollzugsdefizites im Besteuerungsverfahren herbeiführen. Die Ausführungen der Finanzverwaltung scheinen v.a. durch die Zinsbesteuerungsentscheidung des BVerfG[447] geprägt zu sein. In dieser Entscheidung hatte das BVerfG herausgestellt, daß die Vorschriften über die materielle Steuerpflicht von Zinseinnahmen, § 20 EStG, tatsächlich nur eine beschränkte Geltung für einen Teil seiner Adressaten hat, da Gesetzesverletzungen in Form der Nichterklärung von steuerpflichtigen Zinseinnahmen besonders häufig und nachhaltig vorkommen und die Exekutive dies hinnimmt, weil der Gesetzgeber ihr nicht die Möglichkeit gegeben hat, die Befolgung des Gesetzes durchzusetzen. Das BVerfG stellt fest, daß die Durchsetzung des Steueranspruches erhebliche Mängel aufweist und die Erhebungsmängel ihre wesentliche Ursache im sog. Bankenerlaß[448] haben, der eine wirksame Ermittlung und Kontrolle der Einkünfte verhindert und sich damit als "strukturelles Vollzugshindernis" darstellt. Das BVerfG stellt aber auch klar, daß es sich beim Bankenerlaß um eine Vorschrift handelt, die der Gesetzgeber bewußt und gewollt bei Erlaß der AO 1977 und der Einkommensteuerregelungen über die Steuerpflicht der Zinsen hingenommen hat. Das Verfassungsgericht kommt daher zu dem Ergebnis, daß die Rechtslage "hingenommen werden muß", wenn auch nur für eine Übergangszeit, um dem Gesetzgeber Gelegenheit zu geben, binnen einer angemessenen Frist eine Änderung herbeizuführen. Mißt man die Ausführungen der Finanzverwaltung hieran, ist festzustellen - wie z. B. *Langel*[449] betont -, daß sie im Gegensatz zu den Erkenntnissen des BVerfG stehen. Sie respektieren nicht, daß die Mängel bei der Durchsetzung des Steueranspruches, die Erhebungs- und

---

447 v. 27.06.1991, BStBl. II 1991, 652 ff..
448 § 30 a AO.
449 *Langel*, Anmerkung zu *Kleine*, JdFSt 1992/93, 98 (116).

Vollzugsdefizite, u. a. aufgrund des strukturellen Vollzugshindernisses, hingenommen werden müssen. Die Ausführungen der Finanzverwaltung lassen die im Bankenerlaß ausdrücklich verankerten Grundentscheidungen des Gesetzgebers außer acht und setzen hiergegen die Regelungen des § 160 AO für ein Ziel ein, für das diese Vorschrift nicht gedacht und geschaffen ist. Nach *Langel* stellt die besprochene Vorgehensweise der Finanzverwaltung mithin den profiskalischen Versuch dar, ohne Rechtsgrundlage die aufgezeigten Mängel der Durchsetzung des Steueranspruches zu Lasten von Steuerpflichtigen - hier zu Lasten der Banken - zu beseitigen und eine Besteuerung bei diesen herbeizuführen, und zwar für Steuertatbestände, die andere, nämlich diejenigen, welche Zinsen erzielen, möglicherweise verwirklicht haben[450]. Das Ergebnis ist, daß die Steuer nicht vom Steuerschuldner erhoben, sondern einem in das Geschäft der Zinseinnahmeerzielung zwangsläufig und institutionell Eingeschalteten auferlegt wird, der mit der Zinseinnahmeerzielung selbst nichts zu tun hat und dem Zinsgläubiger lediglich bei seiner Zinseinnahmeerzielung wie ein Werkzeug hilft. Dieses Resultat dürfte der Gesetzgeber aber keinesfalls beabsichtigt haben, was z. B. auch durch die über das Zinsabschlagsgesetz eingeführten Neuregelungen[451] unterstrichen wird. So heißt es z. B. in der Begründung der Bundesregierung zu § 44 Abs. 1 Satz 4 Nr. 1 a EStG: "Um zu vermeiden, daß der Abzug des Zinsabschlags zu Unrecht unterbleibt, muß aber auch die auszahlende Stelle ohne Rücksicht auf Besonderheiten des Einzelfalls den Zinsabschlag immer einbehalten, wenn die Kapitalerträge durch sog. Tafelgeschäfte erzielt werden"[452]. Weiter heißt es zu den Tafelgeschäften: "Mangels Depotunterlagen kann das Kreditinstitut aber nicht oder nicht sicher beurteilen, ob der Kunde ein Steuerinländer oder ein Steuerausländer ist, und ob er der Wertpapierinhaber oder ein Dritter ist, der z. B. nur Botendienste leistet. Es muß daher den Zinsabschlag stets einbehalten"[453]. Da darüber hinaus auch bei Steuerausländern der Zinsabschlag vorzunehmen ist[454], ist evident, daß der Gesetzgeber davon ausgeht, daß bei Tafelgeschäften den Kreditinstituten die Gläubiger nicht bekannt sind und folglich auch nicht deren Benennung verlangt werden kann. Anderenfalls hätte es dieser Regelung nicht bedurft. Erhöhter Zinsabschlag bei Tafelgeschäften und eine Haftung nach § 160 AO passen nicht zueinander[455].

§ 160 AO ist somit als Mittel zur Durchsetzung des Zinsbesteuerungsanspruchs ungeeignet.

[450] *Langel*, Anmerkung zu *Kleine*, JdFSt 1992/93, 98 (117).
[451] z. B. 35 %-iger Zinsabschlag gem. § 43 a Abs. 1 Nr. 4 letzter Halbsatz EStG.
[452] BT-Drucks. 12/2501, 17.
[453] BT-Drucks. 12/2501, 18.
[454] Vgl. § 49 Abs. 1 Nr. 5 Satz 1 c cc EStG.
[455] So ausdrücklich *Trzaskalik*, in: *Hübschmann/Hepp/Spitaler*, AO, § 160 Rz. 11.

bb) Commercial Papers

Commercial Papers sind Inhaberschuldverschreibungen, die als Finanzierungs-instrument von Industrieunternehmen und anderen Emittenten genutzt werden können, um ihren wiederkehrenden nachhaltigen Finanzierungsbedarf im kurz-fristigen Laufzeitenbereich zu decken[456]. Commercial Papers wurden als kurz-fristige Schuldtitel in Form ungesicherter "Promissory Notes" im US-ameri-kanischen Markt entwickelt. Die Laufzeit ist nicht standardisiert und beträgt zwischen sieben Tagen und maximal zwei Jahren minus einen Tag, um die Commercial Papers laufzeitmäßig von den sog. Euro-Medium Term Note-Programmen abzugrenzen. In Deutschland wurden mit Aufhebung des Genehmigungsverfahrens für die Begebung von inländischen Inhaberschuld-verschreibungen[457] sowie die Abschaffung der Börsenumsatzsteuer mit Wirkung vom 01.01.1991 die Voraussetzungen für die Emission von Commercial Papers geschaffen. Ende 1998 betrug das Rahmenvolumen der in Deutschland aufgeleg-ten Commercial Papers rund DM 50 Mrd[458]. Als Emittent kommen i.d.R. nur Industrieunternehmen mit höchstem Ranking, Banken sowie öffentlich-rechtliche Körperschaften in Betracht[459]. Die Mindeststückelung der Notes wird regelmäßig mit DM 500.000 oder DM 1 Mio. bzw. 500.000 Euro festgelegt, so daß als Anleger vornehmlich in- und ausländische Kapitalsammelstellen und Invest-mentsfonds, Versicherungen sowie Großunternehmen mit überschüssiger Liquidität in Betracht kommen[460]. Aufgrund der konkreten Ausgestaltung des Finanzierungsinstruments hat der Emittent von Commercial Papers regelmäßig keine Kenntnis über die Person des Schuldverschreibungsgläubigers[461]. Die hieraus auf Seiten des Emittenten erwachsenden steuerlichen Probleme veranschaulicht der nachfolgende Fall[462]:

Z, ein großes deutsches Industrieunternehmen von höchstem Rating, beabsichtigt seinen wiederkehrenden nachhaltigen Finanzierungsbedarf im kurzfristigen Lauf-zeitenbereich durch Aufnahme von Kapital am Wertpapiermarkt zu decken. Es beauftragt deshalb die X-Bank als Arrangeur mit der Auflegung eines Commer-cial Paper-Programmes. Nachdem der zeitliche Rahmen der einzelnen Inanspruchnahmen, das Mindesttranchenvolumen, der Laufzeitrahmen und die Mindeststückelung der Notes festgelegt sind, werden die in einer Tranche zusam-

---

[456] Zu den Einzelheiten: *Kümpel*, Bank- und Kapitalmarktrecht, Rz. 13.22 ff..

[457] Vgl. das Gesetz zur Vereinfachung der Ausgabe von Schuldverschreibungen v. 17.12.1990, BGBl.I 1990, 2839.

[458] Deutsche Bundesbank, Statistisches Beiheft zum Monatsbericht 2 (Kapitalmarktstatistik), Dezember 1998.

[459] *Pyszka/Pitter*, BB 1999, 2381 (2382).

[460] *Kümpel*, Bank- und Kapitalmarktrecht, Rz. 13.29.

[461] *Pyszka/Pitter*, BB 1999, 2381.

[462] Der Fall ist einer Vertragsgestaltung nachempfunden, welche *Pyszka/Pitter* in BB 1999, 2381 (2382 f.) besprechen.

mengefaßten Commercial Papers in Globalurkunden verbrieft, von der Z blanko unterschrieben und bei der X-Bank als Emmissions- und Zahlstelle treuhänderisch verwahrt. Die Plazierung der einzelnen Tranchen erfolgt durch diverse als Plazeure involvierte Bankinstitute. Diese vermitteln die Papiere im Rahmen einer Privatplazierung vornehmlich an institutionelle Anleger. Emissionsvolumen, Laufzeit und Zinssatz der einzelnen Tranchen werden je nach Finanzbedarf der Z mit den Plazeuren abgesprochen.

Als sich Z und Plazeur Y über die Konditionen der Begebung und des Erwerbs einer Tranche geeinigt haben, veranlaßt Z, daß die X-Bank die Blanko-Sammelurkunde ergänzt und zugunsten des Y bei der Deutsche Börse Clearing AG (DB Clear) gegen Zahlung des Kaufpreises hinterlegt. Die DB Clear verwahrt die Sammelurkunde bis zur Endfälligkeit. Nachdem Y die Commercial Papers veräußert hat, veranlaßt er die DB Clear die Commercial Papers der Depotbank des jeweiligen Investors gegen Zahlung des Kaufpreises gutzuschreiben. Dabei ist allerdings zu beachten, daß nur Banken eine Kontoverbindung bei der DBClear unterhalten können und die DBClear daher nur der jeweiligen Depotbank des Erwerbers/Investors eine Gutschrift erteilen kann. Die Depotbank wiederum verbucht die Commercial Papers zugunsten des Depots ihres Kunden[463].

Bei Fälligkeit der Commercial Papers fordert die DB Clear den gesamten Betrag, der auf eine Sammelurkunde zu entrichten ist (d. h. Emissionsvolumen zzgl. Zinsen), von der X-Bank an, die ihn ihrerseits von Z anfordert und an die DB Clear überweist. Die DB Clear leitet die Gelder an die Depotbanken weiter, denen die Commercial Papers gutgeschrieben wurden. Diese wiederum schreiben die Mittel den Konten ihrer Kunden gut. Nach erfolgter Tilgung der Commercial Papers händigt die DB Clear der X-Bank die entwertete Sammelurkunde aus, welche diese vernichtet.

Im Rahmen einer Betriebsprüfung fordert die Finanzverwaltung Z auf, die Empfänger der Zinszahlungen zu benennen. Für den Fall, daß Z Namen und Anschriften der Empfänger nicht mitteilen kann oder will, kündigt sie an, die Zinsaufwendungen aus den Commercial Paper Programmen gem. § 160 AO steuerlich nicht zu berücksichtigen.

(1) Ansicht der Finanzverwaltung

Die Finanzverwaltung ist der Ansicht, daß der Emittent von Commercial Papers ein Benennungsverlangen nicht lediglich dadurch erfüllen kann, daß er die in die Emission eingeschalteten (Plazeur-) Banken benennt. Da nach der ständigen Rechtsprechung des BFH Empfänger i.S.v. § 160 Abs. 1 AO derjenige sei, dem der in der Betriebsausgabe enthaltene wirtschaftliche Wert übertragen wurde,

---

[463] Entsprechend wird verfahren, wenn der Erwerber/Investor die Commercial Papers an andere Investoren weiter veräußert.

müsse der jeweilige Schuldverschreibungsgläubiger (bzw. Investor) namentlich benannt werden[464].

(2) Kritik und Stellungnahme

Ähnlich wie bei den Tafelgeschäften stellt sich auch bei dem Finanzierungsinstrument der Commercial Papers die Frage, ob das Verlangen der Finanzbehörde, die jeweiligen Schuldverschreibungsgläubiger zu benennen, mit dem Rechtsstaatsprinzip vereinbar ist.

Auf die Schwierigkeiten machen v.a. *Pyszka/ Pitter*[465] aufmerksam: Weder dem Emittenten noch den als "Erfüllungsgehilfen" in den Zahlungsverkehr eingeschalteten Plazeurbanken bzw. Zahlstellen sind die Personen bekannt, die im Zeitpunkt der Rückzahlung Inhaber der Commercial Papers waren und damit den Rückzahlungsbetrag (einschließlich Zinsanteil) vereinnahmt haben. Kenntnis von der Person des Investors hat lediglich dessen Depotbank, die regelmäßig in keinem vertraglichen Verhältnis zum Emittenten steht und die Person des Investors nicht ohne Verletzung des Bankgeheimnisses offenbaren kann. Für den Emittenten besteht also rein faktisch keine Möglichkeit, sich Kenntnis vom jeweiligen Schuldverschreibungsgläubiger zu verschaffen. Für ein Inhaberpapier ist gerade die freie Verfügbarkeit und damit seine hohe Fungibilität eine äußerst wichtige Eigenschaft. Entsprechende Anleihen könnten im Markt letztlich nicht plaziert werden, wenn der Emittent bei jeder Veräußerung unterrichtet werden müßte und Commercial Papers damit wie Namenspapiere zu behandeln wären. Die Rechtsordnung nimmt es bewußt in Kauf, daß der Emittent keine Kenntnis von der Person seiner Gläubiger hat. Durch die Aufhebung des staatlichen Genehmigungserfordernisses für die Inhaberschuldverschreibungen zum 01.01.1991 hat der Gesetzgeber selbst erst die Voraussetzungen für diese Art der Finanzierung geschaffen[466], um die Finanzierungsmöglickeiten deutscher Unternehmen zu verbessern und den Finanzplatz Deutschland zu stärken.

Sofern ein Unternehmer von dieser Möglichkeit der Finanzierung Gebrauch macht, könne ihm daher laut *Pyszka/Pitter*[467] nicht über die Anwendung von § 160 AO eine "Art von Haftung" für die Steuerschuld der Schuldverschreibungsgläubiger auferlegt werden. Der Staat würde sich in Widerspruch zu seinen eigenen Wertungen setzen, wenn er ein Verhalten sanktioniert, das er dem Steuerpflichtigen an anderer Stelle ausdrücklich gestattet.

---

[464] Vgl. hierzu *Pyszka/Pitter*, BB 1999, 2381 ff..

[465] In: BB 1999, 2381 (2383).

[466] Vgl. neben *Pyszka/Pitter*, BB 1999, 2381 (2384) auch *Kümpel*, Bank- und Kapitalmarktrecht, Rz. 13.28.

[467] In: BB 1999, 2381 (2384).

Diese Überlegungen werden bestätigt durch die Zinsabschlagsteuer. Kapital-erträge aus Commercial Papers sind gem. §§ 43 Abs. 1 Nr. 7 a, 43 a Abs. 1 Nr. 4 EStG steuerpflichtig. Der Zinsabschlag i.H.v. 30 % des Brutto-betrages der Kapitalerträge ist - anders als die Kapitalertragsteuer bei den Erträgen i.S.d. § 43 Abs. 1 Nr. 1 EStG - nicht vom inländischen Schuldner der Erträge, sondern von der sie auszahlenden Stelle abzuziehen und an das zuständige Finanzamt abzuführen. Wie beim Tafelgeschäft bereits erläutert[468], beruht diese Vorschrift auf der Überlegung, daß der Schuldner der Kapitalerträge - also der Emittent der Commercial Papers - den Inhaber der Papiere nicht kennt und deshalb beim Steuerabzug keinen Unterschied nach den persönlichen Verhältnis-sen der Wertpapierinhaber machen kann. Commercial Papers werden - wie dargelegt - bei der Deutsche Börse Clearing AG verwahrt. Auszahlende Stelle im Sinne des § 44 Abs. 1 EStG ist bei mehrstufiger Verwahrung das depotführende Kreditinstitut[469]. Bei einer Anwendung des § 160 AO auf Commercial Paper Programme müßte daher darüber spekuliert werden, ob und in welchem Umfang das depotführende Kreditinstitut des Schuldverschreibungsgläubigers die Zinsab-schlagsteuer einbehalten und ordnungsgemäß an das zuständige Finanzamt abge-führt hat. Eine Haftung des Emittenten käme daher allenfalls in Betracht, wenn die Finanzverwaltung konkret darlegen kann, daß ein depotführendes Kredit-institut gegen das Zinsabschlagsgesetz verstoßen hat, was jedoch erfahrungs-gemäß kaum vorkommen dürfte[470].

cc) Zusammenfassung

Das Beispiel der Anwendung des § 160 AO auf Tafelgeschäfte und neue Finan-zierungsformen wie Commercial Papers zeigt m. E. deutlich, daß die Finanz-verwaltung die Norm mittlerweile auf Fälle anwendet, auf die sie nach dem eigenen Normzweckverständnis (Verhinderung von Steuerausfällen) nicht ange-wendet werden kann[471]. Denn zum einen hat der Gesetzgeber durch die Zinsab-

---

[468] Siehe unter: 3. Teil B II aa.

[469] Vgl. Tz. 2.1. des BMF-Schreibens v. 28.10.1993 - IV R 4 - S 2000 - 252/92, BStBl. I 1992, 693.

[470] Vgl. auch *Pyszka/Pitter*, BB 1999, 2381 (2384) die außerdem darauf hinweisen, daß schon im Hinblick auf die Mindestgröße der kleinsten handelbaren Einheit - i.d.R. 500.000 bis 1 Mio DM - und den Erwerberkreis - vornehmlich in- und ausländische Kapitalsammelstellen und Investmentfonds, Versicherungen sowie Großunternehmen - erfahrungsgemäß mit einer korrekten steuerlichen Behandlung der vereinnahmten Zinserträge zu rechnen bzw. eine Überprüfung der steuerlichen Erfassung im Rahmen einer Betriebsprüfung der Zins-empfänger gewährleistet sei.

[471] Ein weiteres Beispiel der exzessiven Anwendung des § 160 AO durch die Finanz-verwaltung ist das Benennungsverlangen bei Verlosungen. Gem. Schreiben des BMF v. 29.12.1989, DStR 1990, 146, dürfen Aufwendungen für Sachpreise nur dann als Betriebs-ausgaben berücksichtigt werden, wenn alle Teilnehmer mit Namen und Adresse benannt

schlagsteuer sichergestellt, daß Steuerausfälle nicht zu befürchten sind. Zum anderen nimmt die Rechtsordnung bewußt in Kauf, daß der Schuldner von Inhaberpapieren die jeweiligen Schuldverschreibungsgläubiger nicht kennt. Ein entsprechendes Benennungsverlangen der Finanzverwaltung würde daher gegen das Rechtsstaatsprinzip verstoßen.

3. "Werbungskosten" und "andere Lasten und andere Ausgaben"

a) herrschende Meinung

Als Werbungskosten im Sinne des § 160 AO sollen auch Aufwendungen für Gegenstände, die im Wege von Absetzungen für Abnutzung gem. § 9 Abs. 1 Nr.7 EStG abzuschreiben sind, erfasst werden[472]. Nach herrschender Ansicht soll § 160 AO daher auch auf AfA oder Steuervergünstigungen[473] angewendet werden.

Andere Lasten werden als Oberbegriff für Verpflichtungen zu wiederkehrenden Leistungen verstanden, wobei die praktische Relevanz bei Rentenlasten und Nießbrauchslasten liegt[474].
Unter *"andere Ausgaben"* werden insbesondere Sonderausgaben gem. § 10 EStG, z. B. Steuerberatungskosten[475] sowie außergewöhnliche Belastungen gem. §§ 33, 33a, c EStG, z. B. Fluchthilfekosten[476], Spenden[477] und andere private Aufwendungen, die aus Lenkungsgründen von der Bemessungsgrundlage abgezogen werden[478], eingeordnet.

---

werden. *Fey/Kraft/Neyer*, DStR 2000, 812 (813 f.), kritisieren die Finanzverwaltung in diesem Zusammenhang zu recht und weisen darauf hin, daß durch die Verlosung kein ertragsteuerbarer Tatbestand verwirklicht werde und demzufolge bei den Teilnehmern auch kein Steuerausfall entstehen könne.

[472] BFH v. 17.12.1980 - I R 148/76, BStBl II 1981, 333 (335); *Hübschmann/Hepp/Spitaler*, AO, § 160 Rz. 7; *Tipke/Kruse*, AO, § 160 Rz. 6; *Pump/Lohmeyer*, AO, § 160 Rz. 5; *Günther*, DB 1989, 1373; *Koch/Scholtz*, AO, § 160 Rz. 6.

[473] So z. B. FG Thüringen v. 28.05.1998 - II 333/97, EFG 1998, 1414 (1415).

[474] *Tipke/Kruse*, AO, § 160 Rz. 6.

[475] *V. Crailsheim*, Die steuerrechtliche Behandlung von Schmiergeldzuwendungen, S. 192.

[476] HessischesFG v. 12.03.1981 - IX 9/78, EFG 1981, 571; FG BadWürt., v. 30.10.1991 - 2 K 141/86, EFG 1992, 271, (273 u. 275).

[477] *Halaczinsky*, NWB Nr.31/1991, Fach 2, 5691 (5694).

[478] *Münzel*, Die Nichtabzugsfähigkeit von Ausgaben nach § 160 AO, S. 62; *Tipke/Kruse*, AO, § 160 Rz. 6.

b) Kritik und Stellungnahme

Da weder AfA noch Steuervergünstigungen einem Gläubiger oder Zahlungs-empfänger zufließen, kritisiert *Halaczinsky*[479] die herrschende Meinung zu recht. Sofern § 160 AO lediglich einen Ausgleich für eine vermutete Nichtversteuerung beim Gläubiger oder Zahlungsempfänger bezwecken soll, ist nicht einzusehen, weshalb AfA oder Steuervergünstigungen von der Norm erfaßt werden sollten. Gegen die Handhabung der *"anderen Lasten"* oder *"anderen Ausgaben"* bestehen keine Bedenken.

4. "Gläubiger" und "Empfänger"

a) herrschende Meinung

Unter *"Gläubiger"* ist jede Person zu verstehen, die Inhaber einer Forderung im vermögensrechtlichen Sinne ist, z. B. bei Darlehen der Darlehensgläubiger, bei Renten der Rentenberechtigte und bei Nießbrauch der Nießbrauchsberechtigte[480]. Bei Schmiergeldansprüchen kommt es nicht darauf an, daß die Forderung zivil-rechtlich wirksam ist, vielmehr sollen auch faktische Verbindlichkeiten aus-reichen[481].

Als *"Empfänger"* i. S. d. § 160 AO wird derjenige angesehen, der in den Genuß des in der Ausgabe enthaltenen wirtschaftlichen Wertes gelangt[482]. Ist für den Steuerpflichtigen erkennbar, daß eine Person den Wert für jemand anderen entgegen nimmt - sei es, daß sie als Bote oder als Vertretungsberechtigter oder im eigenen Namen, aber für Rechnung des anderen handelt -, soll derjenige, für den entgegengenommen wird, als Empfänger anzusehen sein[483]. Dem Steuerpflich-tigen sei es zuzumuten, sich in einem solchen Fall Gewißheit über die Person des

---

[479] *Halaczinsky*, NWB Nr.31/1991, Fach 2, 5691 (5693).

[480] *Halaczinsky*, NWB Nr.31/1991, Fach 2, 5691 (5694).

[481] *V. Crailsheim*, Die steuerrechtliche Behandlung von Schmiergeldzuwendungen, S. 192.

[482] BFH v. 25.08.1986, - IV B 76/86, BStBl. II 1987, 481; BFH v. 25.11.1986 - VIII R 350/82, BStBl. II 1987, 286, (288); BFH v. 24.03.1987 - I B 156/86, BFH/NV 1988, 208 (209); BFH v. 19.01.1994 - I R 40/92, BFH/NV 1995, 181 (182); BFH v. 01.06.1994 - X R 73/91, BFH/NV 1995, 2 (3); BFH v. 30.08.1995 - I R 126/94, IStR 1995, 578 (579); BFH v. 17.10.2001 - I R 19/01, DStRE 2002, 395 (396); BFH v. 05.11.2001 - VIII B 16/01, DStRE 2002, 397 (398) = BFH/NV 2002, 312; BFH v. 27.06.2001 - I R 46/00, BFH/NV 2002, 1 (2); BFH v. 01.04.2003 – I R 28/02, BB 2003, 1716; FG Münster v. 27.06.1997 - 4 K 1136/95 E,G, EFG 1998, 79 (80); FG Düsseldorf vom 19.07.2001 - 10 K 332/99 F, EFG 2001, 1340; *Tipke/Kruse*, AO, § 160 Rz. 15.

[483] BFH v. 25.08.1986 - IV B 76/86, BStBl. II 1987, 481 (482); BFH v. 25.11.1986 - VIII R 350/82, BStBl. II 1987, 286 (288); *Stahl*, KÖSDI 1993, 9287.

anderen zu verschaffen, oder andernfalls auf den Geschäftsabschluß zu verzichten[484].

aa) Domizilgesellschaften

Der BFH wendet diese Grundsätze auch auf sog. Domizilgesellschaften an. In Fällen, in denen eine natürliche oder juristische Person, welche die Zahlung des Steuerpflichtigen entgegengenommen hat, lediglich zwischengeschaltet wurde, weil sie die vertraglich ausbedungenen Leistungen entweder mangels eigener wirtschaftlicher Betätigung nicht erbringen konnte oder weil sie aus anderen Gründen die ihr erteilten Aufträge und die empfangenen Gelder an Dritte weitergeleitet hat, wird als Empfänger im Sinne des § 160 AO nicht die zwischengeschaltete natürliche oder juristische Person, sondern der (oder die) hinter ihr stehende(n) Anteilseigner bzw. der (oder die) Auftragnehmer der (Domizil-) Gesellschaft angesehen, an welche die Gelder letztlich gelangt sind[485]. Ist die Zahlung an eine im Ausland - insbesondere in einem Niedrigsteuerland - ansässige Domizilgesellschaft geflossen, treffe den Steuerpflichtigen entsprechend der Vorschriften §§ 160, 90 Abs. 2 AO und § 16 AStG eine erhöhte Mitwirkungs-, Aufklärungs- und Offenbarungspflicht. Nach ständiger Rechtsprechung reicht in solchen Fällen die Benennung der Anschrift und der Organe der Gesellschaft nicht aus[486]. Für den Nachweis der Zahlung und des Abflusses ins Ausland, sprich zur Prüfung einer evtl. im Inland bestehenden Steuerpflicht, müssten auch die

---

[484] *Tipke/Kruse*, AO, § 160 Rz. 13; BFH v. 25.11.1986 – VIII R 350/82, BStBl. II 1987, 286; FG Münster v. 27.06.1997 - 4 K 1136/95 E,G, EFG 1998, 79.

[485] BFH v. 25.08.1986 - IV B 76/86, BStBl. II 1987, 481 (482); BFH v. 05.11.1992, I R 8/91, BFH/NV 1994, 357; BFH v. 01.06.1994 - X R 73/91, BFH/NV 1995, 2; BFH v. 19.01.1994 - I R 40/92, BFH/NV 1995, 181; BFH v. 30.08.1995 - I R 126/94, IStR 1995, 578 (579); BFH v. 04.04.1996 - IV R 55/94, BFH/NV 1996, 801; BFH v. 10.11.1998 - I R 108/97, DStR 1999, 193 (194); BFH v. 15.10.1998 - IV R 8/98, DStR 1999, 195 (197); BFH v. 10.11.1998 - I R 108/87, BStBl. II 1999, 121; BFH v. 12.08.1999 - XI R 51/98, BFH/NV 2000, 299; BFH v. 13.12.1999 - IV B 41/99, BFH/NV 2000, 817; BFH v. 30.08.1995 - I R 126/94, BFH/NV 1996, 267; BFH v. 17.10.2001 - I R 19/01, DStRE 2002, 395 (396); BFH v. 05.11.2001 - VIII B 16/01, DStRE 2002, 397 (398) = BFH/NV 2002, 312; BFH v. 03.11.2000 - B 49/00, BFH/NV 2001, 569; BFH v. 27.06.2001 - I R 46/00, BFH/NV 2002, 1 (2); BFH v. 01.04.2003 – I R 28/02, BB 2003, 1716; FG Berlin v. 02.10.2000 - 8 K 8005/99, ISTR 2001, 289 (290) = EFG 2002, 330; FG Berlin v. 08.05.2001 - 7 K 8092/00, EFG 2001, 1255; *Tipke/Kruse*, AO § 160 Rz. 15; *v. Crailsheim*, Die steuerrechtliche Behandlung von Schmiergeldzuwendungen, S. 193; *Hoffmann*, in seiner Anmerkung zu FG Berlin v. 02.10.2000, EFG 2001, 332; *Leucht*, StBp 1997, 117 (120).

[486] Z. B. BFH v. 01.04.2003 – I R 28/02, BB 2003, 1716 (1717): "Sprechen konkrete Anhaltspunkte dafür, daß die Anteile an einer ausländischen Basisgesellschaft treuhänderisch für Dritte gehalten werden, kann das FA gemäß § 160 Abs. 1 Satz 1 AO deren Benennung verlangen"; vgl. auch HessischesFG v. 11.12.1990 - 12 K 76/87, EFG 1991, 441 (442); FG Köln v. 08.11.1984 - 6 V 158/93, EFG 1994, 506.

Gesellschaftsverhältnisse genannt werden[487]. Die Benennung lediglich formaler Anteilseigner (z. B. Treuhänder) soll ebensowenig ausreichen, wie die Erklärung des Steuerpflichtigen, nicht er, sondern ein fremder Dritter stehe hinter der ausländischen Gesellschaft[488]. Nicht mehr dargestellt zu werden bräuchten jedoch die Beziehungen des Gesellschafters der Domizilgesellschaft zu Dritten (z. B. Geldgebern)[489]. Die Finanzverwaltung soll nicht von Amts wegen verpflichtet sein aufzuklären, wer wirklich hinter der Domizilgesellschaft steht[490].

bb) Scheingeschäfte

Bei Scheingeschäften kommt es nach einhelliger Ansicht nicht auf die Scheinpartner an[491], vielmehr soll § 160 AO hier überhaupt nicht anwendbar sein, da ein Abzug von Betriebsausgaben oder Schulden beim Steuerpflichtigen schon nach § 41 Abs. 2 AO nicht in Betracht kommt.

b) Kritik

Es kommt in der Praxis nicht selten vor, daß der Steuerpflichtige einen Empfänger namentlich benennt, die Finanzbehörde jedoch behauptet, dieser sei ein Strohmann[492]; nicht er, sondern ein unbekannter Dritter sei bei *wirtschaftlicher Betrachtungsweise*[493] in den Genuß des in der Betriebsausgabe des Steuerpflichtigen enthaltenen wirtschaftlichen Wertes gelangt. Die Finanzverwaltung orientiert sich dabei an der Rechtsprechung des BFH zum wirtschaftlichen Empfänger i.S. des § 160 AO.

---

[487] BFH v. 25.08.1986 - IV B 76/86, BStBl. II 1987, 481; BFH v. 24.03.1987 - I B 156/86, BFH/NV 1988, 208; BFH v. 19.01.1994 - I R 40/92, BFH/NV 1995, 181 (183).
[488] BFH v. 25.08.1986 - IV B 76/86, BStBl. II 1987, 481.
[489] BFH v. 01.06.1994 - X R 73/91, BFH/NV 1995, 2.
[490] FG Münster, v. 13.03.1997 - 5 K 2954/96 F, EFG 1998, 251; BFH v. 05.11.2001 - VIII B 16/01, DStRE 2002, 397 (398) = BFH/NV 2002, 312; a. A. *Hübschmann/Hepp/Spitaler*, AO, § 160 Rz. 28 f..
[491] *Schwarz*, AO, § 160 Rz. 5; *Tipke/Kruse*, AO, § 160 Rz. 15; *Bruschke*, StB 2001, 32; *Leucht*, StBp 1997, 141; vgl. auch den AEAO zu § 160 Nr.3 S. 2 (VwA 1); vgl. auch FG des Saarlandes v. 25.04.1995 - 1 V 303/94, EFG 1995, 769 (770 m. w. N.).
[492] Vgl. jüngst BFH v. 31.01.2002 - V B 108/01, DB 2002, 1028: "Unbeachtlich ist das "vorgeschobene" Strohmanngeschäft dann, wenn es zwischen dem Leistungsempfänger und dem Strohmann nur zum Schein abgeschlossen worden ist und der Leistungsempfänger weiß oder davon ausgehen muss, dass der Strohmann keine eigene - ggfs. auch durch Subunternehmer auszuführende - Verpflichtung aus dem Rechtsgeschäft übernehmen will und dementsprechend auch keine eigenen Leistungen versteuern will".
[493] Vgl. AEAO zu § 160 Nr.3 VwA 1: "Maßgebend ist, wer bei *wirtschaftlicher Betrachtungsweise* tatsächlich Gläubiger bzw. Empfänger ist".

Trifft die Behauptung des Finanzamtes zu, hat der Steuerpflichtige den Empfänger nach den Vorgaben der Rechtsprechung in der Tat nicht zutreffend benannt. Unklar ist allerdings, was dem Steuerpflichtigen im jeweiligen Einzelfall abverlangt werden kann bzw. darf, um sich über die Person des Empfängers Gewißheit zu verschaffen und wer letztlich die Darlegungs- und Beweislast trägt.

aa) wirtschaftlicher Empfängerbegriff

(1) Entwicklung durch die Rechtsprechung des BFH

Die Entwicklung des Empfängerbegriffs[494] i.S. des § 160 AO hin zum "wirtschaftlichen Empfänger" hat ihren Ursprung in dem Urteil des BFH v. 08.02.1972[495]. Das Urteil betraf § 205 a AO, den Vorgänger des § 160 AO. Die Leitsätze lauten:

"1. Als Empfänger einer Betriebsausgabe i.S. von § 205 a AO ist derjenige anzusehen, der in den Genuß des in der Betriebsausgabe enthaltenen wirtschaftlichen Wertes gelangt.
2. Bedient sich der Steuerpflichtige bei der Ausgabe einer Hilfsperson, so kann nicht schon diese als Empfänger der Betriebsausgabe betrachtet werden, wenn sie den ihr zur Weitergabe anvertrauten Wert entsprechend den Vereinbarungen mit dem Steuerpflichtigen an einen Dritten weiterleitet, insbesondere dem ihm aufgetragenen Zweck zuführt."

Unter Berufung hierauf dehnt der BFH seit dem Beschluß vom 25.08.1986[496] diese Grundsätze auf alle Fälle aus, in denen eine natürliche oder juristische Person lediglich zwischengeschaltet ist, d. h., wenn sie mangels eigener wirtschaftlicher Betätigung die vertraglich geschuldeten Leistungen nicht erbringen kann oder aus anderen Gründen Aufträge und empfangene Gelder an Dritte weiterleitet. Empfänger ist nach der Rechtsprechung derjenige, bei dem sich die Geldzahlung steuerrechtlich auswirkt[497].

Die Entwicklung des Empfängerbegriffs ist nicht unumstritten. Nach *Tipke*[498] soll es für den Begriff des Empfängers darauf ankommen, ob derjenige, der die Zahlung in Empfang nimmt, im eigenen oder *erkennbar* fremden Namen auftritt.

---

494   Vgl. hierzu *Schmitz*, IStR 1997, 193 (196 f.).
495   V III R 41/66, BStBl. II 1972, 442.
496   IV B 76/86, BStBl. II 1987, 481.
497   BFH v. 25.08.1986 - IV B 76/86, BStBl. II 1987, 481; BFH v. 30.08.1995 - I R 126/94, BFH/NV 1996, 267; Hess. FG v. 11.12.1990 - 12 K 76/87, EFG 1991, 441 (442); *Meyer*, DStR 1995, 1369 (1370).
498   *Tipke/Kruse*, AO, § 160 Rz. 13; *Koch/Scholz*, AO, § 160 Rz. 9/1.

Sei letzteres der Fall und habe die Person die Zahlung vereinbarungsgemäß an einen Dritten weiterzuleiten, sei sie nicht Empfänger. Auf die Erkennbarkeit stellt ebenfalls *Frotscher*[499] ab.

(2) Stellungnahme

Die Kritik am Empfängerbegriff des BFH ist berechtigt. Es ist zwar plausibel, daß der Steuerpflichtige einen hinter dem tatsächlichen Empfänger stehenden Dritten zu benennen hat, wenn der tatsächliche Empfänger entweder ausdrücklich im Namen des Dritten auftritt oder sich dies dem Steuerpflichtigen aufdrängen mußte. In diesen Fällen kann es dem Steuerpflichtigen durchaus zugemutet werden, sich nach der dahinterstehenden Person zu erkundigen[500]. Beauftragt allerdings der Steuerpflichtige - wie im BFH-Urteil vom 08.02.1972 - eine eigene Hilfsperson mit der Weitergabe des Geldes, ist die Hilfsperson überhaupt kein Empfänger, weder in tatsächlicher noch in rechtlicher Hinsicht. Hierauf weist z. B. *Schmitz*[501] hin. Denn steht die Hilfsperson im Lager des Steuerpflichtigen, ist die Zahlung i. S. des § 160 Abs. 1 AO ausgeführt, wenn die Hilfsperson die Zahlung an den Dritten, den Empfänger, weitergegeben hat[502]. Erst zu diesem Zeitpunkt hat der zu zahlende Betrag den Rechtskreis des Steuerpflichtigen verlassen. Eines Rückgriffes auf den wirtschaftlichen Empfängerbegriff hätte es in diesem Fall seitens der Rechtsprechung nicht bedurft. Dies zeigt, daß schon der Ausgangspunkt der Rechtsprechungsentwicklung verfehlt war. Tritt der tatsächliche Empfänger im eigenen Namen auf und ist für den Steuerpflichtigen nichts Gegenteiliges *erkennbar*, sollte dieser daher entgegen der Rechtsprechung des BFH stets als Empfänger i. S. des § 160 Abs. 1 AO betrachtet werden[503].

---

[499] *Schwarz*, AO, § 160 Rz. 5.

[500] So z. B. BFH v. 15.11.1986 - VIII R 350/82, BStBl. II 1987, 286 -das eine Hilfsperson auf Empfängerseite betraf.

[501] *Schmitz*, IStR 1997, 193, 197.

[502] Ähnlich argumentiert z. B. auch das FG München v. 26.10.2000 - 10 V 388/88, EFG 2001, 189 (190): "Vielmehr kommt bei den Auftraggebern der § 160 AO zur Anwendung, wenn sie nicht die tatsächlichen Zahlungsempfänger, an die der Ast. die Gelder weitergeleitet hat, benennen. Eine doppelte Anwendung der Vorschrift wegen ein und desselben Sachverhalts dürfte kaum sachgerecht sein." In dem entschiedenen Fall wollte das FA die - unstreitig gezahlten - Schmier- bzw. Bestechungsgelder dem Boten zurechnen. Das FG Berlin entschied zu recht, das dieses Ergebnis nicht von § 160 AO gedeckt sei und eine Zurechnung lediglich bei den Auftraggebern in Betracht komme. (vgl. auch *Fumi*, EFG 2001, 191 (192)).

[503] Vor der BFH Entscheidung v. 25.08.1986 hatte z. B. das Hessische FG in einem Urteil v. 03.12.1980 als Zahlungsempfänger i.S. des § 160 AO noch die Person angesehen, welcher das Geld ausgehändigt wurde, gleichgültig, ob sie hierzu zivilrechtlich berechtigt war. Zur Begründung verwies das Hessische FG darauf, daß im Gesetz der "Gläubiger" neben dem "Empfänger" aufgeführt ist. Diese Erwähnung des Empfängers wäre überflüssig, wenn es

Die Abgrenzung nach dem objektiven Kriterium des Auftretens der Person widerspricht auch nicht dem Zweck, welchen die Rechtsprechung dem § 160 AO beimißt. Handelt es sich bei dem tatsächlichen Empfänger um einen Steuerinländer, ist es an der Finanzverwaltung zu ermitteln, ob er die Zahlung nicht in Wirklichkeit an einen dahinterstehenden Dritten weitergeleitet hat. Ist der tatsächliche Empfänger ein Steuerausländer - insbesondere eine ausländische Gesellschaft - ist der Regelungszweck des § 160 Abs. 1 AO nur berührt, wenn hinter der ausländischen Gesellschaft eine der deutschen Besteuerung unterliegende Person steht. Denn § 160 AO soll nicht die Besteuerung des Empfängers überhaupt, sondern seine inländische Besteuerung sicherstellen. Zur Ermittlung einer solchen Person hat der Gesetzgeber den speziellen § 16 AStG geschaffen[504]. Während - wie im ersten Teil der Arbeit dargelegt wurde[505] - unter die offenzulegenden Beziehungen i.S. des § 16 Abs. 1 AStG auch die Gesellschafter und die hinter der ausländischen Gesellschaft stehenden Interessen fallen, ist dies bei einem auf § 160 Abs. 1 AO gestützten Benennungsverlagen nach dem Wortlaut nicht der Fall. Die Aufforderung der Finanzverwaltung, den *wirtschaftlichen Empfänger* i.S. des § 160 Abs. 1 AO zu benennen, bedeutet nichts anderes als die Offenbarung der von § 16 Abs. 1 AStG erfaßten Beziehungen. Die Ausweitung des Empfängerbegriffs gem. § 160 Abs. 1 AO führt im Ergebnis dazu, daß § 16 AStG als Ermächtigungsgrundlage für Benennungsverlangen verdrängt wird[506]. Damit wird aber das in § 16 AStG AStG zusätzlich geforderte Tatbestandsmerkmal der fehlenden oder unwesentlichen Besteuerung umgangen. Dies ist bedenklich, weil das Merkmal der unwesentlichen Besteuerung infolge finanzbehördlicher Darlegungs- und Beweislast eine nicht unerhebliche Hürde für den Erlaß eines Benennungsverlangens nach § 16 Abs. 1 AStG darstellt. Die Finanzbehörde entledigt sich durch die praktizierte extensive Auslegung des § 160 Abs. 1 AO der speziellen Beweislastregelung des § 16 Abs. 1 AStG. Dies führt zu einer ungerechtfertigten Einschränkung der Rechte des Steuerpflichtigen. Einer ergänzenden Anwendung des § 160 AO bedarf es im Regelungsbereich des § 16 AStG nicht. Nur die *fehlende oder unwesentliche Besteuerung* im Ausland rechtfertigt ein Verlangen der Finanzbehörde, die hinter dem Empfänger stehenden Interessen zu benennen. Empfänger i.S. des § 160 AO bleibt die ausländische Gesellschaft. § 16 Abs. 1 AStG ist auch kein teilweise normierter allgemeiner

---

allein auf den Gläubiger i. S. des Zivilrechts ankommen sollte (siehe EFG 1981, 323 - Verkauf an Belegschaften).

[504] Siehe unter: 1. Teil B III.
[505] Siehe unter: 1. Teil B III.
[506] *Blümich/Menck*, EStG, § 16 AStG Rz. 2; *Schmitz*, IStR 1997, 193 (194); a. A.: BFH v. 01.04.2003 – I R 28/02, BB 2003, 1716 (1717).

Rechtsgedanke i. S. eines wirtschaftlichen Empfängerbegriffs, sondern erhöht lediglich die Sachaufklärungspflicht des Steuerpflichtigen[507].

(3) Zwischenergebnis

Die Rechtsprechung des BFH zum wirtschaftlichen Empfängerbegriff des § 160 Abs. 1 AO geht somit fehl. Sie ist im übrigen auch unter Berücksichtigung des eigenen Zweckverständnisses, wonach § 160 AO die Besteuerung Dritter sichern soll, nicht konsequent, da § 16 AStG die Besteuerung des Steuerpflichtigen selbst betrifft. Ginge es in § 16 AStG um die Sicherung der Empfängerbesteuerung und nicht um die Kontrolle unzulässiger Gewinnverlagerungen des Leistenden, macht die einschränkende Tatbestandsvoraussetzung wenig Sinn, daß die ausländische Gesellschaft, zu der die Geschäftsbeziehungen bestehen, mit ihren Einkünften aus diesen Geschäftsbeziehungen nicht oder nur wesentlich besteuert wird.

bb) Domizilgesellschaften

(1) Handhabung durch Finanzverwaltung und Rechtsprechung

Die Rechtsprechung hatte sich in letzter Zeit häufig mit sog. Domizilgesellschaften[508] zu beschäftigen. Diese Gesellschaften sollen lediglich eine Durchlauf- oder Thesaurierungsfunktion haben, d. h., ihre Einschaltung dient vermeintlich nur der Verschleierung des wahren Gläubigers oder Zahlungsempfängers vor dem Zugriff des Fiskus[509]. Die Finanzverwaltung fordert in diesen Fällen deshalb den Steuerpflichtigen auf, entweder die aktive Tätigkeit der Gesellschaft nachzuweisen oder als Empfänger i.s. des § 160 AO die hinter der Domizilgesellschaft stehenden Gesellschafter bzw. die Auftragnehmer zu benennen, an welche die Gelder letztlich geflossen sind[510]. Den Steuerpflichtigen stellt dies in der Praxis häufig vor unlösbare Probleme[511], die unter Berücksichtigung des Rechts-

---

507 *Schmitz*, IStR 1997, 193 (197); siehe auch unter: 1. Teil B III.

508 Diese werden häufig auch als "Briefkastenfirmen" bezeichnet.

509 Vgl. *Christian/Schwehm*, DStZ 1997, 324 (328); *Kuhsel*, DB 1995, 650.

510 Sofern der Geschäftspartner allerdings eine *inländische, im Handelsregister eingetragene GmbH* ist und die Zahlung auf deren Bankkonto oder in bar an deren vertretungsberechtigtes Organ erfolgt, soll nach dem FG Düsseldorf, EFG 1992, 562 die GmbH der richtige Empfänger sein, auch wenn es sich um eine "Strohmann-GmbH" handelt. Vgl. zum "Strohmann" als Unternehmer BFH v. 31.01.2002 - V B 108/01, DB 2002, 1028.

511 Vgl. FG des Saarlandes v. 25.10.1995 - 1 K 240/94, EFG 1996, 44, welches zu recht darauf hinweist, daß die Voraussetzungen des Benennungsverlangens nicht überspannt werden dürfen, da der Steuerpflichtige nur Umstände offenlegen könne, die in seinem

staatsprinzips nur schwer zuzumuten sind. Wie soll er ausforschen und wissen, wen sein Auftraggeber seinerseits beauftragt hat, und wer evtl. hinter der ausländischen Gesellschaft steckt? Wie soll er wissen, ob dem Auftraggeber "fach- und sachkundiges Personal" zur Verfügung steht? Weshalb bedarf es solcher Angaben eigentlich, ist die Einschaltung von Domizilgesellschaften und Subunternehmern per se verdächtig? Ist es nicht eigentlich Sache der Finanzbehörden, im Rahmen der diesen übertragenen Amtsermittlung ihrerseits bei den namentlich bekannten Personen nachzufassen, wie und von wem die betreffenden Gelder gezahlt und vereinnahmt worden sind? Kann diese Ermittlungspflicht im Ergebnis tatsächlich auf den inländischen Schuldner "ausgelagert" werden[512]?

(2) Stellungnahme

Goertzen[513] und *Gosch*[514] meinen, daß die Anforderungen der Finanzverwaltung mittlerweile zu weit gehen, zumal sich das Finanzamt allzu häufig über berechtigte Einwände der Betroffenen hinwegsetze. Für den Steuerpflichtigen kann dies erhebliche wirtschaftliche Folgen haben. Betroffen sind zumeist sofort abzugsfähige Ausgaben oder Zahlungen, die zu Anschaffungskosten für aktivierungspflichtige Wirtschaftsgüter führen. Im letzteren Fall kann die Nichtanerkennung der Zahlung bei Verkauf der Wirtschaftsgüter sogar dazu führen, daß der Steuerpflichtige nicht nur in Höhe seiner Gewinnspanne, sondern in Höhe des Veräußerungspreises einen Gewinn zu versteuern hat.

Im Zusammenhang mit Zahlungen an britische Bauunternehmen hat z. B. der BFH jüngst[515] deutlich darauf hingewiesen, daß es der durch die gemeinschaftsrechtlichen Grundfreiheiten, insbesondere der Freiheit des Warenverkehrs, der Niederlassungsfreiheit und der Freizügigkeit geschützten Normalität entspreche

---

512 Kenntnisbereich liegen oder von denen er sich in zumutbarer Weise Kenntnis verschaffen kann; vgl. ferner *Buciek*, IStR 1999, 106.
Vgl. hierzu auch BFH v. 17.10.2001 - I R 19/01, DStRE 2002, 395 (396) = BFH/NV 2002, 609: "Es können dem Steuerpflichtigen im Geschäftsverkehr aber keine Erkundigungen auferlegt werden, zu denen selbst die Finanzbehörde nicht in der Lage ist".

513 In: FR 1994, 770.

514 Vgl. seine Urteilsbesprechungen in: StBp 1999, 81 (82) und DStR 1999, 195.

515 BFH v. 17.10.2001 - I R 19/01, DStRE 2002, 395 (396) = BFH/NV 2002, 609; zu einem anderen Ergebnis gelangt der BFH in einer Entscheidung v. 05.11.2001 - VIII B 16/01, DStRE 2002, 397 (399) = BFH/NV 2002, 312; vgl. auch die Anmerkung von *Hoffmann* zu FG Berlin v. 02.10.2000, EFG 2001, 332, der auf das Problem hinweist, daß vor dem Hintergrund des europäischen Binnenmarktes niederländische Unternehmer (sog. "Koppelbaasen") in großem Umfang Bauhandwerker in Großbritanien angeworben und diese über britische Briefkastenfirmen an deutsche Bauunternehmer vermittelt haben (unter Hinweis u. a. auf den Sachverhalt im BFH - Urteil v. 12.08.1999 XI R 51/98, BFH/NV 2000, 299); siehe auch FG Berlin v. 08.05.2001 - 7 K 8092/00, EFG 2001, 1255 (1257); FG Münster v. 18.09.2002, 9 K 5593/98 K, 5639/98 G, 5640/98 F, EFG 2003, 1436.

und daher unverdächtig sei, dass ein englisches Unternehmen in einem anderen Mitgliedstaat der Europäischen Gemeinschaft tätig wird.

Aufgrund der geäußerten Bedenken und der erheblichen wirtschaftlichen Bedeutung soll die Problematik "Domizilgesellschaften" nachfolgend genauer untersucht werden:

Domizilgesellschaften unterhalten ihren Sitz häufig in einem Niedrigsteuerland. Zur Feststellung der Identität der beteiligten Firmen kann die Finanzverwaltung und die Finanzgerichtsbarkeit deshalb auf Erkenntnisse der Finanzverwaltung über steuerliche Auslandsbeziehungen, die nach § 5 Abs.1 Nr. 6 FVG vom Bundesamt für Finanzen gesammelt[516] und ausgewertet werden, zurückgreifen[517]. Kommt die Finanzbehörde bei Auswertung dieser Erkenntnisse zu dem Ergebnis, daß die benannte Empfängerin eine Domizilgesellschaft ist, soll sich der Steuerpflichtige nach dem Beweis des ersten Anscheines dem Verdacht aussetzen, er habe diese Firma nicht aus steuerlich anzuerkennenden Gründen, sondern zur Verlagerung von Einkünften eingeschaltet[518].

Der Begriff "Domizilgesellschaft" lehnt sich weitgehend an Art. 32 Abs. 1 der schweizerischen Verordnung über das Handelsregister vom 07.06.1937 an[519]. Danach liegt eine solche vor, wenn eine Gesellschaft sich *erkennbar nicht eigenwirtschaftlich betätigt*[520]. Indiz hierfür ist, daß sie über keine eigenen Büroräume verfügt, daß sie bei einem ihrer Verwaltungsratsmitglieder domiziliert, dessen Telefon-/Telefaxnummer auf ihrem Briefkopf verwendet und daß dieses Verwaltungsratsmitglied gleichzeitig einer Vielzahl weiterer Gesellschaften als entsprechendes Verwaltungsratsmitglied angehört[521]. Zudem verfügt die Gesellschaft, mit Ausnahme der Verwaltungsräte, über kein eigenes Personal[522]. Die Verwaltung dieser Gesellschaft wird typischerweise von Treuhandgesellschaften wahrgenommen, die den Initiatoren der Domizilgesellschaft dafür vor allem Büroserviceleistungen zur Verfügung stellen, wie in der Regel etwa zum einen die Entgegennahme und Weiterleitung von Postsendungen, telefonischen Aufträgen und Mitteilungen, zum anderen aber auch die Übernahme von Schreibarbeiten

---

[516] Zuständig ist die Informationszentrale Ausland.
[517] BFH v. 30.08.1995 - I R 126/94, IStR 1995, 578 (579); BFH v. 05.03.1981, BStBl. II 1981, 658 (659); vgl. auch FG Berlin v. 02.10.2000 - 8 K 8005/99, ISTR 2001, 289 (290) = EFG 2002, 330.
[518] *Christian/Schwehm*, DStZ 1997, 324 (328).
[519] BFH v. 25.08.1986 - IV B 76/86, BStBl. II 1987, 481.
[520] Ungeklärt ist derzeit die Frage, ob die Gesellschaft weder an irgendeinem Leistungsort oder nur am Ort ihres Sitzes keine wirtschaftliche Tätigkeit ausüben darf: BFH v. 05.11.2001 - VIII B 16/01, DStRE 2002, 397 (398) = BFH/NV 2002, 312.
[521] BFH v. 24.03.1987 - I B 156/86, BFH/NV 1988, 208.
[522] BFH v. 10.11.1983 IV R 62/82, BFHE 141, 12.

nach Vorlage und die Zurverfügungstellung von Konferenzräumen[523]. Für den Anwendungsbereich des § 160 AO ist nach der Rechtsprechung des BFH unerheblich, ob die Gesellschaft die Voraussetzungen, unter denen das schweizerische Recht vom Bestehen einer Domizilgesellschaft ausgeht, in allen Punkten erfüllt[524]. Es soll bereits ausreichen, wenn die Umstände des Einzelfalles den Verdacht nahe legen, daß die Gesellschaft selbst nicht in nennenswertem Umfang tätig gewesen ist. Die fehlende eigenwirtschaftliche Betätigung als Abgrenzungsmerkmal zur tätigen Gesellschaft[525] bestimmt sich danach, ob die zu beurteilende Gesellschaft in jenem Geschäft, das den Ausgaben des Steuerpflichtigen zugrundeliegt, als Unternehmer zu behandeln ist und damit den Tatbestand einer Einkunftsart verwirklicht[526]. In diesem Zusammenhang hat der BFH entschieden, daß es kein bestimmendes Merkmal der eigenwirtschaftlichen Betätigung ist, daß die Gesellschaft am allgemeinen wirtschaftlichen Verkehr teilnimmt, da dies nur eine Abgrenzung zur Vermögensverwaltung im Rahmen des § 15 EStG ermöglicht[527].

Ob die genannten Indizien allerdings wirklich eine fehlende eigenwirtschaftliche Betätigung begründen, ist zweifelhaft. Denn, daß Unternehmen über eigene Büroräume oder über einen eigenen Telefonanschluß verfügen müssen, damit sie als Unternehmer gelten, ist nicht zwingend. Hierauf weist z. B. *Goertzen*[528] hin. Je nach Art des Unternehmens könne dies mehr oder weniger erforderlich sein. Niemand würde z. B. auf die Idee kommen, so *Goertzen* zutreffend, einer für einzelne Leasinggegenstände gegründeten (Leasing-)Objektgesellschaft die Unternehmereigenschaft abzusprechen, nur weil sie bei ihrer Muttergesellschaft domiziliert[529]. Gleiches gelte für das Indiz des fehlenden eigenen Personals in einer Zeit der Verleiharbeitnehmer und freien Mitarbeiter. *Goertzen* nimmt diesbezüglich jedoch die Einschränkung vor, daß für jede juristische Person, damit sie überhaupt handlungsfähig ist, eine natürliche Person als Organ handeln muß, welche die Gesellschaft in dem zur Beurteilung anstehenden Rechtsgeschäft mit dem Steuerpflichtigen vertritt oder durch Einräumung einer Untervollmacht vertreten läßt. Nicht zwingend erforderlich sei dagegen, daß diese Person die Leistung an den inländischen Steuerpflichtigen für die Gesellschaft tatsächlich selbst ausführt bzw. überhaupt über die nötige Sachkunde hierfür verfüge. Denn es bestünden keine Zweifel daran, daß auf der einen Seite jemand, der einen

---

[523] *Goertzen*, FR 1994, 770.
[524] BFH v. 15.10.1998 - IV R 8/98, DStR 1999, 195 (197); BFH v. 25.08.1986 - IV B 76/86, BStBl. II 1987, 481.
[525] Nicht zu verwechseln sind Domizilgesellschaften mit Zwischengesellschaften i. S. d. § 8 AStG, die aufgrund ihrer Tätigkeit (passive) Einkünfte erzielen.
[526] *Goertzen*, FR 1994, 770.
[527] BFH v. 01.07.1992 - I R 6/92, BStBl. II 1993, 222.
[528] In: FR 1994, 770 (771); vgl. auch FG Berlin v. 02.10.2000 - 8 K 8005/99, ISTR 2001, 289 (290) = EFG 2002, 330; FG Düsseldorf v. 19.07.2001 - 10 K 332/99 F, EFG 2001, 1340.
[529] So ebenfalls *Kroppen*, JbFSt 1996/97, 181 (190).

Subunternehmer mangels ausreichender personeller/sachlicher Kapazitäten beauftrage, Unternehmer sei, wie auf der anderen Seite auch ein Treugeber bei Einschaltung eines Treuhänders als Unternehmer gelte, auch wenn - wie viele Fondsmodelle der Kapitalbranche zeigen würden - der Treugeber nicht über das erforderliche Know-how zur Durchführung der operativen Geschäfte verfüge. Ein Unternehmer müsse, laut *Goertzen*, nicht über das Wie, sondern über das Ob der Leistungserstellung entscheiden. Dies sei nach einer Entscheidung des BFH vom 01.07.1992[530] letztlich der Fall, wenn er willentlich auf eigene Rechnung und Gefahr tätig werde, er also insbesondere auf eigene Rechnung und Gefahr das zur Beurteilung anstehende Schuldverhältnis mit dem inländischen Steuerpflichtigen abgeschlossen habe. Ähnlich argumentiert *Schmitz*[531], der außerdem betont, daß kein Erfahrungssatz dahingehend aufgestellt werden könnte, daß der Steuerpflichtige bei Zahlungen an ausländische Domizilgesellschaften ohne weiteres von einer Vereinnahmung des Geldes für Dritte ausgehen muß. Im Gegenteil gelte der allgemeine Vermutungssatz, daß derjenige, in dessen Namen gehandelt wird, auch das diesbezügliche Risiko trage.

Damit hängt die Abgrenzung einer Domizilgesellschaft von einer tätigen Gesellschaft von der Frage ab, ob Erfolg oder Mißerfolg aus dem mit dem Inland abgeschlossenen Vertragsverhältnis sich im Vermögen der Gesellschaft unmittelbar niederschlägt oder aber, ob in der Art eines durchlaufenden Postens Dritte unmittelbar begünstigt werden, so daß letztlich diese als Unternehmer des zu beurteilenden Geschäftes gelten[532]. Dies wird danach zu beurteilen sein, ob die von der Gesellschaft für die Erbringung der maßgeblichen Leistung an den Steuerpflichtigen in Anspruch genommene Vorleistung unter üblichen Bedingungen abgerechnet werden, so daß im Ergebnis der wirtschaftliche Erfolg des zu beurteilenden Geschäftes von Dritten nicht unmittelbar abgeschöpft wird[533].

Ein weiteres Argument gegen die Praxis der Finanzverwaltung, bei Domizilgesellschaften nach den "Hintermännern" zu fragen, denen die Zahlungen letztlich zufließen, ist der Wortlaut des § 16 AStG. Es heißt in der Vorschrift, daß der Steuerpflichtige alle Beziehungen offenzulegen hat, "die unmittelbar oder mittelbar zwischen *ihm* und der Gesellschaft" bestehen. Es geht also stets um *eigene* Beziehungen der Auskunftsperson[534]. Die Informationslast des Steuerpflichtigen bezieht sich nicht auf "Hintermänner", zu denen er keinen Kontakt hat[535]. Die

---

530 I R 6/92, BStBl. II 1993, 222.
531 *Schmitz*, IStR 1997, 193 (197).
532 *Goertzen*, FR 1994, 770 (771).
533 BFH v. 02.09.1985 - IV R 51/85, BStBl. II 1986, 10; *Goertzen*, FR 1994, 770 (771).
534 *Hübschmann/Hepp/Spitaler*, AO, § 160 Rz. 30.
535 A. A. BFH v. 30.08.1995, I R 126/94, BFH/NV 1996, 267; *Flick/Wassermeyer/Baumhoff*, AstG, § 16 Rz. 8.

121

Ermittlung von (Sub-) Subunternehmern und ggfs. deren Hintermänner ist Sache der Amtsermittlung, sie darf nicht auf den Steuerpflichtigen ausgelagert werden[536]. Stößt diese an ihre (auch territorialen) Grenzen, ist dies nur dann dem Steuerpflichtigen anzulasten, wenn durch die Einschaltung der Domizilgesellschaft § 160 AO planvoll umgangen werden sollte[537].

(3) Zwischenergebnis

Festzuhalten bleibt somit, daß nur der tatsächliche Empfänger genannt werden muß. Die Finanzverwaltung kann sich dann an diese Person halten und ihr gegenüber die Rechte aus § 159 AO geltend machen[538]. Der Steuerpflichtige muß m. E. einen hinter dem tatsächlichen Empfänger der Zahlung stehenden Dritten nach § 160 Abs. 1 AO nur benennen, wenn der Empfänger entweder ausdrücklich im Namen des Dritten auftritt oder sich dies dem Steuerpflichtigen aufdrängen mußte. Bei Zahlungen an ausländische Domizilgesellschaften kann kein Erfahrungssatz dahingehend aufgestellt werden, daß der Steuerpflichtige grundsätzlich von einer Vereinnahmung für Dritte ausgehen muß. Sofern also dem Steuerpflichtigen im Zeitpunkt des Vertragsabschlusses[539] keine konkreten Zweifel an der zur geschuldeten Leistungserbringung erforderlichen Unternehmereigenschaft der Domizilgesellschaft hätten kommen müssen, kann ihm die Finanzverwaltung auch gem. § 90 Abs. 2 Satz 3, zweiter Halbsatz AO, im nachhinein nicht vorwerfen, daß er nicht in der Lage ist, die hinter der Gesellschaft stehenden Personen zu benennen. Denn letztlich kann ein Steuerpflichtiger nur dann seine Sachaufklärungspflicht verletzen, wenn er nach Lage des Einzelfalles die Möglichkeit zur Sachaufklärung hatte, was aber zwingend voraussetzt, daß für ihn überhaupt erkennbar war, daß sein Gegenüber nicht derjenige ist, der die vertragliche Leistung auch erbringen wird[540].

---

536 *Gosch*, in seiner Anmerkung zu BFH v. 10.11.1998, StBp 1999, 81 (82).

537 *Spatscheck/Alvermann*, DStR 1999, 1427 (1428).

538 So auch *Schwarz*, AO, § 160 Rz. 5.

539 Auf diesen Zeitpunkt stellt nunmehr wohl auch der BFH ausdrücklich ab: BFH v. 17.10.2001 - I R 19/01, DStRE 2002, 395 (396) = BFH/NV 2002, 609; FG Münster v. 18.09.2002, 9 K 5593/98 K, 5639/98 G, 5640/98 F, EFG 2003, 1436; im Gegensatz hierzu steht allerdings der Leitsatz der Entscheidung des VIII. Senats vom 05.11.2001 - VIII B 16/01, DStR 2002, 397 = BFH/NV 2002, 312: "Fordert das FA bei Zwischenschaltung ausländischer Domizilgesellschaften den Stpfl. auf, den Empfänger der von ihm geleisteten Zahlungen zu benennen, ist er verpflichtet, von sich aus die erforderlichen Nachforschungen über die Auftragnehmer der Domizilgesellschaften anzustellen, die die vertraglich ausbedungenen Leistungen ausführen." Danach scheint der VIII. Senat Nachforschungen auch zum Zeitpunkt des Benennungsverlangens noch für zulässig zu halten.

540 *Schwarz*, AO, § 160 Rz. 11 b; vgl. jüngst die Entscheidung des FG Berlin v. 02.10.2000 - 8 K 8005/99, ISTR 2001, 289 = EFG 2002, 330 mit dem Leitsatz: "Ein Benennungsbegehren nach § 160 AO ist ermessensfehlerhaft, wenn der Steuerpflichtige nachweist, dass aus seiner Sicht die Vermutung, der Leistungsempfänger würde die Bezüge rechtswidrig nicht

Nun wird es in der Regel nicht unüblich sein, daß ein Steuerpflichtiger sich vor Vertragsabschluß über die Leistungsfähigkeit seines Vertragspartners informiert[541]. Dies wird aber dann anders sein, wenn die Leistungsfähigkeit der Domizilgesellschaft offenkundig war, etwa weil sie sich im Besitz zu veräußernder Wirtschaftsgüter befand und keine Zweifel an ihrer Verfügungsmacht bestanden[542].

---

[541] versteuern, nicht nahe lag" oder auf S. 291: "Wenn der Steuerpflichtige nachweislich mögliche objektive Anfangsverdachtsmomente ... durch gehörige eigene Nachforschungen entkräftet hat, können ihm weitere Nachforschungen seitens der FB nicht zugemutet werden. Hier muß die Berechtigung, nach § 160 AO Auskunft zu verlangen, eine Grenze finden". Vgl. auch *Hoffmann* in seiner Anmerkung zu FG Berlin v. 02.10.2000, EFG 2001, S. 332; die gegen das Urteil eingelegte Revision wurde als unbegründet zurückgewiesen, siehe: BFH v. 17.10.2001 - I R 19/01, DStRE 2002, 395 ff. = BFH/NV 2002, 609. FG Münster v. 18.09.2002, 9 K 5593/98 K, 5639/98 G, 5640/98 F, EFG 2003, 1436: "Ist für den Steuerpflichtigen bei vernünftiger Beurteilung der Gegebenheiten und bei Ausschöpfung seiner zumutbaren Erkenntnismöglichkeiten nicht erkennbar, daß es sich bei dem Zahlungsempfänger um eine Domizil- oder Briefkastenfirma ohne Funktion und ohne eigenes Personal handeln könnte, ist es ermessensfehlerhaft, ihn aufzufordern, den "hinter" dem Zahlungsempfänger stehenden Personen zu benennen. Es widerspräche im allgemeinen den gemeinschaftsrechtlichen Grundfreiheiten, bei einem in Großbritanien ansässigen Bauunternehmen, das Leistungen im Inland erbringt, anzunehmen, daß es sich um eine Domizilgesellschaft handelt." Vgl. FG Berlin v. 02.10.2000 - 8 K 8005/99, ISTR 2001, 289 ff. = EFG 2002, 330, in dem entschiedenen Fall hatte sich der Steuerpflichtige von der örtlichen Handwerkskammer bestätigen lassen, daß sein Geschäftspartner ordnungsgemäß in die Handwerkskarte und -rolle eingetragen war. Unter Hinweis auf Erkenntnisse des BMF ging das FA gleichwohl davon aus, daß es sich um eine wirtschaftlich inaktive Briefkastenfirma handelt und ließ die Subunternehmerentgelte nicht als Betriebsausgaben zu. Die hiergegen gerichtete Klage hatte Erfolg. In einem vom FG Düsseldorf entschiedenen Fall (Urteil vom 19.07.2001 - 10 K 332/99 F, EFG 2001, 1340) hatte sich der Stpfl vor Geschäftsabschluß eine Gewerbeanmeldung, Bescheinigung des Arbeitsamtes über eine ordnungsgemäße Betriebsnummer, Bescheinigung der Handwerkskammer, Handelsregisterauszug, Bescheinigung der AOK über ordnungsgemäß entrichtete Sozialbeiträge sowie eine Unbedenklichkeitsbescheinigung der Bau-BG und des Betriebsstätten-FA über die Erteilung öffentlicher Aufträge geben lassen; gleichwohl wollte das FA die Betriebsausgaben nicht zum Abzug zulassen, weil es sich angeblich um eine Briefkastenfirma handelte. Die hiergegen gerichtete Klage hatte Erfolg. (Vgl. auch *Valentin*, EFG 2001, 1341 (1342) der darauf hinweist, dass es widersprüchlich sei, wenn einerseits öffentliche Stellen mitteilen, es bestünden keine Bedenken Fa. X öffentliche Aufträge zu erteilen, andererseits das FA den BA-Abzug mit der Begründung nicht zulasse, daß es sich bei X um eine Briefkastenfirma handeln soll.).

[542] *Goertzen*, FR 1994, 770 (776) unter Bezugnahme auf den Rechtsgedanken der §§ 932 ff. BGB, § 366 HGB; *Schwarz*, AO, § 160 Rz. 11 b; vgl. auch BFH v. 19.01.1994 - I R 40/92, BFH/NV 1995, 181: "Es ist bei handelsüblichen Kaufgeschäften nicht üblich, daß der Käufer den Vorlieferanten des Verkäufers kennt."; gleiches soll für die Refinanzierung eines Darlehensgebers bei Darlehensgeschäften gelten, siehe BFH v. 01.06.1994 - X R 73/91, BFH/NV 1995, 2 (3 f.).

cc) Scheingeschäfte

Die Ausführungen zum wirtschaftlichen Empfängerbegriff und zur Domizilgesellschaft zeigen bereits, daß die pauschale Aussage, § 160 AO sei auf Scheingeschäfte unanwendbar[543] präzisierungsbedürftig ist. Ob Scheingeschäfte
vorliegen, weil z. B. Ausgaben fingiert wurden, stellt sich erst am Ende der
Ermittlungen heraus. Der Steuerpflichtige wird daher zunächst auch in diesen
Fällen gem. § 160 AO von der Finanzbehörde aufgefordert, den Geschäftspartner
zu benennen[544].

5. genaue Benennung

a) herrschende Meinung

In der Rechtsprechung[545] wird gefordert, daß der Gläubiger oder Empfänger so
genau benannt werden muß, daß die Finanzbehörde *"ohne besondere Schwierigkeiten und ohne besonderen Zeitaufwand"* in der Lage ist, den Gläubiger bzw.
Zahlungsempfänger zu ermitteln. Die Literatur[546] hat sich dem weitgehend angeschlossen.

Insbesondere zur Ermöglichung von Kontrollmitteilungen gem. § 194 Abs. 3 AO
sollen neben der Angabe des vollen Namens, d. h. Vor- und Nachname, und der
exakten Adresse des Empfängers[547], auch Angaben über das Datum, die Höhe der
Zahlungen sowie Art und Weise der Geschäftsbeziehungen[548] zu machen sein; nur
durch solche Angaben sei es dem Finanzamt möglich, dem Gläubiger oder

---

[543] *Tipke/Kruse*, AO, § 160 Rz. 4; *Schwarz*, AO, § 160 Rz. 5; *Münzel*, Die Nichtabzugsfähigkeit von Ausgaben nach § 160 AO, S. 74 ff..

[544] Vgl. auch: *Hübschmann/Hepp/Spitaler*, AO, § 160 Rz. 8.

[545] BFH v. 17.12.1980 - I R 148/76, BStBl. II 1981, 333; BFH v. 25.08.1986 - IV B 76/86,
BStBl. II 1987, 481, 482; BFH v. 06.04.1993 - XI B 94/92, BFH/NV 1993, 633, 634; BFH
v. 04.04.1996 - IV R 55/94, BFH/NV 1996, 801 (802); BFH v. 01.04.2003 – I R 28/02, BB
2003, 1716; FG Rheinland-Pfalz v. 26.09.2001 - 1 K 1959/99, DStRE 2002, 188.

[546] *Christian/Schwehm*, DStZ 1997, 324 (326); *Meyer*, DStR 1995, 1369 (1371); *List*, BB
1994, 1535 (1536); *Stahl*, KÖSDI 1993, 9286 (9289); *Tipke/Lang*, Steuerrecht, § 22 Rz.
203; *Schwarz*, AO, § 160 Rz. 4; *v. Crailsheim*, Die steuerrechtliche Behandlung von
Schmiergeldzuwendungen, S. 204.

[547] BFH v. 04.04.1996 - IV R 55/94, BFH/NV 1996, 801 (802 m. w. N.).

[548] BFH v. 17.12.1980 - I R 148/76, BStBl. II 1981, 333; BFH v. 25.08.1986 - IV B 76/86,
BStBl. II 1987, 481 (483); BFH, Beschluß v. 06.04.1993 - XI B 94/92, BFH/NV 1993, 633
(634); Hessisches FG v. 03.12.1980 - X 369/76, EFG 1981, 323; FG München v.
19.02.1997 - 1 K 1702/94, EFG 1997, 1078; FG Rheinland-Pfalz v. 26.09.2001 - 1 K
1959/99, DStRE 2002, 188; *Tipke/Kruse*, AO, § 160 Rz. 16; *Schwarz*, AO, § 160 Rz. 4;
Christian/Schwehm, DStZ 1997, 324 (326); *Littwin*, BB 1994, 2326.

Zahlungsempfänger den einzelnen Vermögens- bzw. Gewinnzuwachs nachzuweisen und damit eventuelle Steuerausfälle zu überprüfen[549]. Die Benennung ist demzufolge nicht genau, wenn sich herausstellt, daß der mitgeteilte Name und/oder die Adresse (evtl. auch auf einer vom Empfänger ausgestellten Rechnung[550] fingiert, also falsch sind[551] und/oder wenn der angegebene Empfänger nicht existiert[552]. In einem solchen Fall wird dem Steuerpflichtigen allerdings die Gelegenheit eingeräumt, den Empfänger aufzuspüren[553]. Spätere Veränderungen der Anschrift des Empfängers oder Gläubigers dürften dem Steuerpflichtigen hingegen nicht zum Nachteil gereichen[554], d. h. es soll genügen, wenn die Anschrift angegeben wird, welche der Geschäftspartner bei Geschäftsabschluß hatte. Der Empfänger ist allerdings nicht "genau" benannt, wenn der Steuerpflichtige zwar den Namen einer Person, aber als Adresse nur einen Gasthof u. ä. angeben kann, an der sich die Person aufhielt und während dieses Aufenthaltes Zahlungen erhielt[555].

Bei *natürlichen Personen*, die hauptamtlich als Arbeitnehmer tätig sind, soll die Wohnanschrift[556] anzugeben sein, weil sich danach gem. § 19 Abs.1 AO die steuerliche Zuständigkeit richtet. Die Anschrift der Arbeitsstätte genüge nicht, weil die Suche nach dem Zahlungsempfänger für das Finanzamt auf nicht oder kaum zu bewältigende Schwierigkeiten stoße[557].

---

[549] So z. B. ausdrücklich: Hessisches FG v. 03.12.1980 - X 369/76, EFG 1981, 323; *v. Crails- heim*, Die steuerrechtliche Behandlung von Schmiergeldzuwendungen, S. 204.

[550] FG Bremen v. 21.04.1989 - I 81/84, EFG 1990, 49 (50); *a. A.* bei einem nahezu gleichem Sachverhalt, Niedersächsisches FG v. 08.06.1989 - VI 320/88, EFG 1990, 48 (49) und FG Rheinland-Pfalz v. 10.11.1992 - 2 K 1563/89, EFG 1993, 358 (die Entscheidungen des Nds. FG und des FG Rheinland-Pfalz betreffen dieselbe fingierte Anschrift).

[551] BFH v. 29.11.1978 - I R 148/76, BStBl. II 1979, 587 (588); Beschluß v. 06.04.1993 - XI B 94/92, BFH/NV 1993, 633 (634); BFH v. 04.04.1996 - IV R 55/94, BFH/NV 1996, 801 (802); *Tipke/Kruse*, AO, § 160 Rz. 13.

[552] BFH v. 17.12.1980 - I R 148/76, BStBl. II 1981, 333 (335).

[553] FG Bremen v. 21.04.1989 - I 81/84, EFG 1990, 49 (50).

[554] BFH v. 06.04.1993 - XI B 94/92, BFH/NV 1993, 633 (634); FG Rheinland-Pfalz v. 26.09.2001 - 1 K 1959/99, DStRE 2002, 188; *v. Crailsheim*, Die steuerrechtliche Behand- lung von Schmiergeldzuwendungen, S. 206; *Meyer*, DStR 1995, 1369 (1371); *Littwin*, BB 1994, 2326 (2327); *Stahl*, KÖSDI 1993, 9286 (9289); *Herrmann/Heuer*, EstG, § 4 (12. Auflage) Rz. 62 "Schmiergelder".

[555] BFH v. 09.04.1987 - IV R 142/85, BFH/NV 1987, 689.

[556] BFH v. 15.03.1995 - I R 46/94, BStBl. II 1996, 51 (52); *Schwarz*, AO, § 160 Rz. 5; *Boldt*, Schmiergelder im Einkommensteuerrecht, S. 120; *Christian/Schwehm*, DStZ 1997, 324; *Bruschke*, StB 2001, 42 (43).

[557] BdF-Schreiben vom 29.12.1989 - S 03333, NWB Dokumentation Steuerrecht, Fach 2, Unterfach A 1/90 zu § 160 AO; OFD Hannover vom 03.04.1990 - S 0333, NWB Doku- mentation Steuerrecht, Fach 2, Unterfach A 6/90 zu § 160 AO.

Bei *Selbständigen*, so meint der BFH in einer Entscheidung vom 15.03.1995[558], genügt es hingegen, wenn die Geschäftsadresse angegeben wird, unter der diese Personen im Geschäftsverkehr in Erscheinung tritt, da die finanzverwaltungsinterne Ermittlung mit dieser Information auch dann in der Lage sei, die Privatanschrift zu ermitteln, wenn Wohnsitz und Geschäftssitz auseinanderfallen. Begründet wird dies mit der für bei entsprechenden Fällen gegebenenfalls notwendigen gesonderten Feststellung der Einkünfte nach § 180 Abs.1 Nr. 2 b AO, denn dem Feststellungsfinanzamt sei die Wohnsitzanschrift bekannt[559].

Bei Zahlungen an eine inländische *Personenhandelsgesellschaft*, OHG oder KG, soll die Angabe des Namens und der Anschrift der Gesellschaft ausreichend sein, da aufgrund dieser Angaben eine Identifizierung der hinter der Gesellschaft stehenden Personen durch Einsichtnahme in das Handelsregister in der Regel gewährleistet ist[560].

Ist der Empfänger eine *GbR*, der ein für den Steuerpflichtigen nur schwer identifizierbarer Personenkreis angehört, muß der Steuerpflichtige laut BFH zwar allgemeine Merkmale zur Konkretisierung dieser Gesellschaft, nicht aber sämtliche Gesellschafter benennen[561]. Es genügt, laut BFH, die Angabe des Namens und der Anschrift derjenigen Person, welcher der wirtschaftliche Wert übertragen wurde; denn durch die Benennung dieser Person in Verbindung mit allgemeinen Konkretisierungsmerkmalen der Gesellschaft ermögliche der Steuerpflichtige dem Finanzamt erfolgversprechende weitere Ermittlungen anzustellen. Auch wenn die restlose Aufklärung der Geldbewegungen mitunter für das Finanzamt zu Schwierigkeiten führen könne, gebiete es die Abwägung der Interessen des Steuergläubigers und der am Wirtschaftsleben Beteiligten, diese Schwierigkeiten in Kauf zu nehmen. Denn der Rechtsgedanke des § 160 AO sei nicht so weit zu verstehen, daß ein Steuerpflichtiger, um den Betriebsausgabenabzug nicht zu gefährden, in jedem Falle erschöpfende Ermittlungsaufgaben für das Finanzamt wahrzunehmen habe.

---

[558] I R 46/94, BStBl. II 1996, 51 (52).

[559] BdF-Schreiben vom 29.12.1989 - S 03333, NWB Dokumentation Steuerrecht, Fach 2, Unterfach A 1/90 zu § 160 AO; *v. Crailsheim*, Die steuerrechtliche Behandlung von Schmiergeldzuwendungen, S. 205.

[560] BFH v. 25.11.1986 - VIII R 350/82, BStBl. II 1987, 286 (288); *Meyer*, DStR 1995, 1369 (1370); *Bruschke*, StB 2001, 42 (43); *Christian/Schwehm*, DStZ 1997, 324 (326); *Schwarz*, AO, § 160 Rz. 5.

[561] BFH v. 25.11.1986 - VIII R 350/82, BStBl. II 1987, 286 (288) in dem entschiedenen Fall wurde die Angabe "Belegschaft der Firma xy" als ausreichend betrachtet; *Schwarz*, AO, § 160 Rz. 5; *Meyer*, DStR 1995, 1369 (1370); *Bruschke*, StB 2001, 42 (43).

Ist eine Hilfsperson[562] eingeschaltet, soll nicht die Hilfsperson zu benennen sein, sondern derjenige, an den die Hilfsperson den ihr zur Weitergabe anvertrauten Wert entsprechend der Vereinbarung weiterzuleiten hat[563].

b) Kritik

Nimmt man die in der Rechtsprechung benutzte Standardformulierung zu den Anforderungen an die Empfängerbenennung ernst, wonach diese so genau sein müsse, daß die Finanzbehörde "ohne besondere Schwierigkeiten und ohne Zeitaufwand" in die Lage versetzt werde, den Empfänger zu ermitteln, wirkt der Steuerpflichtige bei der Sachverhaltsermittlung nicht nur mit, die Sachverhaltsermittlung ist vielmehr seine Sache. Besonders *Trazaskalik*[564] weist kritisch auf diese Problematik hin. Er hinterfragt zunächst, von welchen Voraussetzungen die o.g. Meinung ausgeht und gelangt zu dem Ergebnis, daß die Rechtsprechung auf der begründungsbedürftigen Annahme basiert, daß sich für den Steuerpflichtigen aus § 160 AO Beweisvorsorge- bzw. Nachforschungspflichten ergäben[565].

c) Stellungnahme

aa) Beweisvorsorge- und Nachforschungspflicht de lege lata?

Nach Ansicht *Trazaskaliks* ist diese Rechtsprechung bedenklich, da sich de lege lata aus § 160 AO derlei Pflichten nicht herleiten ließen[566]. Aus § 160 AO ergebe sich lediglich die Berechtigung der Finanzbehörde, nach dem Gläubiger bzw. Empfänger zu fragen, und die Pflicht des Adressaten zur Antwort. Dem Gesetzeswortlaut lasse sich aber nicht entnehmen, daß der Steuerpflichtige Vorsorge für befriedigende Antworten zu treffen habe. Der Hinweis der Rechtsprechung auf den angeblichen Zweck der Vorschrift erweist sich nach *Trazaskalik* als unzulässiger Schluß von der Aufgabe auf die Befugnis.

Der Kritik *Trazaskaliks* an der herrschenden Meinung ist m. E. zuzustimmen. Dies gilt umso mehr, wenn man sich vor Augen führt, daß es nach der herrschenden Meinung in § 160 AO um die Steuerschuld des Zahlungsempfängers, d. h., eines Dritten, gehen soll. Gem. § 93 Abs. 3 Satz 1 AO sind Auskünfte wahrheits-

---

562 Dies gilt für natürliche und juristische Personen, d. h. auch für die praxisrelevanten Fälle der Briefkastenfirma, Domizil- und Scheingesellschaft, auf die an anderer Stelle noch im einzelnen eingegangen wird.

563 BFH v. 13.03.1985 - I R 7/81, BStBl. II 1986, 318; BFH v. 25.08.1986 - IV B 76/86, BStBl. II 1987, 481; BFH v. 30.08.1995 - I R 126/94, BFH/NV 1996, 267.

564 In: *Hübschmann/Hepp/Spitaler*, AO, § 160 Rz. 34.

565 Vgl. hierzu BFH v. 01.06.1994 - X R 73/91, BFH/NV 1995, 2.

566 *Hübschmann/Hepp/Spitaler*, AO, § 160 Rz. 25.

gemäß nach bestem Wissen und Gewissen zu erteilen. Diese Regel gilt auch im Rahmen von § 160 AO[567]. Den allgemeinen Auskunftsregeln liegt aber die Vorstellung zugrunde, daß der Adressat des Auskunftbegehrens der Finanzbehörde ihm bekannte Daten mitteilt. Die Auskunft, man wisse nichts, erweist sich als Erfüllung des Auskunftsbegehren, falls sie der Wahrheit entspricht[568]. Die Auskunftsperson muß keine eigenen Nachforschungen anstellen[569]. Beweisvorsorgepflichten sind gem. § 90 Abs. 2 AO lediglich bei Auslandssachverhalten vorgesehen. Im Umkehrschluß kann aus § 90 Abs. 2 AO also abgeleitet werden, daß den Steuerpflichtigen bei Inlandssachverhalten gerade keine Beweisvorsorgepflichten treffen.

bb) Dokumentationspflichten de lege ferenda?

Falls der Gesetzgeber Wert darauf legt, daß der Gläubiger bzw. Leistungsempfänger benannt wird, obwohl den Steuerpflichtigen keine Beweisvorsorgepflichten treffen, müßte er m. E. de lege ferenda durch Normierung von Dokumentationspflichten die Voraussetzung für die Erfüllbarkeit des Auskunftsverlangens schaffen. In diesem Fall wäre es dann grundsätzlich auch gerechtfertigt, an eine lediglich durch den Verstoß gegen die Dokumentationspflicht bedingte Nichterfüllung des Benennungsverlangens nachteilige Rechtsfolgen zu knüpfen. Solange ein korrespondierendes Regelwerk von Dokumentationspflichten fehlt, bleiben Aussagen in der Rechtsprechung über zumutbare bzw. unzumutbare Anstrengungen des Steuerpflichtigen nur einzelfallbezogen und daher unbefriedigend. Denn über das Erfordernis der "Zumutbarkeit" werden eigentlich feststehende Pflichten begrenzt. Es sollte deshalb schon einen Unterschied machen, ob die Auskunftpflicht sich lediglich auf Daten bezieht, die dem Steuerpflichtigen bekannt sind oder ob die Erfüllung des Auskunftsbegehrens eine Datenbeschaffungspflicht der Auskunftsperson voraussetzt[570]. Das FG Berlin hat jüngst[571] mit begrüßenswerter Deutlichkeit darauf hingewiesen, daß ein Benennungsverlangen nur rechtmäßig ist, wenn und soweit es für den Steuerpflichtigen zum Zeitpunkt der Zahlung zumutbar war, sich nach den Gepflogenheiten eines ordnungsgemäßen Geschäftsverkehrs der Identität seines jeweiligen Geschäftspartners zu vergewissern, um so in der Lage zu sein, ihn als Empfänger von Zahlungen zutreffend zu bezeichnen. Maßgeblich sei dabei "die Sicht des

---

[567] *Hübschmann/Hepp/Spitaler*, AO, § 160 Rz. 11.

[568] Siehe unter: 1. Teil B.

[569] *Hübschmann/Hepp/Spitaler*, AO, § 93 Rz. 51; *Tipke/Kruse*, AO, § 93 Rz. 30.

[570] So ausdrücklich: *Trzaskalik*, in: *Hübschmann/Hepp/Spitaler*, AO, § 160 Rz. 11 f..

[571] Urteil v. 02.10.2000 - 8 K 8005/99, ISTR 2001, 289 (291) = EFG 2002, 330; vgl. auch die Anmerkung von *Hoffmann* zu FG Berlin v. 02.10.2000, EFG 2001, 332; siehe auch BFH v. 31.10.2002 – IV B 126/01, BFH/NV 2003, 291.

Leistenden". Die gegen dieses Urteil eingelegte Revision wurde als unbegründet zurückgewiesen[572].

Folgt man der bisherigen Ansicht der Rechtsprechung und entnimmt § 160 AO *eine generelle Pflicht*, Name und Anschrift des Gläubigers bzw. Empfängers zu erfragen und festzuhalten, wäre zum einen unverständlich, warum es spezielle Dokumentationspflichten, wie z. B. § 143 AO, überhaupt gibt. Zum anderen gäbe es dann auch keinen Grund, z. B. Banken beim Tafelgeschäft mit Wertpapieren aus dem Kreis der auskunftspflichtigen Personen i.S.v. § 160 AO auszuklammern. Der Gesetzgeber ist im Zusammenhang mit den Regeln über den Zinsabschlag hingegen davon ausgegangen, daß der Name der Kunden nicht festgehalten wird[573].

Neben den geschilderten grundsätzlichen Bedenken gegen die Anforderungen an eine genaue Empfängerbenennung zeigt aber auch der folgende Blick in die Praxis, daß zum Teil kaum noch überwindbare Hürden für den Steuerpflichtigen errichtet werden.

cc) Wohnanschrift

Die ständige Rechtsprechung wonach bei natürlichen Personen die Wohnanschrift anzugeben sei und die Anschrift der Arbeitsstätte nicht genüge, stellt an den Steuerpflichtigen m. E. zu hohe Anforderungen. Richtigerweise muß aber die Angabe der Adresse des Beschäftigungsortes genügen[574], weil damit das Wohnsitzfinanzamt ohne weiteres ermittelt werden kann, indem z. B. der Empfänger unmittelbar zur Auskunft über seinen Wohnort aufgefordert oder bei seinem Arbeitgeber die Wohnanschrift erfragt wird. Für eine solche Auslegung spricht ferner das Recht des Steuerpflichtigen auf informationelle Selbstbestimmung[575]. Im übrigen mag man sich fragen, wie der Steuerpflichtige an die verlangten Informationen gelangen soll, wenn bereits das Finanzamt auf nicht oder kaum zu bewältigende Schwierigkeiten stößt. Zur Veranschaulichung wird erneut auf die Entscheidung des BFH vom 15.03.1995[576] Bezug genommen, die auch *Trzaskalik*[577] aufgreift. In dem entschiedenen Fall ging es um ein Benennungsverlangen gegenüber einem pharmazeutischen Unternehmen, das u. a. angestellte Krankenhausärzte mit der klinischen Prüfung von Arzneimitteln

---

572   Az. BFH: I R 19/01; BFH/NV 2002, 609.
573   Siehe unter: 3. Teil B III c.
574   So ebenfalls: *v. Crailsheim*, Die steuerrechtliche Behandlung von Schmiergeldzuwendungen, S. 204; *List*, BB 1994, 1535 (1537); *Salzmann*, BB 1995, 2308 (2309); *Christian/Schwehm*, DStZ 1997, 324 (326).
575   *V. Crailsheim*, Die steuerrechtliche Behandlung von Schmiergeldzuwendungen, S. 204.
576   I R 46/94, BStBl. II 1996, 51 ff..
577   In: *Hübschmann/Hepp/Spitaler*, AO, § 160 Rz. 26.

beauftragt hatte. Der Name des Arbeitgebers und des beauftragten Arztes waren dem Finanzamt bekannt. Der Streit drehte sich ausschließlich darum, ob das Unternehmen die Versagung des Abzugs von Betriebsausgaben riskierte, weil der Zahlungsempfänger sich weigerte, dem Steuerpflichtigen (Unternehmer) seine Privatanschrift zu nennen. Das Kernargument des BFH lautet: "Wollte man, die Benennung der Privatanschrift stets dann für unzumutbar halten, wenn dieser die Benennung verweigert, so wäre der Zweck des § 160 AO völlig verfehlt."[578]. Hinweise darauf, daß der Steuerpflichtige keine "vernünftigen außersteuerlichen Gründe" für die Auskunftsverweigerung des Zahlungsempfängers vorgetragen habe und daß er notfalls das Risiko des Kontaktes mit unvernünftigen Zahlungsempfängern zu tragen habe, runden das Bild ab. *Trzaskalik* meint, daß die Begründung des BFH nicht überzeugt, da die Annahme, der zahlende Steuerpflichtige habe das Risiko der Unvernunft seines Geschäftspartners zu tragen, in der Sache bedeute, daß der Steuererhebungsauftrag auf ihn verlagert werde. Der Unterschied zwischen behördlichem Vollzugsauftrag (§§ 85, 88 AO) und Mitwirkungspflicht werde vom BFH gründlich verkannt.

In die gleiche Richtung äußerte sich zuvor bereits *Gosch*[579], der richtigerweise der Ansicht ist, daß der Steuerpflichtige mit der Angabe von Namen und Arbeitsanschrift des Zahlungsempfängers letzten Endes alles getan habe, um dessen "Greifbarkeit" zu sichern. *Gosch* untermauert seine Ansicht durch folgende Fragen: Mit welcher Berechtigung kann ein Zahlungsempfänger verpflichtet werden, seine Privatanschrift zu offenbaren? Ist jemand, der seine Anschrift nicht offenbart, bereits "steuerunehrlich" und böser Machenschaften verdächtig? Müssen möglicherweise lukrative Geschäfte unterbleiben, weil ein Zahlungsempfänger seine Privatsphäre in besonderem Maße schützt?[580] Nach dem Dafürhaltens *Goschs* soll dies nicht der Fall sein. Vielmehr wäre es befriedigender, wenn die Finanzbehörde sich in derartigen Fällen dem Steuerpflichtigen gegenüber nicht verweigert, sondern die ihr zur Verfügung stehenden Mittel gegenüber

---

[578] BFH v. 15.03.1995 - I R 46/94, BStBl. II 1996, 51 (52).
[579] StBp 1996, 44 (45).
[580] Das Niedersächsische FG hatte z. B. in einem Urteil v. 30.07.1996 - XI 431/92, EFG 1998, 1449 ff., entschieden, daß Gewerbetreibende im Schrotthandel bei Klein- und Kleinstanlieferern (Wareneinsatz von weniger als 100 DM) nicht verpflichtet seien, in jedem einzelnen Fall eine Identitätsprüfung anhand der Ausweispapiere der Anlieferer vorzunehmen; es reiche aus, sich jeweils Namen und Anschriften nennen zu lassen. Dies gelte um so mehr, als auch Ausweispapiere, wie z. B. inländische Reisepässe keine genauen Angaben zur Wohnanschrift und Führerscheine lediglich die Anschrift im Zeitpunkt der Ausstellung enthielten. Die Gewerbetreibenden wären daher gezwungen, jeden Anlieferer zurückzuweisen, der nicht in der Lage oder nicht willens sei, einen gültigen Personalausweis vorzuzeigen; dies liefe darauf hinaus, daß der Gewerbetreibende seinen gesamten Geschäftsbetrieb unterordnen müßte, was wegen der damit verbundenen wirtschaftlichen Nachteile von ihm vernünftigerweise aber nicht erwartet werden könne. Leider wurde dieses Urteil vom BFH ohne überzeugende Begründung aufgehoben (vgl. BFH v. 10.03.1999 - XI R 10/98, FR 1999, 765).

den potentiellen und namhaft gemachten Zahlungsempfängern ausschöpft. Da die derzeitige Gesetzesfassung offenbar keine oder nur wenig Möglichkeiten biete, dem Steuerpflichtigen hier zu helfen, denkt *Gosch*, unter Bezugnahme auf *Wassermeyer*[581], sogar an eine entsprechende Gesetzesänderung des § 160 AO, die das Rangverhältnis zwischen Amtsermittlung und Mitwirkung im Rahmen des Abzugsverbots festlegt[582].

IV. Ermessen

Bei der Anwendung des § 160 AO kommt der Finanzbehörde nach einhelliger Ansicht Ermessen zu, von dem sie in doppelter Weise wie folgt Gebrauch zu machen hat[583]:
• Auf der ersten Stufe entscheidet die Finanzbehörde nach pflichtgemäßem Ermessen, ob sie ein Benennungsverlangen an den Steuerpflichtigen richtet (im folgenden *Benennungsermessen* genannt).
• Fällt die Entscheidung positiv aus, trifft sie auf der zweiten Stufe eine Entscheidung darüber, ob und inwieweit sie die in § 160 AO genannten Ausgaben, bei denen der Empfänger nicht genau bezeichnet ist, zum Abzug zuläßt bzw. hinzurechnet (im folgenden *Abzugsermessen* genannt).

1. Benennungsermessen

a) herrschende Meinung

Die Finanzbehörde hat zunächst nach pflichtgemäßem Ermessen zu prüfen, ob im konkreten Einzelfall ein Benennungsverlangen geboten ist[584]. Dies soll stets dann der Fall sein, wenn nicht auszuschließen ist, daß der Empfänger oder Gläubiger

---

[581] In: IStR 1995, 580.
[582] *Gosch*, in seiner Anmerkung zu BFH v. 15.03.1995, StBp 1996, 44 (46).
[583] BFH v. 30.03.1983 I R 228/78, BStBl. II 1983, 654; BFH v. 12.09.1985 - VIII R 371/83, BStBl. II 1986, 537; BFH v. 25.08.1986 - IV B 76/86, BStBl. II 1987, 481; BFH v. 15.05.1996 - X R 99/92, BFH/NV 1996, 891; BFH v. 24.06.1997 - VIII R 9/96, BStBl. II 1998, 51; BFH v. 10.03.1999 - XI R 10/98, FR 1999, 765; BFH v. 17.10.2001 - I R 19/01, DStRE 2002, 395 (396); BFH v. 01.04.2003 – I R 28/02, BB 2003, 1716; FG Hamburg v. 05.09.1978 - V 24/78, EFG 1979, 66; Niedersächsisches FG v. 08.06.1989 - VI 320/88, EFG 1990, 48 (49); FG Hamburg v. 11.02.1999 - V 71/96, EFG 1999, 634; FG Rheinland-Pfalz v. 26.09.2001 - 1 K 1959/99, DStRE 2002, 188; FG Berlin v. 08.05.2001 - 7 K 8092/00, EFG 2001, 1255.
Offerhaus, in: Crezelius/Raupach/Schmidt/Uelner, Steuerrecht und Gesellschaftsrecht als Gestaltungsaufgaben, S. 237 (243); *Tipke/Kruse*, AO, § 160 Rz. 8 f.; *Schwarz*, AO, § 160 Rz. 6, 10; *Koch/Scholtz*, AO, § 160 Rz. 7; *Kühn/Hofmann*, AO, § 160 Anm. 4.
[584] A. A. *Padberg*, FR 1977, 566 (568) der dem Benennungsverlangen der Finanzbehörde keine selbständige Bedeutung beimißt.

die Einnahme oder Forderung nicht versteuert[585] oder anders formuliert, wenn nach der Art des in Frage stehenden Sachverhaltes bzw. Geschäftsvorfalles aufgrund allgemeiner Lebenserfahrung der Verdacht besteht, der Gläubiger oder Empfänger könnte die Forderung, die Einnahme usw. zu Unrecht nicht versteuert haben[586]. Dabei muß der Steuerpflichtige nicht in der Absicht gehandelt haben, dem Gläubiger bzw. Empfänger die Nichtversteuerung zu ermöglichen; ihm muß auch eine Steuergefährdung nicht bewußt gewesen sein[587].

Ermessensfehlerhaft ist ein Benennungsverlangen mithin dann, wenn bei vernünftiger Würdigung der bekannten Tatsachen kein Zweifel daran besteht, daß durch die Forderung oder Einnahme beim Gläubiger oder Empfänger kein steuerpflichtiger Tatbestand verwirklicht worden ist und folglich auch kein Steuerausfall entstanden sein kann. Dies ist z. B. der Fall, wenn der Empfänger mit an Sicherheit grenzender Wahrscheinlichkeit im Inland nicht steuerpflichtig ist[588]. Aus den gleichen Gründen soll ein Benennungsverlangen ermessensfehlerhaft sein, wenn die Steueransprüche gegen den Empfänger bereits verjährt sind[589], der Gläubiger bzw. Empfänger der Behörde schon bekannt ist[590] oder sie ihn

---

585   BFH v 30.03.1983 - I R 228/78, BStBl. II 1983, 654; BFH v. 09.08.1989 - I R 66/86, BStBl. II 1989, 995; BFH v. 24.06.1997 - VIII R 6/96, BStBl. II 1998, 51 (53); *v. Crailsheim*, Die steuerrechtliche Behandlung von Schmiergeldzuwendungen, S. 197 (m. w. N.); *Carl/Klos*, WiB 1995, 330 (331); *Kaligin*, RIW 1988, 634 (635); *Littwin*, BB 1994, 2326 (2327); *Boldt*, Schmiergelder im Einkommensteuerrecht, S. 122 und *Christian/Schwehm*, DStZ 1997, 342 (325) leiten die Ermessensentscheidung aus der Verwendung des Konjunktivs "kann" im § 160 AO her, was verwundert, da sich diese Formulierung im Gesetz nicht findet.

586   BFH v. 13.03.1985 - I R 7/81, BStBl. II 1986, 318; BFH v. 09.08.1989 - I R 66/86, BStBl. II 1989, 995 (996); BFH v. 24.06.1997 - VIII R 6/96, BStBl. II 1998, 51 (53); BFH v. 17.10.2001 - I R 19/01, DStRE 2002, 395 (396): "Das ist regelmäßig der Fall, wenn anzunehmen ist, dass die Angaben über den Empfänger einer Zahlung (Name und Anschrift) in der Buchführung unzutreffend oder nicht vollständig sind"; FG Rheinland-Pfalz v. 26.09.2001 - 1 K 1959/99, DStRE 2002, 188: "Das ist regelmäßig der Fall, wenn Namen und Anschrift der Empfänger von Zahlungen in der Buchführung entgegen § 143 Abs. 3 AO nicht aufgeführt sind". *Schwarz*, AO, § 160 Rz. 11; *Tipke/Kruse*, AO, § 160 Rz. 8 "Es genügt schon, daß die Annahme der Nichtversteuerung *nicht auszuschließen* ist".

587   *Schwarz*, AO, § 160 Rz. 11 "Ein subjektiver Tatbestand irgendeiner Form (Absicht, Vorsatz, Fahrlässigkeit) ist nicht erforderlich; für die fehlerfreie Ermessensausübung genügt schon die objektive Möglichkeit einer Steuergefährdung".

588   BFH v. 30.03.1983 - I R 228/78, BStBl. II 1983, 654 (655); BFH v. 13.03.1985 - I R 7/81, BStBl. II 1986, 318 (320).

589   BFH v. 25.11.1986 - VIII R 350/82, BStBl. II 1987, 286 (287); FG München v. 26.10.2000 - 10 V 388/88, EFG 2001, 189 (190); *Schwarz*, AO, § 160 Rz. 15; *Stahl*, KÖSDI 1993, 9286 (9290); *v. Crailsheim*, Die steuerrechtliche Behandlung von Schmiergeldzuwendungen, S. 198.

590   Vgl. auch FG München v. 26.10.2000 - 10 V 388/88, EFG 2001, 189 (190); FG Münster v. 02.10.1979 - VI 286/76 F, EFG 1980, 159; *Tipke/Kruse*, AO, § 160 Rz. 11 "Fälle der Unzumutbarkeit werden selten sein".

problemlos ermitteln könnte[591] bzw. wenn z. B. aus der Zeitung bekannt ist, daß die Zahlung von der Staatsanwaltschaft als Parteispende gewertet wird, so daß kein Steuerausfall droht[592].

Sofern ein Benennungsverlangen geboten ist, hat die Finanzbehörde bei der Ausübung des Ermessens in besonderem Maße die Grundsätze der Zumutbarkeit, der Verhältnismäßigkeit und der Billigkeit zu beachten[593]. Grundsätzlich soll die Benennung des Gläubigers bzw. Zahlungsempfängers dem Steuerpflichtigen aber zuzumuten sein. Unerheblich ist z. B., ob durch die Benennung wirtschaftliche Nachteile wie Abbruch der Geschäftsbeziehung[594] oder gar Bestrafung des Steuerpflichtigen bzw. des Benannten[595] zu befürchten sind. Unerheblich ist ferner, ob der Steuerpflichtige ein Ehrenwort geleistet oder sich vertraglich zum Schweigen verpflichtet hat[596], der Gläubiger bzw. Zahlungsempfänger die Angabe seines Namens verweigert hat[597] und ob dem Steuerpflichtigen fingierte Namen bzw. Adressen mitgeteilt worden sind[598]. Lediglich in Ausnahmefällen, wenn der Steuerpflichtige Nachteile erleiden würde, die außer Verhältnis zum Aufklärungserfolg stehen, wird das Benennungsverlangen als unzumutbar eingestuft[599].

---

[591]   BFH v. 15.03.1995 - I R 46/94, BStBl. II 1995, 51 (52).
[592]   FG München v. 26.10.2000 - 10 V 388/88, EFG 2001, 189 (190).
[593]   BFH v. 25.11.1986 - VIII R 350/82, BStBl. II 1987, 286; BFH v. 25.08.1986 - IV B 76/86, BStBl. II 1987, 481 (482); BFH v. 09.08.1989 - I R 66/86, BStBl. II 1989, 995; BFH v. 30.08.1995 - I R 126/94, BFH/NV 1996, 267; BFH v. 17.10.2001 - I R 19/01, DStRE 2002, 395 (396); FG Berlin v. 02.10.2000 - 8 K 8005/99, ISTR 2001, 289 (291) = EFG 2002, 330.
[594]   *Schwarz*, AO, § 160 Rz. 11 b (m. w. N.); für den Fall, daß der Steuerpflichtige im Falle von Identitätskontrollen Wettbewerbsnachteile erleidet, siehe FG Baden-Württemberg, v. 16.12.1992 - 14 K 33/91, EFG 1993, 277.
[595]   *Münzel*, Die Nichtabzugsfähigkeit von Ausgaben nach § 160 AO, S. 149 f..
[596]   Ehrenwort: *Schwarz*, AO, § 160 Rz. 11 b (m. w. N.); *Stahl*, KÖSDI 1999, 12022, 12027; vertraglich zugesichertes Schweigen: FG München v. 19.02.1997 - 1 K 1702/94, EFG 1997, 1078.
[597]   Denn laut BFH v. 25.11.1986 - VIII R 350/82, BStBl. II 1987, 286, v. 15.03.1995 - I R 46/94, BStBl. II 1995, 51 (52) und zuletzt v. 10.03.1999 - XI R 10/98, FR 1999, 765 (766) müsse sich der Steuerpflichtige auf solche Geschäfte ja nicht einlassen.
[598]   FG Bremen v. 21.04.1989 - I 81/84, EFG 1998, 49 (50); *Koch/Scholtz*, AO, § 160 Rz. 9; *Tipke/Kruse*, AO, § 160 Rz. 13, "Nicht selten liegen die Fälle so, daß der Steuerpflichtige geglaubt hat, was er glauben wollte, den Umständen nach aber nicht glauben konnte".
[599]   Z. B. Existenzgefährdung des Steuerpflichtigen aber nur geringfügige Steuernachforderung beim Empfänger, vgl. BFH v. 25.08.1986 - IV B 76/86, BStBl. II 1987, 481 und BFH v. 17.10.2001 - I R 19/01, DStRE 2002, 395 (396).

b) Kritik und Stellungnahme

Gem. § 5 AO hat die Finanzbehörde ihr Ermessen entsprechend dem Zweck der Ermächtigung auszuüben und die gesetzlichen Grenzen des Ermessens einzuhalten.

aa) Orientierung am Normzweck

Nach der Rechtsprechung des BFH hat die Finanzbehörde ihr Ermessen hinsichtlich des Verlangens, den Gläubiger- bzw. Empfänger zu benennen, immer dann fehlerfrei ausgeübt, wenn der *"Verdacht"* oder aufgrund *allgemeiner Lebenserfahrung* die *"Vermutung"* besteht, der Gläubiger oder Empfänger könnte die Forderung oder Einnahme zu Unrecht nicht versteuert haben. Diese These begegnet erheblichen Bedenken. Die Beantwortung der Frage, ob Gläubiger oder Empfänger sich steuerlich einwandfrei verhalten werden, ist rein spekulativ und hängt von Umständen ab, die nicht im Einflußbereich des Steuerpflichtigen liegen. Um den eigenen steuerlichen Abzug z. B. von Betriebsausgaben nicht zu gefährden, müßte der Steuerpflichtige im Ergebnis vor jedem Geschäftsabschluß die Steuerehrlichkeit des Geschäftspartners überprüfen. Dies geht m. E. zu weit.

Daß die Finanzbehörde den Steuerpflichtigen nach Namen und Anschrift des Gläubigers bzw. Empfängers fragen darf und er wahrheitsgemäß nach bestem Wissen und Gewissen Auskunft geben muß, folgt bereits aus § 93 AO. Als Auskunftsperson ist der Steuerpflichtige aber keinesfalls gehalten, zum Zwecke der Auskunftserteilung Nachforschungen bei Dritten anzustellen[600].

Auch hinsichtlich der Frage, ob überhaupt eine Gefährdung des deutschen Steueraufkommens vorliegt, weil z. B. der Gläubiger bzw. Empfänger im Inland nicht steuerpflichtig ist, werden an den Steuerpflichtigen außerordentlich hohe Anforderungen gestellt. Die bloße Möglichkeit einer im Inland nicht bestehenden Steuerpflicht begründet nämlich noch keinen Ermessensfehler, vielmehr fordert die Rechtsprechung, daß der Empfänger *"mit an Sicherheit grenzender Wahrscheinlichkeit"* im Inland nicht steuerpflichtig ist[601]. Der Steuerpflichtige muß also nicht nur Tatsachen vorbringen, welche gegen eine Steuerpflicht des Empfängers

---

600 Siehe unter: 3. Teil A II.
601 So z. B. BFH v. 30.03.1983 - I R 228/78, BStBl. II 1983, 654 (655); vgl. auch FG Rheinland-Pfalz v. 26.09.2001 - 1 K 1959/99, DStRE 2002, 189; dagegen FG Berlin v. 08.05.2001 - 7 K 8092/00, EFG 2001, 1255 (1256): "... weil keine hinreichenden Anhaltspunkte dafür erkennbar sind, daß die Zahlungen zumindest teilweise in den Geltungsbereich des EStG zurückgeflossen sind" oder an anderer Stelle (S. 1257): "Die Vermutung jedoch, dass ... ein Teil -unversteuert- nach Deutschland zurückgeflossen ist, wäre reine Spekulation". vgl. auch BFH v. 27.06.2001 - I R 46/00, BFH/NV 2002, 1 (3).

sprechen. Er wird im Ergebnis diese Tatsachen sogar unter die einschlägigen Steuervorschriften subsumieren und einschätzen müssen, ob anhand der Tatsachen eine Steuerpflicht des Empfängers bereits "mit an Sicherheit grenzender Wahrscheinlichkeit" auszuschließen ist oder ob er evtl. noch weitere Informationen einholen muß. Dies ist bedenklich. Zum einen ist hierfür nicht der Steuerpflichtige, sondern allein die Finanzbehörde zuständig. Zum anderen wird man nicht verlangen können, daß der Steuerpflichtige hierzu kraft eigener Sachkenntnis überhaupt in der Lage ist bzw. sein muß; zumal ihm - im Gegensatz zur Anrufungsauskunft gem. § 42 e EStG – nicht die Möglichkeit eingeräumt wurde, sich vom Finanzamt beraten zu lassen.

Es sollte ferner nachdenklich stimmen, wenn die "Lebenserfahrung" bemüht wird, um zu entscheiden, ob der Verdacht besteht, daß die Gläubiger oder Empfänger die Forderung oder Einnahme zu Unrecht nicht versteuern könnten[602]. Zunächst müßte z. B. geklärt werden, welches Verdachtsmoment gemeint ist. Im Strafprozeß wird unterschieden zwischen "zureichenden tatsächlichen Anhaltspunkten"[603], "genügendem Anlaß zur Erhebung der öffentlichen Klage"[604], "hinreichendem Verdacht"[605], "dringendem Verdacht"[606] und "Erachten für erwiesen"[607]. Da nach dem Wortlaut des § 160 AO die Nichterfüllung des Auskunftsverlangen bereits "regelmäßig" die belastende Rechtsfolge der Abzugsversagung nach sich zieht, sollte zumindest "dringender Verdacht" gefordert werden. Entgegen der herrschenden Meinung kann die *bloße Möglichkeit* der Nichtversteuerung ein Benennungsverlangen also nicht rechtfertigen. Ferner darf nicht verkannt werden, daß § 160 AO angeblich nicht zur Ermittlung der Steuern des Steuerpflichtigen, sondern des Zahlungsempfängers bzw. Gläubigers dient. Soll aber der zahlende bzw. sich verschuldende Steuerpflichtige für fremde Steuern einstehen, bedarf das der Rechtfertigung[608]. Dies gebietet schon ein Vergleich mit den übrigen Fremdhaftungstatbeständen der §§ 69 ff. AO. Die §§ 69, 70 AO knüpfen z. B. daran an, daß jemand durch Pflichtverletzungen Ursachen dafür setzt, daß die Durchsetzung des Steueranspruches gegen einen anderen verschlechtert oder gefährdet wird. Nach § 71 AO haftet u. a. der Teil-

---

602 Dies kritisiert auch *Trzaskalik*, in: *Hübschmann/Hepp/Spitaler*, AO, § 160 Rz. 22; wie schwierig pauschale Aussagen zu treffen sind, zeigen anschaulich zwei Urteile des Niedersächsischen FG v. 08.06.1989 und des FG Bremen v. 21.04.1989, die bei nahezu gleichem Sachverhalt zu gegensätzlichen Ergebnissen gelangen, siehe EFG 1990, 48 ff.

603 Gem. § 152 StPO notwendig zur Einleitung des Ermittlungsverfahrens; die Praxis spricht von "Anfangsverdacht".

604 § 170 Abs. 1 StPO.

605 Gem. § 203 StPO notwendig für die Eröffnung des Hauptverfahrens.

606 Gem. § 112 StPO erforderlich zur Anordnung der Untersuchungshaft.

607 Gem. § 267 StPO erforderlich zur Verurteilung.

608 *Tipke/Kruse*, AO, § 160 Rz. 5 a; *Hübschmann/Hepp/Spitaler*, AO, § 160 Rz. 22.

nehmer an fremder Steuerhinterziehung für die verkürzte Steuer. Die Haftung nach § 71 AO setzt auf Seiten des Täters und Teilnehmers *Vorsatz* voraus[609].

Da für eine Anwendung des § 160 AO weder pflichtwidriges noch schuldhaftes Verhalten des Steuerpflichtigen, sondern allein der Verdacht ausreichen soll, daß ein Dritter seine steuerlichen Pflichten nicht erfüllt, würde die Haftung nach § 160 AO über die Fremdhaftungstatbestände der §§ 69 ff. AO sogar noch deutlich hinausgehen.

Eine plausible Erklärung, wie diese Sonderlast zu rechtfertigen ist, gibt die herrschende Meinung nicht. Nicht überzeugen können insbesondere die Rechtfertigungsansätze in der Rechtsprechung, wonach derjenige, der sich an "verwerflichen" Geschäften beteiligt, die steuerlichen Folgen zu tragen habe[610]. Nach dem Normzweckverständnis der herrschenden Meinung hat § 160 AO lediglich eine fiskalpolitische Funktion. Daß die Norm daneben verwerflichem Geschäftsgebarens in der Wirtschaft entgegentreten solle, lehnt diese Ansicht ausdrücklich ab. Es ist deshalb widersprüchlich, wenn bei der Rechtfertigung des Verlangens nach Empfänger- bzw. Gläubigerbenennung mit der Beteiligung an dubiosem Geschäftsgebaren wie Bestechung, Schmiergeldzahlungen, Geschäfte ohne Rechnung, Schwarzarbeit etc. argumentiert wird. Was beim Normzweck abgelehnt wird, darf auch in die Ermessensentscheidung nicht einfließen, da diese Entscheidung gem. § 5 AO gerade auf den Zweck der Ermächtigung abstellt.

Trzaskalik ist der Ansicht, daß der Versuch der Rechtsprechung, die Einstandspflicht aus dem Gedanken einer Beteiligung an einem verwerflichen Geschäft zu rechtfertigen, "nur in die Irre führen kann"[611]. Sollen durch § 160 AO Fälle erfaßt werden, "in denen nach der Lebenserfahrung der Verdacht besteht, daß die Nichtbenennung der Empfängers diesem die Nichtversteuerung ermöglichen soll", müsse diese Voraussetzung im Tatbestand der Vorschrift deutlich zum Ausdruck kommen. Das ist nicht der Fall. Sofern man allerdings den Dunstkreis der "verwerflichen Geschäfte" verläßt und sich allein am Gesetzeswortlaut des § 160 AO orientiert, drängt sich mit Blick auf die tatbestandlichen Voraussetzungen laut *Trzaskalik*[612] folgende Feststellung auf: Steht fest, daß die Schuld entstanden bzw. die Ausgabe geleistet worden ist, scheidet die Steuerschuldnerstellung als Anknüpfungspunkt für das Auskunftsverlangen aus. Sofern der Steuerpflichtige also den Nachweis der Verausgabung erbringen kann, wäre ein Benennungsverlangen folglich ermessensfehlerhaft.
Der Argumentation *Trzaskaliks* ist zuzustimmen. Sie zeigt besonders deutlich die Schwierigkeiten auf, § 160 AO von § 93 AO abzugrenzen.

---

609   *Hübschmann/Hepp/Spitaler*, AO, § 160 Rz. 22;

610   So z. B. BFH v. 29.11.1978 - I R 148/76, BStBl. II 1979, 587.

611   In: *Hübschmann/Hepp/Spitaler*, AO, § 160 Rz. 53.

612   In: *Hübschmann/Hepp/Spitaler*, AO, § 160 Rz. 23.

bb) Zumutbarkeit

Obwohl der BFH in seinen Entscheidungen stets ausdrücklich wiederholt, das Benennungsverlangen sei "in besonderem Maße" auf seine Zumutbarkeit hin zu überprüfen sollte nachdenklich stimmen, daß die Erfüllung des Benennungsverlangen nahezu immer zumutbar ist[613]. Dieses Ergebnis stellt sich zwangsläufig ein, wenn über § 160 AO Steuerausfälle verhindert werden sollen.

Der gelegentliche Hinweis, die Erfüllung des Benennungsverlangens könne wegen der geringen Höhe der mutmaßlichen Steuerforderung gegen den Dritten unzumutbar sein, hat in der Praxis keine Bedeutung[614]. Begehrt der Steuerpflichtige z. B. den Abzug einer Vielzahl von kleineren Beträgen, stellt der BFH nämlich auf das Gesamtvolumen der Zahlungen ab[615]. Außerdem hält er Mutmaßungen des Inhaltes für zulässig, daß der unbekannte Zahlungsempfänger wahrscheinlich auch noch Zahlungen von anderen Personen erhalten habe[616]. Überlegungen zur Höhe des Steuerausfalles sind im Zusammenhang mit der Zumutbarkeit im übrigen generell problematisch, weil nach Ansicht des BFH das Kürzungsvolumen dem mutmaßlichen Steuerausfall entspricht. Chancen und Risiken halten sich also stets die Waage[617].

Soweit der BFH eher beiläufig erwähnt, das Benennungsverlangen könne mit Rücksicht auf die vom Steuerpflichtigen zu befürchtenden Nachteile unverhältnismäßig sein[618], ist unklar, was gemeint ist. Als ein Fall der "zu befürchtenden Nachteile" wird z. B. die Gefährdung der wirtschaftlichen Existenz des Steuerpflichtigen diskutiert[619]. Nach *Padberg*[620] handelt das Finanzamt ermessensfehlerhaft, wenn es die Empfängerbenennung verlangt oder die Absetzung von Betriebsausgaben wegen Nichtbenennung verweigert, wenn der Steuerpflichtige sich in einer echten Zwangslage befindet, in der ihm eine ernstliche Existenz-

---

[613]   *Hübschmann/Hepp/Spitaler*, AO, § 160 Rz. 40; vgl. auch *Valentin*, EFG 2001, 1341 (1342).

[614]   *Hübschmann/Hepp/Spitaler*, AO, § 160 Rz. 37.

[615]   BFH v. 09.08.1989 - I R 66/86, BStBl. II 1989, 995.

[616]   BFH v. 02.03.1967 - IV 309/64, BStBl. III 1967, 396.

[617]   Hierauf weist zutreffend *Trzaskalik* in *Hübschmann/Hepp/Spitaler*, AO, § 160 Rz. 37 hin.

[618]   Z. B. BFH v. 25.08.1986 - IV B 76/86, BStBl. II 1987, 481.

[619]   *Tipke/Kruse*, AO, § 160 Rz. 14; *Schwarz*, AO, § 160 Rz. 12; *v. Crailsheim*, Die steuerrechtliche Behandlung von Schmiergeldzuwendungen, S. 202 (m. w. N.).
        Die Rechtsprechung der Finanzgerichte bewertet Fälle drohender Existenzgefährdung uneinheitlich: Während z. B. das FG Hamburg (v. 11.04.2000 - II 14/97) ein Benennungsverlangen selbst bei Existenzgefährdung als zumutbar einstuft, siehe EFG 2000, 1385, ordnet das FG München (v. 22.02.2000 - 2 K 1746/99) ein Benennungsverlangen als ermessensfehlerhaft ein, wenn die Existenz des Steuerpflichtigen bedroht wird, siehe EFG 2000, 769.

[620]   In: FR 1977, 591 (597).

gefährdung oder sogar ein Existenzverlust droht. Nach der Rechtsprechung des BFH kommt dies allerdings erst bei außergewöhnlichen Notsituationen aufgrund objektiver Krisen in Betracht[621]. Solche Krisen wurden indes seit der Währungsreform nicht mehr angenommen. Allgemeine wirtschaftliche Nachteile des Steuerpflichtigen, wie Abbruch der Geschäftsbeziehungen, finanzielle Krisen oder ungewöhnliche Marktverhältnisse sollen das Benennungsverlangen noch nicht unzumutbar machen[622].

Nach anderer Ansicht, sind in Fällen, in denen die Anwendung des § 160 AO zu einer Existenzgefährdung führt, lediglich die Voraussetzungen für Billigkeitsmaßnahmen gem. §§ 163, 227 AO zu prüfen[623]. Weitere Fallkonstellationen, in denen die "zu befürchtenden Nachteile" unverhältnismäßig sein sollen, werden vereinzelt z. B. dann angenommen, wenn der Steuerpflichtige durch die Erfüllung des Benennungsverlangens nahe Angehörige belasten muß[624], der Steuerpflichtige für den Fall der Benennung mit Gefahren für Leib und Leben für sich oder seine Angehörigen rechnen muß[625], Unterlagen ohne Verschulden des Steuerpflichtigen, z. B. durch Diebstahl, abhanden gekommen sind oder der Steuerpflichtige durch Gewalt daran gehindert wurde, die Identität des Empfängers festzustellen[626].

Die Aufzählung dieser zum Teil konstruiert wirkenden Sachverhalte zeigt, daß in der Praxis ein Benennungsverlangen fast immer zumutbar sein dürfte. Dies erklärt m. E. auch, weshalb vom Steuerpflichtigen verlangt wird, neben dem Beschäftigungsort noch die Wohnanschrift des Empfängers von Betriebsausgaben mitzuteilen. Ob ein derart spezifiziertes Benennungsverlangen allerdings auch zumutbar ist, bedarf der Prüfung.

Unzumutbarkeit bedeutet, daß eine Benennung dem Steuerpflichtigen dann nicht zuzumuten ist, wenn die Suche nach dem Empfänger auf nicht oder kaum zu

---

[621] Hierauf weist *Schwarz*, AO, § 160 Rz. 12 hin.

[622] *V. Crailsheim*, Die steuerrechtliche Behandlung von Schmiergeldzuwendungen, S. 202 (m. w. N.).

[623] *Tipke/Kruse,* AO, § 160 Rz. 14 (Lfg. 66) derzeit vertritt Tipke diese Meinung nicht mehr, vgl. Rz. 12 (Lfg. 92 August 2000): "Einer Billigkeitslösung bedarf es nicht"; siehe auch FG Hamburg v. 05.09.1978 - V 24/78, EFG 1979, 66 (67).

[624] *Halaczinsky*, NWB Nr.31/1991, Fach 2, 5691 (5694).

[625] Für den Fall der *Lösegeldzahlung: Tipke/Kruse,* AO, § 160 Rz. 12; siehe auch *Schoor,* Steuer - Seminar 2002, 79 (81) welcher Lösegeldzahlungen von Gewerbetreibenden gem. § 12 Nr. 1 Satz 2 EStG nicht als Betriebsausgabe, sondern als verdeckte Gewinnausschüttung einordnet (m. w. N.) a. A. *Streck/Schwedhelm* in AG 2001, 586 für den Fall, daß mit der Entführung bezweckt wird, aufgrund der Lösegeldzahlung der Gesellschaft einen wirtschaftlichen Schaden zuzufügen, in einem Ausmaß, das die Konkurrenzfähigkeit beeinträchtigen würde; vgl. für *Fluchthilfeaufwendungen:* Hessisches FG v. 12.03.1981 - IX 9/78, EFG 1981, 571.

[626] *V. Crailsheim*, Die steuerrechtliche Behandlung von Schmiergeldzuwendungen, S. 202 (m. w. N.).

bewältigende tatsächliche oder rechtliche Schwierigkeiten stößt. Dies ist ein der Unzumutbarkeit zugrunde liegender allgemeiner Inhalt, den schon der RFH[627] erkannte, als er ausführte, daß eine für den Steuerpflichtigen unmögliche Leistung stets unbillig und naturgemäß auch unzumutbar sei. Sofern neben dem Beschäftigungsort stets die Wohnanschrift gefordert wird, kann dies also durchaus unzumutbar sein. Denn als nicht zu bewältigende tatsächliche Schwierigkeit ist es anzusehen, wenn der nach Person und Beschäftigungsort einwandfrei identifizierte Empfänger, z. B. von Honoraren einer Pharmafabrik[628], sich weigert, den Wohnort, wie vom FA verlangt, anzugeben. Der Steuerpflichtige hat keine Möglichkeit, den Empfänger zu veranlassen, seinen Wohnort preiszugeben. Die Einsicht in das Telefonbuch bringt keinen Erfolg, wenn der Empfänger kein Telefon hat oder zwar einen Anschluß hat, aber an einem anderen Ort als dem Beschäftigungsort wohnt bzw. die Anschrift nicht im Telefonbuch vermerkt ist. Die Anfrage beim Arbeitgeber oder einer berufsständischen Organisation scheitert am Datenschutz[629]. Ob der Steuerpflichtige sich u. U. schon vor Vertragsschluß vergewissern muß, daß der Honorarempfänger seine Wohnanschrift mitteilen wird ist zweifelhaft. Die entscheidende Frage wäre dann nämlich, ob es dem Steuerpflichtigen zuzumuten ist, in einem solchen Fall von dem Vertragsabschluß abzusehen. *List*[630] meint, daß dies z. B. zu verneinen sei, wenn der Vertragspartner ein Spezialist ist, für die Erprobung von bestimmten Medikamenten oder für die Erstellung von Kongreßberichten für ein bestimmtes medizinisches Fachgebiet. Richtigerweise dürfte eine derart differenzierte Betrachtungsweise allerdings unnötig sein, da der steuerpflichtige Pharmabetrieb von vornherein darauf vertrauen darf, daß es dem Finanzamt gelingen wird, mit Hilfe der Angabe des Beschäftigungsortes den Wohnort des Geschäftspartners ausfindig zu machen. M. E. kann somit festgehalten werden, daß die Aufforderung, neben dem Beschäftigungsort auch die Wohnanschrift zu benennen, unzumutbar ist.

Zu recht kritisiert wird außerdem, daß es unerheblich sein soll, ob der Steuerpflichtige *ohne Verschulden* die geforderten Angaben nicht machen kann[631]. Werden dem Steuerpflichtigen z. B. fingierte Namen bzw. Adressen mitgeteilt, so

---

[627] v. 28.05.1927 - VI A 621/26, RStBl. 1927, 85.
[628] Vgl. hierzu den Fall unter: 4. Teil B III 5 c aa.
[629] *List*, BB 1994, 1535 (1536).
[630] BB 1994, 1535 (1536).
[631] Vgl. *Hoffmann*, EFG 2001, S. 332 der in seiner Anmerkung zu FG Berlin v. 02.10.2000 darauf abstellt, ob der Steuerpflichtige "nach eigenen umfassenden und gewissenhaften Erkundigungen überhaupt ... erkennen konnte", daß z. B. der Geschäftspartner in Wahrheit die Leistungen gar nicht selbst erbringt. *Hoffmann* will daher § 160 AO nicht anwenden, wenn der Steuerpflichtige selbst *Opfer einer für ihn nicht durchschaubaren Täuschung geworden ist* (unter Hinweis auf BFH v. 04.04.1996 - IV R 55/94, BFH/NV 1996, 801). Gleicher Ansicht ist das FG Düsseldorf in seiner Entscheidung vom 19.07.2001 - 10 K 332/99 F, EFG 2001, 1340.

wird von der herrschenden Ansicht angenommen, daß § 160 AO im Zweifel anzuwenden sei[632]. Nach anderer Ansicht[633] trägt der Steuerpflichtige das Risiko fingierter Namen und Anschriften nur dann, wenn ihm der Vorwurf gemacht werden kann, nach den Umständen des Einzelfalles hätte Anlaß dazu bestanden, an der Redlichkeit des Geschäftspartners zu zweifeln. Denn § 160 AO rechtfertige es nicht, das unredliche Verhalten einzelner Steuerpflichtiger generell auf die redlichen Geschäftspartner abzuwälzen[634]. Nach einer Dritten vermittelnden Meinung müsse man auf die Beurteilung eines objektiven Dritten abstellen, da es in diesen Fällen häufig so sei, daß der Steuerpflichtige geglaubt habe, was er glauben wollte, aber den Umständen nach kaum glauben konnte[635]. Ein Benennungsverlangen ist danach ermessensfehlerfrei, wenn einem redlichen Steuerpflichtigen der Verdacht hätte kommen müssen, daß der Geschäftspartner sich steuerlich nicht einwandfrei verhalten wird. Je ungewöhnlicher der Geschäftsvorfall, so meint z. B. *Frotscher*[636], desto mehr ist ihm zuzumuten, da dadurch die Erkennbarkeit der möglichen Nichtversteuerung durch den Gläubiger oder Empfänger steigen solle. *Frotscher* nennt in diesem Zusammenhang folgende Beispiele:

• Schmiergeldzahlungen
• Ohne-Rechnung-Geschäfte
• Schwarzarbeit
• illegale Leiharbeit
• Schwarzmarktgeschäfte
• Barzahlungen größeren Umfanges, z. B. Provisionen
• Zahlungen auf ein Konto in einem Steueroasenland
• Aufnahme eines Darlehens in einem Steueroasenland
• Zahlungen an ausländische Unternehmen für Tätigkeiten im Inland.

Beiden Meinungen ist vom Grundsatz her zuzustimmen. Für die Praxis sind sie jedoch zu unpräzise.

---

[632] BFH v. 05.11.2001 - VIII B 16/01, DStRE 2002, 397 (398) = BFH/NV 2002, 312 (m. w. N.): "das Risiko der Unaufklärbarkeit des wirtschaftlichen Empfängers trifft den Steuerpflichtigen"; FG Bremen v. 21.04.1989 - I 81/84, EFG 1998. 49 (50); *Koch/Scholtz*, AO, § 160 Rz. 9; *Tipke/Kruse*, AO, § 160 Rz. 13.

[633] *Stahl*, KÖSDI 1993, 9286 (9288); *derselbe* KÖSDI 1999, 12022 (12027) unter Hinweis auf BFH v. 03.12.1993 - I B 145/93, BFH/NV 1994, 688; *Bruschke*, StB 2001, 42 (45); *Spatscheck/Alvermann*, DStR 1999, 1427.

[634] So ausdrücklich das Niedersächsische FG v. 08.06.1989 - VI 320/88, EFG 1990, 48 (49) wobei dem Finanzamt in dem entschiedenen Fall der Empfänger sogar bekannt war, dieser konnte aber wegen wechselnder Aufenthaltsorte nicht zur Steuer herangezogen werden; vgl. auch das FG Düsseldorf v. 19.07.2001 - 10 K 332/99 F, EFG 2001, 1340, welches wörtlich die Begründung des Niedersächsichen FG wiederholt.

[635] *V. Crailsheim*, Die steuerrechtliche Behandlung von Schmiergeldzuwendungen, S. 200.

[636] In: *Schwarz*, AO, § 160 Rz. 11.

M. E. sollte der Grundsatz gelten, daß ein Benennungsverlangen nach § 160 AO dann ermessensfehlerhaft ist, wenn aus Sicht des Steuerpflichtigen zum Zeitpunkt des Vertragsabschlusses nachweislich keine objektiven Anfangsverdachtsmomente vorlagen, welche die Vermutung rechtfertigen, der Leistungsempfänger werde die Bezüge rechtswidrig nicht versteuern[637]. Dabei hat der Steuerpflichtige unter Beachtung der Gepflogenheiten des ordnungsgemäßen Geschäftsverkehrs (hier ist auf den jeweiligen Markt abzustellen) zunächst gehörige eigene Nachforschungen anzustellen. Hier könnte aus praktischen Erwägungen heraus z. B. darauf abgestellt werden, welche Informationen ein ordentlicher Kaufmann bei Vertragsabschluß einholt, um rechtzeitig die Durchsetzung evtl. eigener Gewährleistungsansprüche sicherzustellen. Kommt der Steuerpflichtige diesen Erfordernissen nach, handelt er mithin redlich, hat er spätere Steuerausfälle nicht verschuldet und kann folglich nicht haftbar gemacht werden.

2. Abzugsermessen

a) herrschende Meinung

Kommt der Steuerpflichtige dem Verlangen der Finanzbehörde nach genauer Gläubiger- bzw. Empfängerbenennung nicht nach, muß die Behörde auf der zweiten Stufe entscheiden, ob und in welcher Höhe die geltend gemachten Lasten oder Aufwendungen zum Abzug zugelassen werden können[638]. Darauf soll die Formulierung hinweisen, daß die Aufwendungen dann *"regelmäßig"* nicht zu berücksichtigen sind[639]. Aus dem Wortlaut des § 160 AO wird einhellig gefolgt, daß es sich auch auf der Rechtsfolgenseite um eine Ermessensvorschrift handelt[640]. Nach der Rechtsprechung des BFH darf vom Regelfall des umfassenden Abzugsverbotes nur in besonderen Ausnahmefällen abgewichen werden[641].

Entscheidet sich die Finanzbehörde zum Nachteil des Steuerpflichtigen, folgt daraus nicht in allen Fällen die vollständige Versagung des Betriebsausgabenabzuges. Der vermeintliche Regelungszweck des § 160 AO soll dazu führen, daß

---

[637] Eine ähnliche Argumentation findet sich z. B. in der Entscheidung des FG Berlin v. 02.10.2000 - 8 K 8005/99, ISTR 2001, 289 = EFG 2002, 330.

[638] *Christian/Schwehm*, DStZ 1997, 324 (326); *Padberg*, FR 1977, 591; *Tipke/Kruse*, AO, § 160 Rz. 19; *Boldt*, Schmiergelder im Einkommensteuerrecht, S. 123 (124); vgl. auch FG Rheinland-Pfalz v. 26.09.2001 - 1 K 1959/99, DStRE 2002, 188.

[639] *Padberg*, FR 1977, 591; *Lang*, JbFSt 1983/84, 197 (224); *Ax/Große/Cämmerer*, AO, § 160 Rz. 15 (eingeschänktes Ermessen).

[640] *Münzel*, Die Nichtabzugsfähigkeit von Ausgaben nach § 160 AO, S. 164 (m. w. N.); BFH v. 17.12.1980 - I R 148/76, BStBl. II 1981, 333.

[641] BFH v. 30.03.1983 - I R 228/78, BStBl. II 1983. 654; *v. Wallis*, DStZ 1981, 67 (69); *Padberg*, FR 1977, 596; *Boldt*, Schmiergelder im Einkommensteuerrecht, S. 124.

eine Versagung nur *in Höhe des geschätzten Steuerausfalls*, der durch die Nichtversteuerung auf der Seite des Zahlungsempfängers entsteht, rechtmäßig ist[642]. Es ergeben sich daher Unterschiede hinsichtlich der ggfs. verbleibenden Absetzbarkeit der betrieblich veranlaßten Aufwendungen, je nachdem, in welcher Progressionszone sich das Einkommen der Leistungsempfänger typischerweise bewegt. Voraussetzung für eine Berücksichtigung der Einkommensverhältnisse der Leistungsempfänger ist freilich, daß nach den Gesamtumständen zumindest ihre Zusammensetzung (z. B. Selbständige wie Ärzte, etc. oder Arbeitnehmer konkurrierender Unternehmen) bekannt ist[643]:

So hat der BFH z. B. in einer Entscheidung vom 09.08.1989[644] einen Marginalsteuersatz von 45 v.H. bei unterlassener Empfängerbenennung als zutreffend angesehen. Nach dem zu beurteilenden Sachverhalt stand fest, daß nur Krankenhausbedienstete als Empfänger der Schmiergelder in Betracht kamen. Deren Einkommen ließ sich anhand der öffentlichen Tarifverträge zuverlässig schätzen. Zudem ließ die Art der Gegenleistung, nämlich die Vermittlung von Bestattungsaufträgen, es glaubhaft erscheinen, daß die Empfänger einer niedrigen bis mittleren Einkommensgruppe angehören.

Sofern bekannt ist, daß der Empfänger Werbungskosten oder Betriebsausgaben gehabt hat, sei auch zu berücksichtigen, daß nicht die vollen Zahlungen bei ihm als Gewinn besteuert würden. Dann sei nicht die gesamte Zahlung, sondern nur ein dem Gewinn des Empfängers entsprechender Teil beim Steuerpflichtigen nach § 160 AO nicht abzugsfähig[645]. Verbleibende Unsicherheiten sollen allerdings zu Lasten des Steuerpflichtigen gehen[646].

---

[642] *Boldt*, Schmiergelder im Einkommensteuerrecht, S. 124; *Raupach*, Darf das Steuerrecht andere Teile der Rechtsordnung stören?, in: FS für Tipke, 1995, 105 (121); *Stahl*, KÖSDI 1993, 9286 (9289); BFH v. 25.08.1986 - IV B 76/86, BStBl. II 1987, 481 (483); vgl. auch die Rechenbeispiele bei *Christian/Schwehm*, DStZ 1997, 324 (327); *Tipke/Kruse*, AO, § 160 Rz. 20; zur Problematik, daß gegen den Empfänger wegen Insolvenz keine Steuern mehr durchgesetzt werden können, vgl. BFH v. 18.09.1997 - X S 7/97, BFH/NV 1998, 279 (280) und v. 27.11.1997 - IV S 7/97, BFH/NV 1998, 561 ff..

[643] BFH v. 30.03.1983 - I R 228/78, BStBl. II 1983. 654 (m. w. N.); BFH v. 24.06.1997 - VIII R 9/96, BStBl. II 1998, 51; *Carl/Klos*, WiB 1995, 330 (332); *Christian/Schwehm*, DStZ 1997, 324 (326); *Bruschke*, StB 2001, 42 (43) "bei der Bemessung des nicht abziehbaren Betrages ist der *wahrscheinliche* Steuersatz des Empfängers zu berücksichtigen"; *Stahl*, KÖSDI 1993, 9286 (9289); *Tipke/Kruse*, AO, § 160 Rz. 20; *Boldt*, Schmiergelder im Einkommensteuerrecht, S. 124.

[644] I R 66/86, BStBl. II 1989, 995.

[645] FG Berlin v. 03.02.1986 - VIII 377/84, EFG 1986, 476; *Schwarz*, AO, § 160 Rz. 16 (m. w. N.).

[646] Nach der Rpsr. des BFH sind im Rahmen der Ermessensentscheidung pauschale Berechnungen unumgänglich und daher ohne Ermessensfehler möglich, vgl. z. B. BFH v. 10.03.1999 - XI R 10/98, FR 1999, 765 (767).

Eine vollständige Versagung des Betriebsausgaben-bzw. Werbungskostenabzuges kommt bei fehlender Benennung des Zahlungsempfängers in Betracht, wenn dessen (geschätzter) Steuersatz gleich oder höher ist, als der des Steuerpflichtigen. Aber auch in diesem Fall soll der Steuerpflichtige nicht für den Gesamtbetrag des Steuerausfalles haften, sondern maximal in der Höhe der geltend gemachten Erwerbsaufwendungen. Der Steuerpflichtige dürfe nicht schlechter gestellt werden, als er bei Verzicht auf die Berücksichtigung der Erwerbsaufwendungen stünde[647].

b) Kritik

Auch bei dieser Ermessensentscheidung ist gem. § 5 AO der Normzweck des § 160 AO zugrundezulegen. Nach der herrschenden Meinung ist eine Versagung des Betriebsausgabenabzuges deshalb nur in Höhe des Steuerausfalls beim Empfänger rechtmäßig. Dies ist zwar konsequent, bei näherer Überprüfung bleiben aber erhebliche Bedenken. "Denn kommt die Rechtsfolge (Abzugs-versagung) nur in Betracht, wenn der Gläubiger oder Empfänger unbekannt bleibt, wirkt ein Gesetzesauftrag eher abenteuerlich, der da lautet, man möge den Umfang der Abzugsversagung anhand der steuerlichen Auswirkungen bestimmen, die sich bei einer unbekannten Person ergeben. Das Räsonieren über die steuerlichen Verhältnisse eines unbekannten Steuerpflichtigen verlangt geradezu hellseherische Fähigkeiten" bemerkt *Trzaskalik*[648] völlig zu recht. Selbst Mitbegründer der herrschenden Meinung wie *Tipke*[649], räumen auf die Kritik *Trzaskaliks* neuerdings ein, "die Krux besteht darin, die Höhe des Steuerausfalles zu ermitteln, wenn der Zahlungsempfänger nicht bekannt ist. § 160 AO bringt keine ideale, wegen des Korrespondenzprinzips nicht einmal eine angemessene Lösung".

c) Stellungnahme

Ein Blick in die Rechtsprechung verdeutlicht die Probleme bei der praktischen Ausübung des "Ermessens"[650]. So werden z. B. Überlegungen angestellt, welche

---

647 *Boldt*, Schmiergelder im Einkommensteuerrecht, S. 124.
648 In: *Hübschmann/Hepp/Spitaler*, AO, § 160 Rz. 22 oder Rz. 59: "Eine Einstandspflicht, deren Höhe sich nach den steuerlichen Verhältnissen eines Unbekannten richtet, ist *ein Unding*; über dessen Gewinnspanne kann man nur spekulieren. Das Ausmaß der Einstands-pflicht hängt von reinen Zufälligkeiten ab. Zwischen den steuerlichen Verhältnissen des Leistenden und denen des Empfängers besteht nicht der geringste Zusammenhang".
649 *Tipke/Kruse*, AO, § 160 Rz. 5 a; vgl. auch *Wendt*, FR 767: "Entsprechende Schätzungen sind natürlich schwierig".
650 Vgl. hierzu: *Hübschmann/Hepp/Spitaler*, AO, § 160 Rz. 58.

Kosten dem Empfänger entstanden sein mögen[651], wobei erwogen werden darf, daß beim Zahlungsempfänger/Lieferanten wegen der Beschaffung durch Diebstahl oder Unterschlagung die Kosten eher geringfügig sind[652]. Bei reinen Dienstleistungen soll der prozentuale Anteil der Betriebsausgaben deutlich geringer anzusetzen sein, als bei Werkleistungen, die ihrerseits Wareneingänge beim Empfänger voraussetzen. Die Spanne der nichtabzugsfähigen Beträge liegt derzeit etwa zwischen 50[653] und 75 v.H. der geltend gemachten Aufwendungen[654]. Im Extremfall kommt aber auch eine volle Kürzung der geltend gemachten Ausgaben in Betracht[655]. Ist bekannt, welcher Berufsgruppe der Empfänger angehört[656], sind Mutmaßungen erlaubt, welche sonstigen Einkünfte er bezieht, mögen sie auch in keinerlei Zusammenhang zu seinem Beruf stehen[657]. Auch über eine eventuelle Gewerbesteuerpflicht des unbekannten Empfängers muß nachgedacht werden[658]. Über alle Unsicherheiten hilft letztlich der Satz hinweg, daß etwaige Ungewißheiten zu Lasten des Steuerpflichtigen gehen[659], was allerdings im Gegensatz zur Aussage steht, daß durch § 160 AO dem Staat keine zusätzlichen Einnahmen verschafft werden sollen.

Die Berücksichtigung der "wahrscheinlichen" steuerlichen Verhältnisse eines Unbekannten führt m. E. zu einer Umgehung des Beweismaßstabs gemäß § 85 AO. Danach kann die Finanzbehörde der Besteuerung grundsätzlich nur den Sachverhalt zugrundelegen, den sie mit einer *an Sicherheit grenzenden Wahrscheinlichkeit* festgestellt hat; bloße Vermutungen oder Unterstellungen reichen ebenso-

---

[651] Vgl. z. B. FG Berlin v. 03.02.1986 - VIII 377/84, EFG 1986, 476.
[652] BFH v. 29.11.1978 - I R 148/76, BStBl. II 1979, 587 (589); BFH v. 20.07.1993 - XI B 85/92, BFH/NV 1994, 241 (242); BFH v. 04.04.1996 - IV R 55/94, BFH/NV 1996, 801 (802); vgl. hierzu auch *Stahl*, KÖSDI 1993, 9286 (9289); *Schwarz*, AO, § 160 Rz. 9.
[653] FG Münster v. 13.03.1997 - 5 K 2954/96 F, EFG 1998, 251.
[654] Zur Berechnung des Steuerausfalls FG Köln v. 21.10.1999 - 13 K 5959/97, EFG 2000, 460.
[655] FG München v. 19.02.1997 - 1 K 1702/94, EFG 1997, 1078; vgl. auch *Bruschke*, StB 2001, 42 (44).
[656] Bei Branchengleichheit kann laut FG Münster v. 26.02.1998 - 8 K 4318/95 E EFG 1998, 920 ein gleich hoher Steuersatz unterstellt werden; vgl. auch FG Baden-Württemberg v. 16.12.1992 - 14 K 33/91, EFG 1993, 277 (278): "Der Umstand, daß ein großer Teil der Lieferanten vom äußeren Erscheinungsbild Landwirten geglichen haben soll, gibt nur einen sehr unzureichenden Anhaltspunkt für deren einkommensteuerliche Verhältnisse".
[657] BFH v. 09.04.1987 - IV R 142/85, BFH/NV 1987, 689 (691); BFH v. 15.03.1995 - I R 46/94, BStBl. II 1996, 51 (52).
[658] BFH v. 20.07.1993 - XI B 85/92, BFH/NV 1994, 241 (243); FG Rheinland-Pfalz v. 26.09.2001 - 1 K 1959/99, DStRE 2002, 188.
[659] Dies kritisiert besonders *Trzaskalik*, in *Hübschmann/Hepp/Spitaler*, AO, § 160 Rz. 58 unter Hinweis die Urteile des BFH v. 30.03.1983 - I R 228/78, BStBl. II 1983, 654 (655); BFH v. 09.04.1987 - IV R 142/85, BFH/NV 1987, 689 (691); BFH v. 09.08.1989 - I R 66/86, BStBl. II 1989, 995; 20.07.1993 - XI B 85/92, BFH/NV 1994, 241 (242).

wenig wie eine lediglich überwiegende Wahrscheinlichkeit für das Vorliegen von Tatsachen nicht genügt[660].

Die Aussage, die Entscheidung über die Höhe der Hinzurechnung sei eine Ermessensentscheidung ist im übrigen bereits vom Ansatz her unverständlich, da die Ermittlung und Festlegung der Höhe der Steuer nie ein Ermessensthema ist[661]. Dies gebietet bereits die Tatbestandsmäßigkeit der Besteuerung gem. § 3 AO[662]. Verwaltungsermessen kann sich grundsätzlich nur auf dem Gebiet des Vollzugs der ebenfalls dem Gesetzesvorbehalt unterliegenden Rechtsfolge abspielen.

V. § 160 Abs. 1 Satz 2 AO - Einschränkung der Ermittlungspflicht?

1. herrschende Meinung

Eine Ermittlungspflicht des Finanzamtes soll nach vorherrschender Ansicht im Rahmen des § 160 AO grundsätzlich nicht bestehen[663], da der Amtsermittlungsgrundsatz des § 88 AO durch die Mitwirkungspflicht des Steuerpflichtigen nach § 160 AO eingeschränkt werde[664]. Begründet wird dies mit dem Wortlaut des § 160 Abs. 1 Satz 2 AO, wonach die Finanzbehörde das "Recht", d. h. im Umkehrschluß also nicht die "Pflicht" hat, den Sachverhalt zu ermitteln, so z. B. der BFH in einem Urteil vom 9.4.1987[665].

---

[660] Siehe unter: 1. Teil B.
[661] So auch: *Hübschmann/Hepp/Spitaler*, AO, § 160 Rz. 50; vgl. hierzu die grundlegenden Ausführungen von *Otto Mayer*, Deutsches Verwaltungsrecht I, aus dem Jahre 1924: "Die Steuerauflage bedarf als Eingriff selbstverständlich der gesetzlichen Grundlage. Sie muß überdies ... rechtssatzmäßig geregelt sein, ohne Zutat irgendwelchen freien Ermessens".
[662] *Kühn/Hofmann*, AO, § 3 Anm. 2 b cc: "Hinsichtlich des Tatbestandsteils eines Steuerrechtsatzes verbieten der Grundsatz der Tatbestandsmäßigkeit der Besteuerung und der ihm innewohnende Grundsatz des Gesetzesvorbehalts die Einräumung eines Ermessensspielraums zugunsten der Verwaltung"; vgl. *Papier*, Die finanzrechtlichen Gesetzesvorbehalte, S. 155 f., der jegliches Entschließungs- und Auswahlermessen auch auf der Rechtsfolgenseite ausschließt und *Tipke/Kruse*, AO, § 4 Rz. 28, der im Anschluß an *Papier* (a.a.O. S. 158) aus dem Tatbestandsmäßigkeitsgrundsatz ein Verbot der Ermessensausübung bei der Feststellung des Tatbestandes folgert.
[663] FG Münster v. 26.02.1998 - 8 K 4318/95, EFG 1998, 920 (921 m. w. N.); aus der Literatur z. B.: *Olbertz*, DB 1990, 2289 (m. w. N.).
[664] BFH v. 17.12.1980 - I R 148/76, BStBl. II 1981, 333; *Bruschke*, StB 2001, 42 (43); *Klein/Orlopp*, AO, § 160 Anm. 1.
[665] IV R 142/85, BFH/NV 1987, 689; vgl. ebenfalls FG Münster v. 26.02.1998 - 8 K 4318/95 E u. a., EFG 1998, 920 (921 m. w. N.); dagegen BFH v. 27.11.2000 - IV B 23/00, BFH/NV 2001, 424; nach *Christian/Schwehm*, DB 1990, 324 (325) sollen eigene Ermittlungen des Finanzamtes dann sinnvoll erscheinen, wenn der Steuersatz des Empfängers höher als der des Zahlenden sein dürfte.

2. Kritik

List[666] kritisiert diese Rechtsprechung. In dem Sachverhalt, welcher der Entscheidung des BFH vom 9.4.1987 zugrunde lag, hatte der Kläger, ein Architekt, für die Ausführung von Planungsarbeiten an X Honorare bezahlt. Dem Verlangen, den Empfänger genau zu bezeichnen, konnte der Kläger nicht nachkommen. Im finanzgerichtlichen Verfahren gab der Kläger die Nummer eines Zwischenkontos einer Bank an, auf das für X eine Überweisung eingegangen war. Nach Auffassung des BFH brauchte das Finanzamt diesem Hinweis nicht nachzugehen: "Denn § 96 Abs. 1 Satz 1, 2. Halbsatz FGO verweist ausdrücklich auch auf § 160 AO: Dadurch erfährt die Untersuchungspflicht des FG bzw. des FA eine Begrenzung". Der BFH bezieht sich dabei auf eine frühere Entscheidung vom 12.09.1985[667]. In dieser Entscheidung ging es darum, ob das Benennungsverlangen ein anfechtbarer Verwaltungsakt oder - was vom BFH angenommen wird - eine nichtselbständig anfechtbare Verwaltungshandlung zur gesonderten Feststellung der Besteuerungsgrundlagen ist. Die fehlende Verwaltungsakteigenschaft des Benennungsverlangens leitet der BFH daraus her, daß ein solches Verlangen nicht erzwingbar sei. Dies ergebe sich u. a. auch aus § 160 Abs. 1 Satz 2 AO. Das hier statuierte Recht des Finanzamtes, den Sachverhalt zu ermitteln, bedeute, daß das Finanzamt aus der Nichtbenennung nach vorhergehender Aufforderung mehrere Konsequenzen ziehen könne. Es könne die Ausgaben bei der Steuerfestsetzung unberücksichtigt lassen oder statt dessen aufgrund anderer gesetzlicher Vorschriften den Sachverhalt weiter ermitteln und im Rahmen dieses Ermittlungsverfahrens Auskunftsersuchen an den Steuerpflichtigen oder dritte Personen richten, die nach § 249 i. V. m. §§ 328 ff. AO vollstreckbar und mit Beschwerde selbständig anfechtbar sind. An anderer Stelle dieser Entscheidung heißt es, das Benennungsverlangen konkretisiere nur die den Steuerpflichtigen ohnehin treffende Mitwirkungspflicht nach § 90 Abs. 1 AO. Der Sinn der Ausführungen des BFH liegt mithin allein darin, darzutun, daß die Empfängerbenennung nicht erzwungen werden kann, da es sich nicht um einen Verwaltungsakt handelt. *List*[668] hält die Begründung des BFH deshalb nicht für überzeugend. Der Sinn der Verweisung in § 96 Abs. 1 FGO sei anders zu verstehen. Gem. § 96 Abs. 1 FGO entscheide das Finanzgericht nach seiner freien, aus dem Gesamtergebnis des Verfahrens gewonnenen Überzeugung. Da § 160 AO in diesem Zusammenhang sinngemäß gilt, könne das Finanzgericht also gem. § 160 AO auch eine Empfängerbenennung selbst veranlassen und dann das Ergebnis dieser Befragung, z. B. die Nichtbenennung des Empfängers, in das Gesamtergebnis des Verfahrens übernehmen. Eine besondere Überzeugung vom Vorliegen von Betriebsausgaben und ähnlichem sei nicht erforderlich. Die Verweisung bedeute ferner, daß sich das Gericht eine

---

666   In: BB 1994, 1535 (1537).
667   VIII R 371/83, BStBl. II 1986, 537 (538).
668   In: BB 1994, 1535 (1537).

andere Überzeugung von der Anwendung des § 160 AO z. B. hinsichtlich der Höhe der nicht anzuerkennenden Betriebsausgaben bilden könne. Mit einer Begrenzung der Ermittlungsbefugnis des Finanzamts habe dies nichts zu tun[669].

List meint weiter, daß die Grenze für die Ermittlungspflicht des Finanzamts bzw. des Finanzgerichts gem. § 160 AO allein die Zumutbarkeit bilde. Die Zumutbarkeit bzw. Unzumutbarkeit sei eine allgemeine Grenze eines jeden Verwaltungshandelns; die (Un-) Zumutbarkeit sei zwar in erster Linie als Begrenzung öffentlich-rechtlicher Pflichten des Bürgers entwickelt worden, sie sei aber auch eine allgemeine Pflichtengrenze, die dementsprechend die Sachverhaltsermittlungspflicht der Finanzbehörden auf einen zumutbaren Umfang reduziere[670]. Die Aufklärung eines Sachverhalts sei für die Finanzbehörde unzumutbar, so führt *List* weiter aus, wenn Umstände vorliegen würden, die der Finanzbehörde die Ermittlung steuerrelevanter Tatsachen so außergewöhnlich erschweren, daß eine Aufklärung nicht erwartet werden könne. Entgegen der Rechtsprechung des BFH, gelangt *List* deshalb zu dem Ergebnis, daß weitere Ermittlungen für die Finanzbehörde oder das Finanzgericht zumutbar seien, wenn der Steuerpflichtige konkrete Anhaltspunkte über die Person des Empfängers, wie z. B. Name, Privat- oder Firmenanschrift, Beschäftigungsort, angibt.

3. Stellungnahme

Nach m. E. begründet *List* überzeugend, daß entgegen der Ansicht des BFH dem § 160 Abs. 1 Satz 2 AO keine Einschränkung der behördlichen Ermittlungspflicht entnommen werden kann. Weitere Ermittlungen durch die Finanzbehörde oder das Finanzgericht sind insbesondere dann vorzunehmen, wenn der Steuerpflichtige konkrete Anhaltspunkte über die Person der Empfänger, wie z. B. Name, Privat- oder Firmenanschrift, Beschäftigungsort, mitteilt.

Gegen die Einschränkung der Ermittlungspflicht spricht ferner, das Gesetzmäßigkeitsprinzip[671] und das aus Art. 3 Abs. 1 GG zu entnehmende Lastengleichheitsgebot. Danach hat die Finanzbehörde grundsätzlich gegen alle gleich vorzugehen. Das Opportunitätsprinzip findet im Steuerrecht keine Anwendung[672].

---

669 *List*, BB 1994, 1535 (1537).
670 *List*, BB 1994, 1535 (1537).
671 Siehe hierzu unter: 1. Teil B.
672 Ausnahmen gem. §§ 164, 156 AO sind nicht einschlägig.

VI. Rechtsschutz

1. Benennungsverlangen

a) herrschende Meinung

Nach ständiger Rechtsprechung des BFH sind beide Ermessensentscheidungen der Finanzbehörde, d. h. sowohl das Benennungs-, als auch das Abzugsermessen, nicht selbständig anfechtbare Vorbereitungshandlungen zur gesonderten Feststellung von Besteuerungsgrundlagen oder zur Steuerfestsetzung[673]. Die Rechtmäßigkeit der getroffenen Ermessensentscheidungen könne daher nur im Rahmen des Einspruchs und der Anfechtungsklage gegen die Steuerfestsetzung nach Maßgabe des § 102 FGO überprüft werden. Dabei seien die Finanzgerichte gemäß § 96 Absatz 1 Satz 1 FGO nicht auf die Überprüfung des von der Verwaltung ausgeübten Ermessens beschränkt, sondern befugt, eigenes Ermessen, insbesondere in bezug auf die Höhe der Zurechnungen, auszuüben[674].

b) Kritik

Für die Frage nach dem einschlägigen Rechtsschutzweg ist entscheidend, welche Rechtsnatur den Ermessensentscheidungen beizumessen ist. Nach Ansicht des BFH ist das Benennungsverlangen kein Verwaltungsakt, sondern unselbständiger Bestandteil des Verfahrens der gesonderten Feststellung von Besteuerungsgrundlagen oder der Steuerfestsetzung. Im Schrifttum überwiegt hingegen die Auffassung es handele sich sehrwohl um einen anfechtbaren Verwaltungsakt[675]. Der

---

[673] Der BFH begründet diese Ansicht vor allem mit Gesichtspunkten der Verfahrensökonomie und der Effektivität des Rechtsschutzes, vgl. BFH v. 12.09.1985 - VIII R 371/83, BStBl. II 1986, 537 (m. w. N.); BFH v. 12.09.1987, BStBl. II 1986, 537; BFH v. 09.04.1987 - IV R 142/85, BFH/NV 1987, 689; BFH v. 25.08.1986 - IV B 76/86, BStBl. II 1987, 481; BFH v. 20.04.1988 - I R 67/84, BStBl. II 1988, 927; BFH v. 10.03.1999 - XI R 10/98, FR 1999, 765; Thüringer FG v. 28.04.1999 - III 720/98, EFG 1999, 745; *Jüptner*, FR 1985, 12; *Bruschke*, StB 2001, 42 (44); *Günther*, DB 1989, 1373 (1374); *Koch/Scholtz*, AO, § 160 Rz. 14; *Klein/Orlopp*, AO, § 160 Anm. 5; *List*, BB 1994, 1535 (1536); *Schmidt-Liebig*, DStR 1987, 571 (572); *Olbertz*, DB 1990, 2289; *Christian/Schwehm*, DStZ 1997, 324 (325).

[674] BFH v. 15.05.1996 - X R 99/92, BFH/NV 1996, 891; BFH v. 24.06.1997 - VIII R 9/96, BStBl II 1998, 51; FG Berlin v. 02.10.2000 - 8 K 8005/99, ISTR 2001, 289 (290) = EFG 2002, 330; FG Rheinland-Pfalz v. 26.09.2001 - 1 K 1959/99, DStRE 2002, 188; vgl. auch *Padberg*, StuW 1978, 47 f..

[675] Martens, StRK-Anm. AO 1977 § 160 Rz. 4; *v. Wallis*, StRK - Anm. AO, § 160 Rz. 5; *Tipke/Lang*, § 22, Rz. 202; *Kühn/Hofmann*, AO, § 160 Anm. 10; *Tipke/Kruse*, AO, § 160 Rz. 7; vgl. auch: *Hübschmann/Hepp/Spitaler*, AO, § 160 Rz. 48 f.; *v. Crailsheim*, Die steuerrechtliche Behandlung von Schmiergeldzuwendungen, S. 231 ff.; *v. Groll*, Das

Streit ist keineswegs rein akademischer Natur. Aufgrund der Rechtsprechung des BFH bleibt dem Steuerpflichtigen derzeit nichts anderes übrig, als die Versagung des Betriebsausgabenabzuges im Steuerbescheid abzuwarten und anschließend gegen diesen vorzugehen. Nach Ansicht des Schrifttums soll hingegen das Benennungsverlangen des Finanzamtes selbständig mit dem Einspruch nach §§ 348 ff. AO und anschließend mit der Anfechtungsklage angreifbar sein[676].

Der BFH lehnt das Vorliegen eines Verwaltungsaktes im Sinne des § 118 AO ab, weil es an dem Merkmal der rechtlichen Regelung fehlen soll[677]. Das Benennungsverlangen sei nicht nach §§ 328 ff. AO erzwingbar und damit kein vollstreckbarer Verwaltungsakt im Sinne des § 249 Abs. 1 Satz 1 AO. Die Nichtbenennung löse auch keine zwangsläufigen Folgen aus. An einer verbindlichen Regelung fehle es bereits, weil das Finanzamt aus der Nichtbenennung verschiedene Konsequenzen ziehen kann; es könne gem. § 160 Abs. 1 Satz 2 AO die Ausgaben bei der Steuerfestsetzung berücksichtigen oder nicht. Außerdem bleibe die Möglichkeit, den Sachverhalt aufgrund anderer gesetzlicher Vorschriften weiter zu ermitteln. Zwar stellen Auskunftsersuchen nach § 93 AO anfechtbare Verwaltungsakte dar, jedoch unterscheide sich das schlichte Benennungsverlangen davon, indem es dem Steuerpflichtigen keine erzwingbare Verpflichtung auferlege, sondern ihm nur ein bestimmtes Verhalten nahelege, wobei im Falle der Nichtbefolgung eine Sanktion droht. Dem Steuerpflichtigen stehe also offen, ob er dem Verlangen des Finanzamtes nachkommt. Das Benennungsverlangen habe keine unmittelbare Rechtswirkung, da es nur die den Steuerpflichtigen ohnehin treffende Mitwirkungspflicht nach § 90 Abs. 1 AO konkretisiere[678]. Der BFH begründet seine Ansicht ferner mit Gesichtspunkten der Verfahrensökonomie und der Effektivität des Rechtsschutzes. Geht man von einem Verwaltungsakt aus, so werde dadurch der Steuerpflichtige gezwungen, den "schwerfälligen Weg des Beschwerdeverfahrens mit anschließender Anfechtungsklage"[679] zu beschreiten, wenn er die Möglichkeit zur Überprüfung des Verlangens nicht verlieren will. In der Regel wende sich der Steuerpflichtige

---

Handeln der Finanzverwaltung als Gegenstand des Rechtsschutzbegehrens, in: *Trzaskalik*, Der Rechtsschutz in Steuersachen, S. 47 (60).

[676]

[677] *V. Crailsheim*, Die steuerrechtliche Behandlung von Schmiergeldzuwendungen, S. 235.

BFH v. 12.09.1985 - VIII R 371/83, BStBl. II 1986, 537 (538); BFH v. 25.11.1986 - VIII R 350/82, BStBl. II 1987, 268; BFH v. 25.08.1986 - IV B 76/86, BStBl. II 1987, 481; BFH v. 20.04.1988 - I R 67/84, BStBl. II 1988, 927; BFH v. 09.08.1989 - I R 66/86, BStBl. II 1989, 995; vgl. auch die Darstellung bei *v. Crailsheim*, Die steuerrechtliche Behandlung von Schmiergeldzuwendungen, S. 232 f..

[678] Vgl. hierzu auch *Schmidt-Liebig*, DStR 1987, 571 (573) und *List* BB 1994, 1536 dagegen *Leucht*, StBp. 1997, 141 (142): "Da in der Praxis bei Anwendung des § 160 AO oftmals zu schematisch verfahren wird, besteht die Gefahr, daß die Besteuerung als steuerliche Sanktion mißbraucht wird".

[679] BFH v. 12.09.1985 - VIII R 371/83, BStBl. II 1986, 537 (539).

jedoch nicht unmittelbar gegen das Verlangen, sondern erst gegen den Feststellungsbescheid oder den Steuerbescheid, der die von ihm geltend gemachten Beträge nicht berücksichtigt. Ein Verwaltungsakt könne zu diesem Zeitpunkt aber schon rechtskräftig sein, zumal Ermittlungshandlungen der Verwaltung häufig - insbesondere bei Außenprüfungen - nur mündlich vorgenommen würden[680]. Bei Verwaltungsakten beginnt die Monatsfrist des § 335 AO nach Bekanntgabe zu laufen, da § 356 AO in diesen Fällen nicht greift. Eine Qualifizierung des Benennungsverlangens als Verwaltungsakt würde daher häufig mit einem Rechtsverlust wegen Verfristung des Einspruchs einher gehen. Es widerspreche außerdem der Verfahrensökonomie, wegen jeder Verfahrenshandlung einen Rechtsbehelf zuzulassen[681].

Nach Ansicht weiter Teile der Literatur[682] und einiger Finanzgerichte[683], die z. B. *v. Crailsheim*[684] zusammenfassend darstellt, können die Argumente des BFH indes nicht überzeugen. Der Begriff der Regelung i.S. des § 118 AO sei weit gefaßt und umfasse alle Akte, die Rechte und Pflichten begründen, verändern oder aufheben und somit eine Rechtsfolge setzen[685]. Eine Regelung wird angenommen, da eine materiellrechtliche Rechtsfolge ausgelöst wird, wenn dem Verlangen der Finanzbehörde nicht entsprochen wird. Ohne dieses Verlangen würde die Rechtsfolge (Nichtberücksichtigung von Lasten und Ausgaben) nicht eintreten. Es handelt sich sogar um einen besonders gravierenden Eingriff, weil Folgen ausgelöst werden könnten, die nicht die steuerlichen Verhältnisse des Steuerpflichtigen selbst betreffen, sondern ihm im Wege einer "Gefährdungshaftung" eine fremde Schuld zurechnen[686].
Desweiteren wird darauf hingewiesen, daß das Merkmal der "Regelung" subjektiv geprägt ist, d. h. maßgeblich sei der *Wille* der Behörde, eine Rechtsfolge herbeizuführen[687]. Über dieses Merkmal wolle man Vorbereitungshandlungen aus dem Verwaltungsaktsbegriff ausgliedern, da diese keine rechtliche Regelung intendierten. Ob eine Maßnahme auf die Herbeiführung unmittelbarer Rechtsfolgen

---

680 *Schmidt/Liebig*, DStR 1987, 571.
681 *Schmidt/Liebig*, DStR 1987, 571.
682 *Tipke/Kruse*, AO, § 160 Rz. 7 und § 118 Rz. 18; *Kühn/Hofmann*, AO, § 160 Anm. 10; *Schwarz*, AO, § 160 Rz. 6 u. 22; *Hübschmann/Hepp/Spitaler*, AO, § 160 Rz. 47 f.; *Beermann*, AO, § 160 Rz. 10; *Martens*, StRK-Anm. AO, § 160 Rz. 4; *v. Groll*, Das Handeln der Finanzverwaltung als Gegenstand des Rechtsschutzbegehrens, in: Trzaskalik, Der Rechtsschutz in Steuersachen, S. 47 (60); *Kaligin*, RIW 1988, 634 (635).
683 FG Düsseldorf v. 26.10.1977 - VII 174/75, EFG 1978, 108; FG Hamburg v. 05.09.1978 - V 24/78, EFG 1979, 66; FG München v. 24.02.1984 - V 403/83 AO, EFG 1984, 433; Nds. Finanzgericht v. 08.06.1989 - VI 320/88, EFG 1990, 48 (49).
684 *V. Crailsheim*, Die steuerrechtliche Behandlung von Schmiergeldzuwendungen, S. 233 ff..
685 Vgl. hierzu auch *Schmidt/Liebig*, DStR 1987, 571 (573).
686 *Martens*, StRK-Anm. AO, § 160 Rz. 4; *Tipke/Kruse*, AO, § 160 Rz. 7.
687 *Schmidt/Liebig*, DStR 1987, 571 (573 m. w. N.).

gerichtet ist, sei in Zweifelsfällen durch Auslegung des erklärten Willens der Behörde zu ermitteln. Ein Regelungswille liege bei einem Benennungsverlangen normalerweise vor, da es "regelmäßig" dazu erfolgt, bei Nichterfüllung Ausgaben und Lasten nicht zu berücksichtigen[688].

Problematisch an der Ansicht des BFH sei ferner, daß man für die Abgrenzung von Verwaltungsakten und schlichtem Verwaltungshandeln nicht allein darauf abstellen dürfe, ob das auferlegte Verhalten im Falle einer Weigerung zwangsweise durchgesetzt werden kann. Zum einen gebe es eine große Zahl von Verwaltungsakten, die sich auf die Feststellung der Rechtslage beschränken, ohne zugleich als Vollstreckungstitel zu fungieren[689], z. B. Feststellungsbescheide nach §§ 179 ff. AO. Zum anderen sei von der Notwendigkeit der Erzwingbarkeit in der Legaldefinition des § 118 AO nicht die Rede[690].

Zu beachten sei weiter, daß das Benennungsverlangen der Finanzbehörde nach § 160 AO identisch mit einem Auskunftsersuchen nach § 93 AO - welches vom BFH als Verwaltungsakt eingestuft wird - sei, denn es lasse sich weder im Tatbestand noch im Inhalt von dem Auskunftsersuchen nach §§ 93 ff. AO abgrenzen[691]. Wenn beides aber inhaltlich identisch ist, müsse es auch als identisch behandelt werden[692].

Bedeutungslos sei letztlich auch die Argumentation des BFH, Gründe der Verfahrensökonomie und der Effektivität des Rechtsschutzes würden gegen das Vorliegen eines Verwaltungsaktes sprechen. Auch wenn dieser Argumentation vom Ergebnis her u.U. zugestimmt werden könne, sei sie methodisch unsauber, da es sich nicht um Merkmale des Verwaltungsaktbegriffs handelt[693]. Wolle man eine Anfechtung nur gleichzeitig mit dem Steuerbescheid zulassen, müsse in der AO und in der FGO eine dem § 44 a VwGO[694] vergleichbare Regelung geschaffen werden.

---

[688] V. *Crailsheim*, Die steuerrechtliche Behandlung von Schmiergeldzuwendungen, S. 234.
[689] FG München v. 24.02.1984 - V 403/83 AO, EFG 1984, 433 (434); *Kühn/Hofmann*, AO, § 160 Anm. 10.
[690] So ausdrücklich v. *Crailsheim*, Die steuerrechtliche Behandlung von Schmiergeldzuwendungen, S. 234, der die vom BFH vertretene Argumentation auch deswegen kritisiert, weil einerseits das Nichtvorligen eines Verwaltungsaktes mit der fehlenden Vollstreckbarkeit begründet werde, sich andererseits die Nichtvollstreckbarkeit aber gerade aus der fehlenden Verwaltungsaktsqualität ergebe.
[691] *Kühn/Hofmann*, AO, § 160 Anm. 10; *Schwarz*, AO, § 160 Rz. 6.
[692] *Schwarz*, AO, § 160 Rz. 6.
[693] V. *Crailsheim*, Die steuerrechtliche Behandlung von Schmiergeldzuwendungen, S. 235.
[694] § 44 a VwGO lautet: "Rechtsbehelfe gegen behördliche Verfahrenshandlungen können nur gleichzeitig mit den gegen die Sachentscheidung zulässigen Rechtsbehelfen geltend gemacht werden. Dies gilt nicht, wenn behördliche Verfahrenshandlungen vollstreckt werden können oder gegen einen Nichtbeteiligten ergehen."

Im Ergebnis sei das Benennungsverlangen somit als selbständiger Verwaltungsakt einzuordnen, dessen Voraussetzungen sich nach § 93 AO richten. Das Auskunftsbegehren sei selbständig anfechtbar; eine Änderung des Verwaltungsaktes richte sich nach §§ 130, 131 AO[695]. Sofern der Steuerpflichtige den Gläubiger oder Empfänger nicht benennt, könne die Finanzbehörde die Erfüllung nach den §§ 328 ff. AO erzwingen.

c) Stellungnahme

Die Frage des zulässigen Rechtsmittels gegen Maßnahmen einer Behörde stellt sich nicht nur im Steuerverfahren. Auch im Verwaltungsverfahren ist ein Widerspruch und eine spätere Anfechtungsklage gem. § 68 ff. VwGO nur statthaft, wenn es sich bei der behördlichen Maßnahme, gegen die sich der Bürger wendet, um einen Verwaltungsakt handelt. Die Definitionen des Verwaltungsaktes in der Abgabenordnung (§ 118 AO) und im Verwaltungsverfahrensgesetz (§ 35 VwVfG) sind identisch. Im Gegensatz zum steuerrechtlichen Schrifttum hat sich indes die Verwaltungsrechtsdogmatik sehr ausführlich mit der Frage beschäftigt, wann eine Behörde mit dem erforderlichen Regelungscharakter handelt. Eine "Regelung" i. S. von § 35 Satz 1 VwVfG ist nach der Formulierung von *Wolff-Bachof*[696] eine "einseitig angeordnete, verbindliche, rechtsfolgebegründende, hoheitliche Ordnung eines Lebenssachverhaltes, also eine Anordnung, die feststellend oder gestaltend bestimmt, was für den Betroffenen rechtens sein soll".

Mangels Regelungscharakter scheiden danach aus dem Verwaltungsaktsbegriff aus[697]:

• rein tatsächliche Verwaltungshandlungen
• rechtserhebliche Willenserklärungen der Behörde
• Vorbereitungs- und Teilakte, insbesondere Verfahrenshandlungen

Für die vorliegende Untersuchung ist lediglich die Einordnung der vorbereitenden Maßnahmen und der Verfahrenshandlungen (insb. solcher zur Beweiserhebung) von Bedeutung. Als typische Schulfälle werden in diesem Zusammenhang regelmäßig genannt:

• die Aufforderung an den Kraftfahrer, ein medizinisch-psychologisches Gutachten vorzulegen[698]

---

[695] FG München v. 24.02.1984 - V 403/83 AO, EFG 1984, 433; *Schwarz*, AO, § 160 Rz. 17.
[696] *Wolff-Bachof*, Verwaltungsrecht I, § 46 V a; siehe auch *Lässig*, JuS 1990, 459.
[697] Vgl. hierzu *Maurer*, Allgemeines Verwaltungsrecht, § 9 Rz. 8; *Ipsen*, Allgemeines Verwaltungsrecht, Rz. 336 ff..
[698] BVerwG v. 28.11.1969 – VII C 18/69, BVerwGE 34, 248 ff.; vgl. hierzu auch *Frotscher*, DÖV 1971, 259 ff. oder VGH Mannheim v. 27.07.1990 – 10 S 1428/90, NJW 1991, 315

- Eintragungen in das Verkehrszentralregister[699]
- die Mitteilung an den Beamten über die Einleitung des Zurruheversetzungs verfahrens[700]

Jede dieser Maßnahmen soll nach allgemeiner Meinung keine selbständige Bedeutung haben, sondern lediglich der Vorbereitung einer abschließenden Entscheidung dienen[701].

Stellt man z. B. im ersten Fall nur auf die *Aufforderung des Straßenverkehrsamtes* gem. § 15 b Abs. 2 StVZO ab, so ergibt sich hieraus nur die Rechtsfolge, daß gegenüber dem Kraftfahrer das Gebot ausgesprochen wird, ein Gutachten beizubringen. Eine endgültige Regelung der Entziehung der Fahrerlaubnis enthält die Aufforderung nicht. Die h. M. sieht in § 15 b Abs. 2 StVZO daher eine bloß vorbereitende Maßnahme der Beweiserhebung innerhalb des Verfahrens zur Entziehung der Fahrerlaubnis. Die Aufforderung begründe nicht eine selbständige Pflicht des Betroffenen, sich einer Untersuchung zu unterziehen, sondern konkretisiere lediglich seine schon nach allgemeinen Rechtsgrundsätzen bestehende Mitwirkungspflicht an der Aufklärung des Sachverhaltes, so das BVerwG[702]. Der Unterschied zwischen beiden Arten von Pflichten werde, laut BVerwG, an den Folgen deutlich, die ihre Nichtbefolgung auslöse. Die Aufforderung, ein Gutachten vorzulegen könne nicht zwangsweise durchgesetzt werden. Werde die Aufforderung nicht befolgt, so könne die Verwaltungsbehörde aus diesem Verhalten des

---

[699]   für die Anordnung einer Fahrprobe, wegen Zweifel an der Kraftfahreignung aufgrund hohen Lebensalters.
BVerwG v. 20.05.1987 – VII C 83/84, BVerwGE 77, 268 ff.; vgl. hierzu auch *Lässig*, JuS 1990, 459 ff.; *Ipsen*, Allgemeines Verwaltungsrecht, Rz. 335 ff..

[700]   BVerwG v. 31.05.1990 – 2 C 55/88, DVBl. 1990, 1232 ff; BVerwG v. 27.06.1991 – 2 C 26/89, NVwZ 1992, 379; ähnlich ist der Fall gelagert, den das BVerwG am 9.11.1983 (Az.: 2 B 102/83 veröffentlicht in: NVwZ 1985, 423) entschieden hat. Dort ging es um die Aufforderung eines Beamten im einstweiligen Ruhestand, eine neue Tätigkeit aufzunehmen. Auch diese Aufforderung, wurde nicht als selbständiger Verwaltungsakt gewertet, weil sie lediglich die Aufforderung der erneuten Ernennung zum Beamten vorbereite.

[701]   Diese Maßnahmen werden gelegentlich unter dem Oberbegriff "Verwaltungsvorakt" zusammengefasst, vgl. z. B. *Stelkens/Bonk/Sachs*, VwVfG, § 35 Rz. 86; *Achterberg*, DÖV 1971, 397 ff.; Mit dem Regelungscharakter wird indes nur die Verwaltungsaktsqualität verneint, nicht jedoch über den Rechtsschutz entschieden. Der Verwaltungsrechtsweg ist unabhängig davon eröffnet, ob eine Maßnahme mit Regelungscharakter vorliegt, vgl. z. B. *Ipsen*, Allgemeines Verwaltungsrecht, Rz. 338; *Erichsen/Martens*, Allgemeines Verwaltungsrecht, § 12 II 5; vgl. auch VGH Mannheim v. 05.09.1989 – 25 B 88.01631, NVwZ 1990, 775 (777) und *Frotscher*, DÖV 1971, 259 (260): "Die Formel: "kein Verwaltungsakt, also keine Klage" ist unrichtig." *Frotscher* weist darauf hin, daß im Einzelfall zwar eine Anfechtungs- und Verpflichtungsklage mangels Verwaltungsakt unzulässig, eine allgemeine Leistungs- oder Feststellungsklage aber durchaus statthaft sein könnte.

[702]   BVerwG v. 28.11.1969 – VII C 18/69, BVerwGE 34, 248 (249); vgl. auch VGH München v. 05.09.1989 – 25 B 88/01631, NVwZ 1990, 775 (776).

Betroffenen Schlüsse auf seine Eignung zum Führen von Kraftfahrzeugen ziehen und auf Grund der gegen seine Eignung bestehenden Bedenken zu der Annahme gelangen, daß der Betroffene geistige oder körperliche Mängel verbergen will. Die Behörde nimmt also bei Nichtbefolgung ihrer Anordnung eine Beweiswürdigung vor, die zur Entziehung der Fahrerlaubnis und damit zu einer in den Rechtsstatus des Betroffenen eingreifenden Maßnahme führen könne. Damit werde deutlich, so das BVerwG in der Entscheidung vom 28.11.1969 abschließend, daß es sich bei der Aufforderung um eine der eigentlichen Entscheidung vorausgehende und diese vorbereitende Maßnahme handelt, deren Voraussetzungen nicht selbständig, sondern nur mit der das Verfahren abschließenden Entscheidung überprüft werden könne. Das OVG Koblenz hatte demgegenüber in der Vorinstanz die Anordnung, ein Gutachten beizubringen, noch ausdrücklich als selbständig anfechtbaren Verwaltungsakt qualifiziert[703]. Die für einen Verwaltungsakt vorauszusetzende Regelungsfunktion komme der Anordnung schon deshalb zu, weil sie von dem Betroffenen ein bestimmtes Verhalten fordert (nämlich sich einer körperlichen und geistigen Untersuchung zu unterziehen). Zwar könne die dem Betroffenen damit auferlegte Verpflichtung nicht unmittelbar erzwungen werden, da die Zwangsmittel des Verwaltungsvollstreckungsgesetzes zur Durchsetzung nicht vertretbarer Handlungen bei Eingriffen in die körperliche Unversehrtheit, die einer besonderen gesetzlichen Ermächtigung bedürfen, nicht zur Verfügung stehen. Indes bilde, wie schon das Beispiel des feststellenden Verwaltungsaktes zeigt, die Vollstreckbarkeit kein notwendiges Merkmal einer Regelung des Verwaltungsaktes, zumal auf sie auch bei sog. befehlenden Verwaltungsakten verzichtet werden könne, wenn für den Betroffenen ein erhebliches Eigeninteresse daran besteht, dem Gebot nachzukommen, weil er sonst mit nachteiligen Folgen rechnen muß, wie etwa bei Nichtbeachtung der Anordnung mit der Entziehung der Fahrerlaubnis. Das BVerwG ließ sich von diesen Überlegungen jedoch nicht überzeugen. Auch m. E. sprechen im Falle der *Aufforderung des Straßenverkehrsamtes* gem. § 15 b Abs. 2 StVZO die besseren Argumente für die Ansicht des BVerwG.

Das BVerfG hat sich zwischenzeitlich ebenfalls - wenn auch nur zwischen den Zeilen - zu dieser Problematik geäußert. In einer Entscheidung vom 24.06.1993[704] macht das BVerfG deutlich, daß es dem Betroffenen zwar freistehe, ob er der Anordnung der Behörde folgen wolle. "Für den Fall seiner Weigerung hatte die Behörde jedoch die Entziehung der Fahrerlaubnis angekündigt. Jedenfalls die Ankündigung dieser Rechtsfolge, die der ständigen Rechtsprechung der Verwaltungsgerichte entspricht, verleiht bereits der auf § 15 b Abs. 2 StVZO gestützten Gutachtenanforderung Eingriffscharakter"[705], so daß BVerfG ausdrücklich. Ob

---

[703] OVG Koblenz v. 17.01.1968 – 2 A 97/67, DAR 138.

[704] Az.: 1 BvR 689/92, veröffentlicht in: BVerfGE 89, 69 ff..

[705] BVerfG v. 24.06.1993 - 1 BvR 689/92, BVerfGE 89, 69 (84), in dem entschiedenen Fall ging es um die Frage, unter welchen Voraussetzungen *Haschischkonsum* es rechtfertigen

das BVerwG diesen Hinweis des BVerfG jedoch zum Anlaß nimmt, seine Rechtsprechung zu ändern, darf bezweifelt werden.

Im Falle der *Verkehrszentralregistereintragung* hatte das BVerwG den Regelungscharakter einer Eintragung verneint, weil diese keine Rechtsfolgen auslöse[706]. Mit der Erfassung und Sammlung der nach den §§ 28, 28 a StVG i. V. m. § 13 StVZO einzutragenden Entscheidungen der Verwaltungsbehörden und Gerichte werde lediglich eine Tatsachengrundlage zur Vorbereitung neuerlicher Entscheidungen dieser Stellen geschaffen. Die nach § 28 Abs. 3 StVG einzutragenden gerichtlichen oder behördlichen Entscheidungen erfahren durch die Eintragung auch keine erhöhte Bestandskraft, sondern müssen überprüft werden, wenn sie zur Grundlage anderer Entscheidungen gemacht werden. Dies gelte auch für das sog. Punktesystem, das ebenfalls nur eine Mitteilungspflicht des Kraftfahrtbundesamtes begründet, die Entscheidung aber der zuständigen Behörde belässt (§ 4 Abs. 6 StVG)[707]. Auch in diesem Fall hatte die Vorinstanz, das Oberverwaltungsgericht Lüneburg, einen Verwaltungsakt zunächst bejaht. Die Begründung des OVG Lüneburg, wonach ein Regelungselement aus dem Umstand abzuleiten sei, daß dem Realakt der Eintragung die bewertende Entscheidung des Kraftfahrt-Bundesamtes vorausgehe, ob es sich um einen erfassungsfähigen Vorgang handelt, wies das BVerwG mit überzeugender Begründung zurück. Zum einen könne dieser Ausgangsüberlegung schon im Ansatz nicht gefolgt werden, weil Verwaltungshandeln häufig rechtlich determiniert ist und die einer Maßnahme vorausgehende Prüfung der Rechtslage noch nichts über deren Einordnung in den Katalog der Handlungsformen aussagt. Zum anderen habe das Kraftfahrt-Bundesamt ohnehin nur eine eingeschränkte Prüfungskompetenz. Welche Entscheidungen in das Register einzutragen sind, regelt abschließend die auf § 28 StVG beruhende Vorschrift des § 13 StVZO. Das Kraftfahrt-Bundesamt müsse daher die ihm zugehenden Mitteilungen in das Register aufnehmen (vgl. § 13 b Abs. 1 Satz 1 StVZO). Insbesondere dürfe das Amt weder die Tatsache des Erlasses noch die Unanfechtbarkeit oder gar die inhaltliche Richtigkeit der mitgeteilten Entscheidungen überprüfen[708].

---

[706] kann, ein medizinisch-psychologisches Gutachten über die Eignung zum Führen von Kraftfahrzeugen zu fordern.
BVerwG v. 20.05.1987 – VII C 83/84, BVerwGE 77, 268 (271): "Die Erfassung und Eintragung im Verkehrszentralregister ist weder eine "Regelung" noch eine Maßnahme mit unmittelbarer Rechtswirkung nach außen. Eine "Regelung" ist dann anzunehmen, wenn die Maßnahme der Behörde darauf gerichtet ist, eine verbindliche Rechtsfolge zu setzen, d. h. wenn Rechte des Betroffenen unmittelbar begründet, geändert, aufgehoben, mit bindender Wirkung festgestellt oder verneint werden."

[707] Vgl. ausführlich *Ipsen*, Allgemeines Verwaltungsrecht, Rz. 337.

[708] BVerwG v. 20.05.1987 – VII C 83/84, BVerwGE 77, 268 (271); vgl. auch *Lässig*, JuS 1990, 459 (463).

Ähnlich liegt der Fall im *sog. Zurruheversetzungsverfahren.* Dort teilt der Dienstvorgesetzte dem Beamten mit, daß seine Versetzung in den Ruhestand beabsichtigt sei, wenn der Dienstvorgesetzte den Beamten nach Einholung eines amtsärztlichen Gutachtens über den Gesundheitszustand für dienstunfähig hält[709]. Das BVerwG[710] wertete diese Mitteilung lediglich als unselbständigen Teil des Zwangspensionierungsverfahrens ohne Verwaltungsaktscharakter. Sie sei daher nur im Rahmen der Anfechtungsklage gegen die Versetzung in den Ruhestand überprüfbar. Dieser Auffassung des BVerwG ist zuzustimmen. In einem anderen Fall[711], hatte der Betroffene nach Einleitung des Zurruhesetzungsverfahrens Einwendungen erhoben. Das BVerwG mußte nun darüber befinden, ob in der Entscheidung über die Fortführung des Zurruhesetzungsverfahrens ein selbständiger Verwaltungsakt zu erblicken sei. Auch hier kam das BVerwG – m. E. zutreffend - zu dem Ergebnis, daß die Entscheidung über die Fortführung des Zurruhesetzungsverfahrens mit der damit kraft Gesetzes verbundenen Rechtsfolge der Einbehaltung eines Teils der Dienstbezüge nicht als Verwaltungsakt, sondern nur als unselbständige Verfahrenshandlung anzusehen sei[712]. Der Regelungsgehalt des Verwaltungsaktes bestehe grundsätzlich darin, durch ihn einen Sachverhalt zumindest für einen abgegrenzten Teilbereich abschließend und für den Betroffenen verbindlich zu regeln. Dieser Regelungsgehalt fehle jedoch bei unselbständigen Verfahrenshandlungen im Rahmen anhängiger Verwaltungsverfahren, die nur der Vorbereitung der abschließenden Entscheidung dienen[713].

Es kann also festgehalten werden, daß Verwaltungshandlungen, die einen Verwaltungsakt nur vorbereiten, keine Regelungen i.S.d. § 35 Satz 1 VwVfG enthalten und daher selbst keine Verwaltungsakte sind[714]. Würde man eine selb-

---

709 Z. B. geregelt in § 54 NBG, § 44 BBG.

710 BVerwG v. 31.05.1990 – 2 C 55/88, DVBl. 1990, 1232 (1233).

711 BVerwG v. 27.06.1991 – 2 C 26/89, NVwZ 1992, 379 ff..

712 BVerwG v. 27.06.1991 – 2 C 26/89, NVwZ 1992, 379 (380).

713 Die Vorinstanz hatte dagegen in der Entscheidung über die Fortführung des Verfahrens eine selbständige Zwischenverfügung gesehen, die den Beamten gerade vor der Fortführung eines von vornherein unberechtigten Zurruheversetzungsverfahrens bewahren soll, siehe *Knack,* VwVfG, § 35 Rz. 65. Auch das OVG Rheinland-Pfalz hatte zuvor die Entscheidung über die Fortsetzung des Zwangspensionierungsverfahrens als Verwaltungsakt qualifiziert, vgl. OVG Rheinland-Pfalz v. 24.10.1989 – 2 B 53/89, DÖD 1990, 220 (m. w. N.).

714 Andererseits hat das Verwaltungsgericht Minden z. B. die an die Eltern eines Auszubildenden gerichtete Aufforderung zur Erteilung von Auskünften über ihre wirtschaftlichen Verhältnisse und zur Vorlage von Nachweisen als Verwaltungsakt angesehen, weil diese Aufforderung für die Eltern die Verpflichtung der Auskunftserteilung und Vorlage von Nachweisen begründet, siehe VG Minden v. 23.12.1976 – 3 L 294/76, FamRZ 1977, 495. Im Ergebnis wird es mithin auf die Umstände des Einzelfalles ankommen.

ständige Anfechtbarkeit annehmen, bestünde die Gefahr, daß das einheitliche Verwaltungsverfahren in eine Mehrzahl von Verwaltungsprozessen mündet[715]. Im Verwaltungsrecht wurde die Frage nach den Rechtsbehelfen gegen solche Verfahrenshandlungen deshalb auch ausdrücklich durch § 44 a VwGO geregelt. Danach sind behördliche Verfahrenshandlungen u. a. dann selbständig anfechtbar, wenn sie vollstreckt werden können[716].

Beim Benennungsverlangen der Finanzbehörde gem. § 160 AO ist in diesem Zusammenhang zu berücksichtigen, daß die Finanzbehörde - und dies wird in der bisherigen Diskussion m. E. nicht wahrgenommen - Möglichkeiten hat, das Benennungsverlangen zu vollstrecken. Wie bereits dargestellt[717], kann die Finanzbehörde nämlich das Benennungsverlangen neben § 160 AO auch auf § 93 AO stützen und, sofern der Dritte dem Verlangen nach Benennung des Zahlungsempfängers nicht nachkommt, gem. §§ 328 ff. AO mittels Zwangsgeld oder ggfs. Zwangshaft vollstrecken. Wenn also für das Benennungsverlangen die VwGO maßgeblich wäre, könnte der Steuerpflichtige das Verlangen zumindest über § 44 a VwGO selbständig anfechten. Dies gebietet im übrigen auch der Grundsatz, daß § 44 a VwGO aus verfassungsrechtlichen Gründen restriktiv auszulegen ist[718]. So liegt nach ständiger Rechtsprechung des BVerfG z. B. dann ein Verstoß gegen Art. 19 IV GG vor, wenn der Weg zu den Gerichten in unzumutbarer, aus Sachgründen nicht zu rechtfertigenden Weise erschwert wird[719]. Die bisherige Untersuchung hat ergeben, daß das Benennungsverlangen der Finanzbehörde nach § 160 AO mit dem Auskunftsverlangen nach § 93 AO identisch ist, da es sich weder vom Tatbestand, noch vom Inhalt unterscheiden läßt. Bei den Auskunftsverlangen nach § 93 AO handelt es sich anerkanntermaßen um anfechtbare Verwaltungsakte. Sofern also die Finanzbehörde dem Steuerpflichtigen allein

---

[715] So z. B. VGH München v. 25.01.1988 – 5 B 87/03075, NVwZ 1988, 742; *Faber*, Verwaltungsrecht, § 20 I a: Die Ausgrenzung dieser Vorstufen, aus dem Begriff des Verwaltungsakts hat zunächst verfahrens- und prozeßökonomische Gründe: Der Betroffene soll mit seinem Rechtsmittel warten, bis feststeht, daß sich die Behörde auch wirklich zu einem Eingriff entschließt. Darin liegt jedoch zugleich eine Abschirmung der verwaltungsinternen Willensbildung gegen Störmanöver der potentiellen Adressaten, ein ursprünglich konstitutionell-undemokratischer, heute aber durch das Interesse an Verwaltungseffizienz noch ausreichend gedeckter Gedanke."; vgl. auch *Kopp/Schenke*, VwGO, § 44 a Rz. 1; *Maurer*, Allgemeines Verwaltungsrecht, § 19 IV 7.

[716] § 44 a Satz 2 VwGO.

[717] Siehe unter: 1. Teil B II.

[718] Vgl. hierzu: BVerfG v. 24.10.1990 – 1 BvR 1028/90, NJW 1991, 415 (416); OVG Rheinland-Pfalz v. 24.10.1989 – 2 B 53/89, DÖD 1990, 220 (221); VGH München v. 25.01.1988 – 5 B 87/03075, NVwZ 1988, 742; VGH München v. 05.09.1989 – 25 B 88/01631, NVwZ 1990, 775 (777); *Eyermann/ Fröhler*, VwGO, § 44 a Rz. 16.

[719] Vgl. BVerfG v. 15.04.1980 – 2 BvR 842/77, BVerfGE 54, 93 (96 f.); BVerfG v. 13.06.1979 - 1 BvR 699/77, BVerfGE 51, 268 (284); BVerfG v. 05.04.1973 – 7 OWi 194/73, BVerfGE 37, 93 (96); vgl. auch *Hill*, Jura 1985, 61 (66).

dadurch, daß sie das identische Benennungsverlangen entweder auf § 160 AO oder auf § 93 AO stützt, die Möglichkeit nehmen kann, Einspruch einzulegen, wird nach meinem Dafürhalten der Weg zu den (Finanz-) Gerichten entgegen Art. 19 IV GG in unzumutbarer und willkürlicher Weise erschwert. Sachgründe, die eine andere Betrachtungsweise rechtfertigen, sind nicht ersichtlich. Wenn die Benennungsverlangen nach § 160 AO und § 93 AO identisch sind, müssen sie auch identisch behandelt werden.

Nach meiner Auffassung handelt es sich mithin sowohl bei dem Benennungsverlangen gem. § 93 AO, als auch bei dem nach § 160 AO um einen Verwaltungsakt. Der notwendige Regelungsgehalt läßt sich daraus ableiten, daß die Finanzbehörde die Möglichkeit hat, das Benennungsverlangen zu vollstrecken. Eine andere Bewertung würde ferner mit dem in Art. 19 Abs. 4 GG verankerten Prinzip der Gewährung effektiven Rechtsschutzes verstoßen.

Dem Argument, daß eine Qualifizierung des Benennungsverlangens z. B. bei mündlichen Ermittlungshandlungen im Rahmen von Außenprüfungen, mit einem Rechtsverlust wegen Verfristung des Einspruchs einhergehe, kann entgegengehalten werden, daß ggfs. de lege ferenda das Benennungsverlangen mit einem Schriftformerfordernis verknüpft werden sollte. Dies ist der Finanzbehörde auch bei Außenprüfungen durchaus zumutbar, da das Benennungsverlangen ohnedies hinreichend bestimmt sein muß, was im Einzelfall nur nachgewiesen werden kann, wenn entsprechend dokumentiert wird.

2. nachträgliches Bekanntwerden des Gläubigers oder Empfängers

a) Literaturauffassungen

Streitig wird die Frage diskutiert, wie zu verfahren ist, wenn der Empfänger oder Gläubiger erst nach Bestandskraft des Steuerbescheides bekannt wird.
Während *Tipke*[720] die Ansicht vertritt, daß in diesen Fällen eine Aufhebung oder Änderung des Steuerbescheides über § 173 Abs. 1 *Nr. 1* AO in Betracht kommt, meint *v. Wallis*[721], daß § 173 Abs. 1 *Nr. 2* AO einschlägig ist, so daß eine Änderung nur möglich sei, wenn den Steuerpflichtigen kein grobes Verschulden daran treffe, daß die Tatsachen oder Beweismittel erst nachträglich bekannt werden.

---

[720] *Tipke/Kruse*, AO, § 160 Rz. 21; zustimmend *Pump/Lohmeyer*, AO, § 160 Rz. 22; da ein nachträgliches Bekanntwerden des Empfängers aber nicht zu einer "höheren", sondern zu einer niedrigeren Steuer führt, hält *v. Crailsheim* (in: Die steuerrechtliche Behandlung von Schmiergeldzuwendungen, S. 229) die Bezugnahme Tipkes auf § 173 Abs. 1 Nr. 1 AO für einen Druckfehler.
[721] DStZ 1981, 67 (69).

Frotscher[722] hingegen lehnt beide Ansichten ab und gelangt zu dem Ergebnis, daß bei nachträglichem Bekanntwerden des Empfängers eine Änderung des Steuerbescheides nicht in Betracht kommt. Der Tatbestand des § 173 AO sei nicht einschlägig, da die nachträgliche Benennung des Gläubigers bzw. Empfängers eine neu eintretende, keine schon vorher vorliegende und erst später bekanntgewordene Tatsache sei[723]. § 174 AO sei nicht erfüllt, weil die Nichtabzugsfähigkeit der Lasten und Ausgaben bei den Steuerpflichtigen und die Besteuerung des Gläubigers bzw. Empfängers nicht die Besteuerung "eines" Sachverhaltes, also nicht widerstreitend i. S. d. § 174 AO, sei[724]. Da die nachträgliche Benennung außerdem kein rückwirkendes Ereignis i. S. d. § 175 Abs. 1 Satz AO darstelle, scheide schließlich auch eine Korrektur nach § 175 AO aus. Die Rechtsprechung hat sich zu diesem Problem noch nicht geäußert

b) Stellungnahme

Die Ausführungen zeigen, daß verwaltungsrechtlich eine "Doppelbesteuerung" letztlich nicht vermieden oder ggfs. rückgängig gemacht kann. In vielen Fällen, in denen Gläubiger oder Zahlungsempfänger, z. B. anläßlich einer bei diesen stattfindenden Außenprüfung, nachbesteuert werden, dürfte dem dafür zuständigen Finanzamt im übrigen gar nicht bekannt sein, wer von den Schuldnern bzw. Zahlungsleistenden steuerlich über § 160 AO den "entdeckten Steuerausfall" schon gedeckt hat.

VII. Zusammenfassung

Insgesamt kann festgehalten werden, daß Wortlaut und Anwendungsbereich des § 160 AO weitgehend nicht mehr konform sind. § 160 AO wird v. a. bei Schmiergeldgeschäften, Bestechungsgeldern, Schweigegeldern, Hehlerei, Schwarzarbeit, OR-Geschäften, Subunternehmern und Domizilgesellschaften vom Fiskus gewissermaßen als "Allzweckwaffe" eingesetzt, um sich für vermutete Steuerausfälle schadlos zu halten. Bei näherer Untersuchung der einschlägigen Urteile

---

722 In: *Schwarz*, AO, § 160 Rz. 18.

723 Gleicher Meinung sind: *Koch/Scholtz*, AO, § 160 Rz. 15; *Kühn/Hofmann*, AO, § 160 Anm. 2; vgl. auch *v. Crailsheim*, Die steuerrechtliche Behandlung von Schmiergeldzuwendungen, S. 229, der zutreffend darauf hinweist, daß ein Ausschluß der steuerlichen Abziehbarkeit über § 160 AO erst möglich ist, wenn das tatsächliche Bestehen von Lasten und Ausgaben nachgewiesen ist. In diesem Fall ist dem Finanzamt bei der Steuerfestsetzung aber bereits bekannt, daß es einen Empfänger oder Gläubiger gibt, es kennt nur dessen Identität nicht. Die Tatsache, die zu einer niedrigeren Steuer führt, ist daher nicht das Vorhandensein des Empfängers oder Gläubigers, sondern die Kenntnis des Finanzamtes von dessen Namen und Adresse.

724 *Schwarz*, AO, § 160 Rz. 18 und § 174 Rz. 12.

159

fällt auf, daß die zu findende Entscheidung in der Regel durch den vermeintlichen Zweck der Vorschrift i. S. einer Gefährdungshaftung legitimiert wird.

Angesichts der Offenheit des § 160 AO, deren Tatbestandsexegese nur die Tendenz der Bestimmung aufzeigen konnte, gewinnt der Wille des Gesetzgebers eine entscheidende Bedeutung.

C. Auslegung des § 160 AO

Nachfolgend soll im Wege der Auslegung ermittelt werden, welchen Zweck der Gesetzgeber mit § 160 AO verfolgte. Hierbei werden insbesondere Parallelen und Unterschiede zu § 205 a RAO aufgezeigt. Die vergleichende Betrachtung der alten und der neuen Vorschrift soll zum einen dem Verständnis des Gesetzes dienen. Zum anderen soll die Auslegung der neuen Vorschrift gefördert werden, indem aufgezeigt wird, inwieweit der Gesetzgeber die bisherige Regelung beibehalten hat, so daß sich evtl. die zur Vorgängernorm entwickelten Grundsätze weiter verwenden lassen und inwiefern der Gesetzgeber die neue Rechtslage von der zuvor maßgebenden abweichend gestaltet hat, etwa um bisher nicht einheitlich beantwortete Zweifelsfragen zu umgehen bzw. um auf sie in dem einen oder anderen Sinne eine Antwort zu geben[725].

I. grammatikalische Auslegung

Eine Änderung des Gesetzes besteht darin, daß die bisher in drei Absätzen enthaltene Regelung des § 205 a RAO nunmehr in einem einzigen Satz, dem neuen § 160 AO, zusammengefasst ist und daß der § 160 AO in Gestalt seines zweiten Satzes eine Bestimmung enthält, die in § 205 a RAO nicht enthalten war.

Soweit die Gesetzesänderung darin besteht, daß die Absätze 1 und 2 des § 205 a RAO vereinigt worden sind, ist ihr keine besondere Bedeutung beizumessen, denn beide Vorschriften bestimmten, daß das Finanzamt vom Steuerpflichtigen die Benennung des Gläubigers bzw. Empfängers verlangen kann, so daß sich wegen der Gleichartigkeit des Inhalts der Regelung eine Vereinigung förmlich aufdrängte[726]. Durch die sprachliche Zusammenfassung der beiden Absätze des § 205 a RAO in Satz 1 des § 160 AO wollte der Gesetzgeber den Wortlaut lediglich straffen, ihn aber inhaltlich nicht verändern; das Verbot, Schulden oder Lasten abzusetzen, sollte steuerlich bei der Bewertung des

---

[725] Auf diese Vorzüge der vergleichenden Betrachtung weist v. a. *Padberg*, FR 1977, 566 (567) hin.

[726] Gleicher Ansicht ist *Padberg*, FR 1977, 566 (567).

160

Vermögens berücksichtigt werden, während das Abzugsverbot von Werbungskosten oder Betriebsausgaben oder anderer Ausgaben, falls der Empfänger nicht benannt wurde, ertragsteuerliche Auswirkungen haben sollte[727].

Nach *Padberg*[728] könnte hingegen der Umstand eine größere Bedeutung, daß in die Zusammenfassung der Absatz 3 des § 205 a RAO einbezogen wurde und daß die Inhalte der jeweils aus Tatbestand und Rechtsfolge bestehenden Absätze 1 und 2 des § 205 a RAO nunmehr nur noch im Tatbestandsteil des § 160 Satz 1 AO vorzufinden sind, zumal in Übereinstimmung mit dem Aufbau des § 205 a RAO dem Verlangen des Finanzamtes nach Gläubiger- bzw. Empfängerbenennung verfahrensmäßig eine gewisse Selbständigkeit zuerkannt wurde. Für die Rechtslage gemäß § 205 a RAO wurde einhellig die Ansicht vertreten, daß die Aufforderung des Finanzamtes, den Gläubiger bzw. Empfänger zu benennen, selbständig anfechtbar sei[729]. Was die Frage der selbständigen Anfechtbarkeit anbelangt, kann angenommen werden, daß sich an der Rechtslage nicht geändert hat. Dieser Ansicht ist auch *Padberg*[730], mit der zutreffenden Begründung, daß die Rechtfertigung für die zur Vorgängernorm anerkannte Möglichkeit, gegen die betreffende Verfügung des Finanzamtes mit Rechtsbehelfen vorzugehen, nicht etwa darin gesehen wurde, daß das Gesetz in § 205 a Abs. 1 und 2 RAO ausdrücklich von einer entsprechenden Befugnis des Finanzamtes sprach. Sie wurde vielmehr aus der Überlegung hergeleitet, daß insoweit ein belastender Verwaltungsakt angefochten werden könne[731].

Festzuhalten bleibt daher, daß aus der geringfügigen Änderung des Wortlautes keine Normzweckänderung hergeleitet werden kann[732]. Im Rahmen der grammatikalischen Auslegung kann auf das zu § 205 a RAO Gesagte[733] Bezug genommen werden. Auch § 160 AO zeigt dem Betrachter zwei unterschiedliche Gesichter, je nachdem, ob man die Erfassung des Empfängers oder die Nichtberücksichtigung von Schulden und Ausgaben in den Vordergrund rückt. Sofern man den Schwerpunkt auf die Rechtsfolge, d. h. die Nichtberücksichtigung von

---

727 *Bauer*, DStR 1988, 413 (415).
728 Vgl. FR 1977, 566 (567).
729 *Mattern/Meßmer*, RAO, § 205 a Rz. 1391 und 1395 (m. w. N.), diese waren sogar der Ansicht, daß die entsprechende Verfügung des Finanzamtes rechtskräftig werden könne und daß im Falle der Rechtskraft in einem späteren, den unter Anwendung des § 205 a Abs. 3 RAO erlassenen Steuerbescheid betreffenden Rechtsbehelfsverfahren nicht mehr nachgeprüft werden dürfe, ob das Finanzamt die Gläubiger- bzw. Empfängerbenennung zu Recht verlangt habe. *Mattern/Meßmer*, wiesen jedoch auch darauf hin, daß die Rechtsprechung dieser Ansicht nicht folgte. Vgl. ferner: *Padberg*, FR 1977, 566 (567).
730 Vgl. FR 1977, 566 (567).
731 *Mattern/Meßmer*, RAO, § 205 a Rz. 1395.
732 Gleicher Ansicht ist *Münzel*, in: Die Nichtabzugsfähigkeit von Ausgaben nach § 160 AO, S. 61.
733 Siehe unter: 2. Teil D I.

Schulden und Ausgaben, legt, könnte § 160 AO daher, wie § 205 a RAO, einen ordnungspolitischen Zweck verfolgen, obwohl dies dem Wortlaut nicht ausdrücklich zu entnehmen ist.

II. systematische Auslegung

§ 160 AO befindet sich im 3. Abschnitt des vierten Teils der AO (Festsetzungs- und Feststellungsverfahren), also in dem Abschnitt, der das Verfahren bezüglich der Ermittlung der Besteuerungsgrundlagen des Steuerpflichtigen betrifft. Eine "Art Gefährdungshaftung" bzw. eine Norm, die der Ermittlung fremder Steuern dient, gehört nicht in den Abschnitt über die Ermittlung der Besteuerungsgrundlagen des Steuerpflichtigen[734]. Wie bereits dargestellt[735], wurde schon im Zusammenhang mit § 205 a RAO die Meinung vertreten, daß § 205 a RAO "bei den Haftungsvorschriften hätte lokalisiert werden müssen"[736]. Die Literatur forderte den Gesetzgeber deshalb auf, die Stellung des § 205 a RAO bei einer AO-Reform zu ändern bzw. "zu überlegen, ob die Vorschrift nicht aus der AO entfernt und in das Einkommensteuergesetz bzw. in das Bewertungsgesetz eingeführt werden sollte"[737]. Die Tatsache, daß der Gesetzgeber trotz der regen Diskussion über den vermeintlichen Normzweck und der ausdrücklichen Forderung, die Nachfolgenorm bei den Haftungsvorschriften zu lokalisieren, § 160 AO wieder in das Festsetzungs- und Feststellungsverfahren der Besteuerungsgrundlagen des Steuerpflichtigen einführte, spricht daher dafür, daß § 160 AO zur Ermittlung eigener Steuern des Steuerpflichtigen dienen soll. Wäre § 205 a RAO wirklich zunächst versehentlich falsch plaziert worden, kann unterstellt werden, daß der Gesetzgeber diesen Irrtum anläßlich der AO-Reform 1977 behoben hätte.

III. historische Auslegung

Im Entwurf einer Abgabenordnung (AO 1974) der Bundesregierung[738], ebenso im Entwurf einer Abgabenordnung 1974 der Fraktion der SPD/FDP[739] wurden die beiden Regelungsbereiche des § 205 a RAO in einem Satz zusammengefaßt. Diese Vorschrift (§ 141 AO 1974) hat folgenden Wortlaut:

"Schulden und andere Lasten, Betriebsausgaben oder Werbungskosten sind steuerlich regelmäßig nicht zu berücksichtigen, wenn der Steuerpflichtige dem Verlangen der Finanzbehörde nicht nachkommt, die Gläubiger oder die

---

[734] *Münzel*, Die Nichtabzugsfähigkeit von Ausgaben nach § 160 AO, S. 59.
[735] Siehe unter: 2. Teil D II.
[736] *Tipke/Kruse*, RAO, (7. Auflage) § 205 a Anm. 1 u. Anm. 2.
[737] *Tipke*, FR 1971, 168 (172).
[738] BT-Drucks. VI/1982 v. 19.03.1971.
[739] BT-Drucks. VII/1979 v. 26.01.1973.

Empfänger genau zu benennen. Das Recht der Finanzbehörde, den Sachverhalt zu ermitteln bleibt unberührt."

In der Begründung wird angeführt[740]:

"Die Vorschrift entspricht dem § 205 a RAO. Sie versagt regelmäßig die steuerliche Berücksichtigung von Schulden und Ausgaben, wenn der Gläubiger bzw. Empfänger auf Aufforderung der Finanzbehörde nicht benannt wird. Die *Bedeutung dieser Vorschrift* liegt vor allem, in der Verhinderung von Steuerausfällen. Selbst wenn die Finanzbehörde davon überzeugt ist, daß der Steuerpflichtige Aufwendungen in der geltend gemachten Höhe gehabt hat, ist regelmäßig deren steuerliche Berücksichtigung zu versagen, wenn der Steuerpflichtige die Empfänger dieser Leistung auf Verlangen nicht benennt. Hierbei hat die Finanzbehörde jedoch nach pflichtgemäßem Ermessen zu verfahren und insbesondere den Zweck dieser Vorschrift im Auge zu behalten. Besteht kein Anlaß zu Zweifeln, daß der Empfänger der Leistung diese ordnungsgemäß versteuert oder daß er nicht steuerpflichtig ist, wird Anlaß sein, § 141 nicht anzuwenden. Wie bei § 140 bleibt auch hier das Recht der Finanzbehörde auf Ermittlung des richtigen Sachverhaltes unberührt."

In der Stellungnahme des Finanzausschusses zum Entwurf einer AO (EAO 1977) vom 07.11.1975[741] wurde die Vorschrift nur um den Begriff "und andere Ausgaben" erweitert, inhaltlich aber ansonsten nicht verändert[742].

Die Materialien zu § 160 AO enthalten mithin keine Angaben zum Zweck der Norm bzw. zur Frage, wessen Besteuerung sie dienen soll. In der amtlichen Begründung des § 160 AO heißt es lediglich "die *Bedeutung* dieser Vorschrift liegt vor allem in der Verhinderung von Steuerausfällen." Unter Berufung auf diese Quelle ziehen Literatur und Rechtsprechung vorschnell den Schluß, daß auch der Zweck der Norm allein in der Verhinderung von Steuerausfällen bestehen soll. Die amtliche Begründung spricht allerdings nicht vom Zweck, sondern lediglich von der Bedeutung der Norm. Da nach allgemeiner Ansicht aber schon der Zweck der Einnahmeerzielung zur Auslegung untauglich ist[743], weil eine Ausrichtung auf diesen Zweck zwangsläufig zur Maxime "in dubio pro fisco" führen würde, muß dies erst recht gelten, wenn einer Norm lediglich die Bedeutung der Einnahmeerzielung beigemessen wird (argumentum a maiore ad minus).

---

[740] BT-Drucks. VI/1982, 146: zu § 141.
[741] BT-Drucks. VII/4292.
[742] BT-Drucks. VII/4292, 32 zu § 160.
[743] *Mössner*, DStZ 1990, 132 (135); *Vogel*, DStZ 1977, 5 (8 f.); *Tipke*, Über teleologische Auslegung, Lückenfeststellung und Lückenausfüllung, in: Festschrift für v. Wallis, S. 133 (135); *Birk*, StuW 1990, 300 (304).

163

Von größerer Ergiebigkeit für die Auslegung des § 160 AO ist daher der Hinweis in der amtlichen Begründung, daß die Vorschrift dem § 205 a RAO entspricht. Im Rahmen der historischen Auslegung kann auf die Ausführungen zu § 205 a RAO Bezug genommen werden. Danach ist § 205 a RAO im Interesse der Besteuerung des Steuerpflichtigen erlassen worden. Als Belastungsgrund sollte die Norm Schmiergelder, Schwarzmarkt-, OR-Geschäfte bzw. allgemein unlautere Gepflogenheiten in der deutschen Wirtschaft bekämpfen, indem durch Absatz 3 ein faktisches Abzugsverbot dieser Ausgaben eingeführt wurde. Da nach dem expliciten Willen des Gesetzgebers § 160 AO dem § 205 a RAO entsprechen soll, muß auch der Normzweck des § 160 AO dem des § 205 a RAO entsprechen. § 160 AO bezweckt daher, wie die Vorgängervorschrift, nicht die Ermittlung fremder, sondern die Ermittlung eigener Steuern des Steuerpflichtigen. Unterstützt wird dieses Ergebnis durch § 16 AStG, der in Absatz 1 ausdrücklich § 160 AO erwähnt. Eine derartige Verknüpfung von § 16 AStG und § 160 AO ist nur sinnvoll, wenn beide Vorschriften auf dieselbe Person abzielen. Wie bereits dargestellt[744], dient § 16 AStG unstreitig zur Ermittlung der eigenen Steuer des Steuerpflichtigen. Für § 160 AO kann nichts anderes gelten.

IV. Zwischenergebnis und Ausblick

§ 160 AO bezweckt, wie § 205 a RAO, nicht die Ermittlung fremder, sondern die Ermittlung eigener Steuern des Steuerpflichtigen. Der Belastungsgrund liegt in beiden Vorschriften darin, "unlautere Gepflogenheiten in der deutschen Wirtschaft" zu bekämpfen. Was genau mit "unlauteren Gepflogenheiten in der deutschen Wirtschaft" gemeint ist, bleibt unklar. Jedenfalls dürfen Geschäftspraktiken, die der Gesetzgeber ausdrücklich erlaubt, wie z. B. die im Rahmen dieser Arbeit dargestellten neuen Formen des Wertpapierhandels und der Unternehmensfinanzierung, nicht als unlauter gelten und daher durch § 160 AO auch nicht beschränkt werden. Der Gesetzgeber will vielmehr mit § 160 AO in gleicher Weise wie seinerzeit mit § 205 a RAO "unlauteren Gepflogenheiten in der deutschen Wirtschaft" entgegentreten können, die eines gemeinsam haben: Ein erhebliches Interesse der Beteiligten an der Wahrung ihrer Anonymität und den Makel des verwerflichen bzw. steuerunehrlichen Verhaltens.

Wer § 160 AO nur als Schmiergeldparagraph einordnet, wird die Bestimmung aufgrund des Abzugsverbotes in § 4 Abs. 5 Nr. 10 EStG mittlerweile als überflüssig betrachten müssen. Wer den Belastungsgrund der Norm - entsprechend dem Ergebnis dieser Untersuchung - allerdings darin sieht, "unlautere Gepflogenheiten in der deutschen Wirtschaft" zu bekämpfen, kommt zu dem Ergebnis, daß die Norm vom Fiskus v. a. bei Bestechungsgeldern, Schweigegeldern, Hehlerei,

---

744   Siehe unter: 1. Teil B III.

Schwarzarbeit, OR-Geschäften, Geschäften mit Subunternehmern und Domizilgesellschaften vom Fiskus gewissermaßen als Allzweckwaffe eingesetzt werden kann.

Die bisherige Untersuchung hat allerdings auch gezeigt, daß die Gefahr einer ausufernden Anwendung des § 160 AO besteht. Dies ist v. a. dann der Fall, wenn - entsprechend dem Titel dieser Arbeit - der Steuerpflichtige als *"Steuerinspektor in fremder Sache"* bzw. als *"Hilfsbeamter des Steuerfahndungsdienstes"* eingesetzt wird, der überdies ausdrücklich "ohne Verschulden" i. S. einer Gefährdungshaftung für fremde Steuern aufkommen soll. Ob dieses Ergebnis noch sachgerecht ist, bedarf der Prüfung. Insbesondere stellt sich die Frage ob der Fiskus die gleichen Maßstäbe auch an seine Steuerbeamten anlegt.

D. Steuerpflichtige und Beamte bzw. Angestellte der Finanzverwaltung

Wie bereits dargestellt[745], übernimmt der Steuerpflichtige mit der für die Empfängerbenennung notwendigen Identifizierung von Zahlungsempfängern, Gläubigern etc. eine Aufgabe des Staates. Denn trotz der gewählten Technik, den Abzug von Schulden und Lasten von der Benennung der Gläubiger oder Empfänger abhängig zu machen, ist die Identitätsfeststellung nicht Bestandteil des Besteuerungsverfahrens des jeweiligen Steuerpflichtigen[746]. Sie dient vielmehr der Besteuerung anderer Personen. Dies ergibt sich daraus, daß der Abzug z. B. von Betriebsausgaben auch abgelehnt werden kann, wenn die Tatsache, daß Betriebsausgaben vorgelegen haben, feststeht.
Um die Besteuerung in einem anderen Besteuerungsverfahren zu erreichen, wird dem Steuerpflichtigen mithin eine Handlungspflicht auferlegt, die § 160 AO mittels Androhung finanzieller Nachteile, und nur wegen dieser, zur eigenen macht. Der Steuerpflichtige wird, mit den Worten *Jüptners*[747], zum *"Steuerinspektor in fremder Sache"* bzw. mit den Worten *Falkenbergs*[748], zum "Hilfsbeamten des Steuerfahndungsdienstes".

Den Steuerpflichtigen dabei allerdings im Wege einer Gefährdungshaftung ohne jedes Verschulden hinsichtlich der Nichtfeststellbarkeit der Empfänger vom Betriebsausgabenabzug auszuschließen, könnte zu rechtswidrigen Ergebnissen

---

[745] Siehe unter: 3. Teil B II 3 a "Der Empfänger ist nicht Konstitutens, sondern lediglich Indiz für die betriebliche Veranlassung i. S. d. § 4 Abs. 4 EStG".

[746] Vgl. auch *Padberg*, FR 1977, 591 (597) oder *Jüptner*, FR 1985, 12 (13) "Das Verlangen der Gläubigerbenennung führt aus dem Steuerverfahren des Steuerpflichtigen heraus, was insbesondere dann deutlich wird, wenn die Werbungskosten- /Betriebsausgabenqualität feststeht".

[747] FR 1985, 12 (13).

[748] StuW 1952, 513 (514).

führen. So haftet der Staat nach Amtshaftungsgrundsätzen bei der Verletzung von drittbezogenen Rechtspflichten nur dann, wenn die Verletzung dieser Pflichten schuldhaft geschehen ist. Nachfolgend wird daher geprüft, ob eine verfassungswidrige Ungleichbehandlung von Steuerpflichtigen und Beamten bzw. Angestellten der Finanzverwaltung vorliegt.

I. Haftungsbeschränkung für Amtsträger gem. § 32 AO

Beamte haften nach § 78 Abs. 1 Satz 2 BBG, § 46 Abs. 1 Satz 2 BRRG und den entsprechenden landesgesetzlichen Vorschriften *in Ausübung eines ihnen anvertrauten Amtes* ihrem Dienstherrn nur insoweit, als sie die ihnen obliegenden Pflichten vorsätzlich oder grob fahrlässig verletzt haben. Der gleiche Maßstab wird angewendet, wenn es darum geht, ob der auf Grund des Artikel 34 Satz 1 GG, § 839 BGB in Anspruch genommene Dienstherr gegen den Beamten Regreß nehmen kann[749]. Lex specialis zu diesen Vorschriften ist § 32 AO[750]. Gemäß § 32 AO kann ein Finanzbeamter bei der Bearbeitung von Steuersachen für die Steuerausfälle, die infolge von Amts- oder Dienstverletzungen entstehen, nur dann in Anspruch genommen werden, wenn die Pflichtverletzungen mit Strafe[751] bedroht sind. Durch das Wort "infolge" wird klargestellt, daß § 32 AO nicht nur Ansprüche aus fehlerhafter Festsetzung, sondern auch aus fehlerhaften Ermittlungshandlungen, die z. B. zu einer falschen Festsetzung geführt haben, erfaßt[752].

II. Haftung der Beamten bei privatrechtlicher Verwaltungstätigkeit

Haftet ein Beamter gem. § 78 Abs. 1 Satz 1 BBG, § 46 Abs. 1 Satz 1 BRRG für Pflichtverletzungen bei *privatrechtlicher Verwaltungstätigkeit* für jedes Verschulden, so ist auf Grund der Fürsorgepflicht des Dienstherrn eine Haftungsbeschränkung auf Vorsatz und grobe Fahrlässigkeit geboten, wenn es die Eigenart der konkreten Obliegenheit mit sich bringt, daß auch einem sorgsamen Beamten gelegentlich Fehler unterlaufen[753]. Es werden hier die Grundsätze und Regeln des arbeitsrechtlichen Instituts der Haftung bei gefahrgeneigter Arbeit auf das Beamtenrecht übertragen[754]. So soll z. B. ein Beamter bei der Berechnung und Überweisung von Arbeiterentlohnungen nur beschränkt haften, weil es sich um

---

[749] Art. 34 Satz 2 GG, § 78 Abs. 2 BBG, § 46 Abs. 2 BRRG.
[750] *Tipke/Kruse*, AO, § 32 Rz. 1.
[751] Als Strafe ist eine Kriminalstrafe (z. B. Unterschlagung, Untreue, Steuerhinterziehung), nicht aber eine Disziplinarstrafe oder eine Sanktion nach dem Ordnungswidrigkeitenrecht gemeint, vgl. *Klein*, AO, § 32 Anm. 2.
[752] *Tipke/Kruse*, AO, § 32 Rz. 2.
[753] *Schick*, BB 1983, 1041 (1046 m. w. N.).
[754] *Achterberg*, DVBl. 1964, 655 ff..

"wesensgemäß typisch gefahrbehaftete" Arbeiten handelt[755]. Gefahrgeneigte Tätigkeit liegt vor, wenn eine vom Arbeitnehmer zu leistende Tätigkeit auf Grund ihrer Eigenart eine besonders große Wahrscheinlichkeit mit sich bringt, daß Versehen unterlaufen und Schäden entstehen, auch wenn der Arbeitnehmer in aller Regel die im Verkehr erforderliche Sorgfalt an den Tag legt[756]. Bei gefahrgeneigter Arbeit muß der Arbeitnehmer nicht für jede Fahrlässigkeit haften, sondern für den vollen von ihm verursachten Schaden nur bei Vorsatz und grober Fahrlässigkeit einstehen[757]. Der Grund für diese Haftungsprivilegien und -beschränkungen liegt in dem Ziel, eine sachgerechte Risikoverteilung zu erreichen[758].

Dies gilt insbesondere für die Tätigkeit des Finanzbeamten. Angesichts der (Zitat) "heutigen Kompliziertheit des Steuerrechts und der bei einem Finanzamt anfallenden Massenarbeit"[759] sei es gerade für den Finanzbeamten eine nicht "nicht tragbare Last", wenn schon die einfache Fahrlässigkeit des täglichen Lebens mit Ersatzansprüchen verbunden wäre. Die vom Beamten laufend geforderten Entscheidungen wären unzumutbar und die Entscheidungsfreiheit der Finanzbeamten würde auf bedenkliche Weise in Richtung "in dubio pro fisco" beeinträchtigt[760].

III. Übertragbarkeit der Haftungsbeschränkung auf den Steuerpflichtigen?

Die zur Rechtfertigung der Haftungsbeschränkung bei Beamten angestellten Überlegungen treffen auch auf den gem. § 160 AO für die Finanzbehörde bzw. für den Fiskus handelnden Steuerpflichtigen zu. Denn vergleichbar mit der Tätigkeit eines Steuerbeamten handelt es sich um ein gesetzlich begründetes öffentlich-rechtliches Leistungsverhältnis. Es dürfte zwar zu weit gehen, wenn man § 32 AO analog auf den Steuerpflichtigen anwenden würde, so daß der Steuerpflichtige für Pflichtwidrigkeiten nur dann in Anspruch genommen werden könnte, wenn diese gleichzeitig mit Strafe bedroht sind.

Aufgrund des Prinzips der Risikoverteilung ist es aber angebracht, den für den Staat handelnden Steuerpflichtigen nur entsprechend dem in den §§ 78 Abs. 1 Satz 1, Abs. 2 BBG, 46 Abs. 1 Satz 2, Abs. 2 BRRG niedergelegten Maßstab, sowie nach den Grundsätzen der Haftungsmilderung bei gefahrgeneigter Arbeit und der Haftungsmilderung auf Grund der Fürsorgepflicht des Dienstherrn bei

---

755   OVG Münster v. 10.09.1968 - I A 67/66, ZBR 1969, 84.
756   *Schick*, BB 1983, 1041 (1046 m. w. N.).
757   BAG v. 25.09.1957 - GS 4-5/56 (1 AZR 576/565 und 1 AZR 577/55), BAGE 5, 1 ff..
758   *Canaris*, RdA 1966, 41 ff..
759   So schon *Kosin*, DStZ 1960, 105.
760   *Schick*, BB 1983, 1041 (1046); *Tipke/Kruse*, AO, § 32 Rz. 1: "Die Haftungsbeschränkung ist eine notwendige Ergänzung zu §§ 85, 88, insb. § 88 Abs. 2 AO."; *Hübsch-mann/Hepp/Spitaler*, AO, § 32 Rz. 3: "Die Haftung der Amtsträger wird beschränkt, um die Entscheidungsfreudigkeit der Amtsträger und deren Freiheit von fiskalischen Zwängen zu fördern".

Pflichtverletzungen einstehen zu lassen, nämlich nur für Vorsatz und grobe Fahr-lässigkeit[761]. Denn, falls der Staat seine Beamten zur Sachverhaltsermittlung einsetzen würde, müßten diese ebenfalls nur bei Vorsatz und grober Fahrlässigkeit haften. Sofern der Fiskus hinnimmt, das selbst die wesentlich fachkundigeren Steuerbeamten, welche ferner mit staatlichen Ermittlungsbefugnissen ausgestattet sind, den Sachverhalt nicht aufklären können, ohne daß eine Pflichtverletzung vorliegt, muß dies erst recht für einen Steuerpflichtigen gelten, der Nach-forschungen zwar anstellen, aber nicht hoheitlich durchsetzen kann (argumentum a maiore ad minus).

Für einen unterschiedlichen Grad der Haftung von Steuerpflichtigem und Beam-ten lassen sich sachlich rechtfertigende Gründe nicht finden.

Erwägungen zur Praktikabilität und Verwaltungsvereinfachung, wie sie vor allem im Zusammenhang mit den Erfordernissen einer "genauen Empfängerbezeich-nung" angestellt werden[762], stellen keinen ausreichenden sachlichen Grund dar[763]. Denn wirtschaftlich gesehen, hat der Steuerpflichtige mit der Steuerschuld nichts zu tun. Steht fest, daß die Schuld entstanden bzw. die Ausgabe geleistet worden ist, scheidet die Steuerschuldnerstellung nämlich als Anknüpfungspunkt für das Auskunftsverlangen aus.

Sofern mit der größeren Beweisnähe des Steuerpflichtigen argumentiert wird[764], kann auch dies nicht überzeugen. Die Beweisnähe ist in *bipolaren Verhältnissen* von Bedeutung[765]. Bei § 160 AO geht es aber um die steuerliche Erfassung eines Dritten.

---

[761] Vgl. in diesem Zusammenhang für das Lohnsteuerverfahren bereits *Schick*, BB 1983, 1041 (1046), *Fischer*, BB 1983, 1648, *Söffing*, FR 1983, 25 (26) und *Friedrich*, DB 1984, 1114 ff.; *Trzaskalik*, in: Friauf, Steuerrecht und Verfassungsrecht, S. 157, (164) "Versteht man den Quellenabzug als Instrument gegen eine mangelhafte Zahlungsmoral der Arbeitnehmer, gewinnt das Verfahren deutlich diskriminierenden Charakter" (auch S. 172); Auch im Zivilrecht haftet im übrigen der Beauftragte dem Auftraggeber nur im Falle von Vorsatz und Fahrlässigkeit nach §§ 662, 276 BGB.

[762] Siehe unter: 3. Teil III 5 "Der Empfänger ist so genau zu benennen, daß die Finanzbehörde ohne besondere Schwierigkeiten und ohne besonderen Zeitaufwand in der Lage ist, den Gläubiger bzw. Zahlungsempfänger zu ermitteln".

[763] "Da mit jedem Gesetz bestimmte Zwecke verfolgt werden, gehören zum Steuergesetz Überlegungen, wer eigentlich durch die Abgabe belastet werden soll. Der Schnitt verläuft zwischen der *gesetzlich intendierten* und der nur als *ökonomische Chance* gedachten Abwälzung. Soll nach dem Willen des Gesetzgebers der Steuerschuldner nicht Steuerträger sein, hat das Gesetz zur Abwälzungsfrage Stellung zu nehmen." so *Trzaskalik*, in: Friauf, Steuerrecht und Verfassungsrecht, S. 157.

[764] Siehe unter: 1. Teil B I.

[765] *Hübschmann/Hepp/Spitaler*, AO, § 160 Rz. 43.

IV. Zwischenergebnis und Ausblick

Es kann festgestellt werden, daß der Staat den Steuerpflichtigen schlechter stellt, als die auf Grund freiwilliger Bewerbung angestellten und geschulten Steuerbeamten. Letztere haften nur bei vorsätzlicher oder grob fahrlässiger Pflichtverletzung. § 160 AO ist verfassungskonform dahin auszulegen, daß der Steuerpflichtige nur dann durch Versagung des Betriebsausgabenabzuges haftet, wenn er aufgrund vorsätzlicher oder grob fahrlässiger Pflichtverletzung den Empfänger von Betriebsausgaben nicht benennen kann, d. h. es muß eine entsprechende Reduzierung der Gefährdungshaftung vorgenommen werden.

Dabei reicht es insbesondere nicht aus, die Frage des fehlenden Verschuldens nur bei der Ermessensausübung zu prüfen. Bei der Prüfung unter Ermessensgesichtspunkten müßte der Haftende nachweisen, daß ihn kein Verschulden an der fehlenden Benennung trifft. Ist die Haftung ohne Verschulden aber kraft Gesetzes ausgeschlossen, muß die Finanzverwaltung nachweisen, daß den Steuerpflichtigen ein Verschulden (Vorsatz oder grobe Fahrlässigkeit) an der Nichtbenennung trifft. Durch diese Forderung soll keinesfalls der Boden für die beschriebenen unlauteren Gepflogenheiten bereitet werden. Die Ausführungen im 3. Teil der Arbeit zeigen jedoch, daß die derzeitige Praxis die Gewichte in erheblichem Maße zulasten des Steuerpflichtigen verschoben haben. Insgesamt wäre daher eine Generalrevision der Norm wünschenswert. Die erheblichen Probleme bei der praktischen Anwendung des § 160 AO sollten den Gesetzgeber veranlassen, de lege ferenda, den Wortlaut präziser zu fassen, und insbesondere den Zweck der Norm klar zu formulieren; zumal das Ermessen im Rahmen des § 160 AO nur rechtmäßig ausgeübt werden kann, wenn der Normzweck feststeht. Der Gesetzgeber sollte auch prüfen, ob es nicht an der Zeit ist § 160 AO gänzlich aus der AO zu entfernen und evtl. eine neue Vorschrift in das Einkommensteuergesetz einzuführen. Im Zuge dieser Überlegungen müßte allerdings zunächst eine ordnungspolitische Diskussion darüber geführt werden, ob unlautere Gepflogenheiten in der deutschen Wirtschaft überhaupt durch das Steuerrecht bekämpft werden sollen[766].

---

[766] Vor einer Überfrachtung des Steuerrechts mit außerfiskalischen Interessen warnt z. B. *Raupach*, Darf das Steuerrecht andere Teile der Rechtsordnung stören?, in: FS für Tipke, 1995, S. 105 ff..

169

4. Teil: Ergebnisse

1. Verletzt der Steuerpflichtige nachweisbar seine Mitwirkungspflicht, bleibt das Finanzamt zwar grundsätzlich weiterhin zur Sachverhaltsaufklärung verpflichtet, die Amtsermittlungspflicht kann sich im Einzelfall allerdings mindern. Die Verantwortung des Steuerpflichtigen für die Aufklärung des Sachverhaltes ist um so größer (die von Finanzbehörden und FG um so geringer), je mehr Tatsachen oder Beweismittel der von ihm beherrschten Informations- und/oder Tätigkeitssphäre angehören.

2. Bestehen in einem konkreten Besteuerungsverfahren seitens der Finanzbehörde Zweifel, ob Ausgaben angefallen sind, legitimiert § 93 Abs. 1 Satz 1 AO die Frage nach dem Empfänger, um auf diese Weise Klarheit über den Sachverhalt zu gewinnen. § 93 AO rechtfertigt diese Nachfrage auch, falls es der Finanzbehörde primär um die steuerlichen Verhältnisse des Empfängers geht. Die Zahlung als solche ist schon ein hinreichender Grund für die Nachforschung.

3. Die Mitwirkungspflicht wird gem. § 90 Abs. 2 AO und § 16 Abs. 1 AStG in Fällen gesteigert, die sich auf Vorgänge außerhalb der Bundesrepublik Deutschland beziehen. § 16 AStG verdrängt als spezielle Vorschrift die allgemeine erhöhte Mitwirkungspflicht des § 90 Abs. 2 AO mit der Folge, daß die Finanzbehörde die Darlegungs- und Beweislast für das zusätzliche Tatbestandsmerkmal der fehlenden oder unwesentlichen Besteuerung des Empfängers trägt.

4. § 205 a RAO, die Vorgängernorm des § 160 AO, wurde mit Wirkung zum 01.01.1935 nachträglich in die RAO mit dem ausschließlichen Zweck eingefügt, die Nichtabzugsfähigkeit von Schmiergeldern zu sichern. Zu dieser Zeit nahm in der deutschen Wirtschaft das Schmiergeldunwesen zum Nachteil des lauteren Wettbewerbs immer bedrohlichere Formen an. Der RFH hatte zwar durch ein Gutachten bereits ca. zweieinhalb Jahre vor der Einführung des § 205 a RAO die konkrete Frage des Reichsministers der Finanzen, ob der Unternehmer verpflichtet sei, dem Finanzamt auf Verlangen die Empfänger der Schmiergelder namhaft zu machen, wenn damit zu rechnen ist, daß diese die Einkünfte in ihren Steuererklärungen verschwiegen haben, unter Hinweis auf § 201 RAO explizit bejaht. In der Praxis konnte § 201 RAO das Schmiergeldunwesen jedoch nicht eindämmen, zumal der RFH die Abzugsfähigkeit von Schmiergeldern grundsätzlich anerkannte, sofern sie betrieblich veranlaßt waren. Vor dem Hintergrund, daß ein ausdrückliches Abzugsverbot für Schmiergelder damals als mit dem Steuerrecht unvereinbar galt, beschritt der Gesetzgeber folgenden Umweg: Er ermächtigte gem. § 205 a Abs. 2 RAO die Finanzbehörde im Ermittlungsverfahren gegen den Zahlenden, einen Empfängernachweis zu verlangen und knüpfte an die Verweigerung der Angabe gem. § 205 a Abs. 2 RAO ein Abzugsverbot. Da auch der Gesetzgeber davon ausging, daß der Schmierende nicht benannt wird, erreichte er zwar nicht de jure aber de facto Unabziehbarkeit der Schmiergelder.

5. Dieses Zweckverständnis wird durch die historische Auslegung, insbesondere die gesamte gesellschaftliche und wirtschaftliche Entwicklung bis zum Erlaß des § 205 a RAO sowie durch die amtliche Begründung zu § 4 EStG 1934 unterstützt.

6. Im Laufe der Zeit wurde die Norm von der Finanzverwaltung und der Rechtsprechung als Mittel zur Bekämpfung "allgemein verwerflichen Geschäftsgebarens in der Wirtschaft" weiterentwickelt. Der Ursprung dieser Entwicklung liegt in einer Verfügung der Oberfinanzbehörde in Hamburg vom 20.12.1948, die in der Notzeit nach dem zweiten Weltkrieg über § 205 a RAO insbesondere das Schieberunwesen und die Schwarzgeldgeschäfte unterbinden wollte. Das FG Hamburg übernahm dann 1950 den Gedanken, daß durch Verlagerung der Steuerpflicht von dem eigentlich steuerpflichtigen Empfänger der Zahlung auf den an sich nicht steuerpflichtigen Zahler, der Zahler gewissermaßen mit einer Buße für die Nichtbenennung des Empfängers sanktioniert werde. *Tipke* entwickelte § 205 a RAO anschließend zu einer Gefährdungshaftung weiter. Die Ansicht *Tipkes* dürfte dabei auch davon beeinflußt worden sein, daß er 1954 zunächst selbst in der Finanzverwaltung Hamburg und ab 1957 dann am Finanzgericht Hamburg tätig war.

7. Die Weiterentwicklung des Normzweckes von § 205 a RAO von der Bekämpfung des Schmiergeldes zur Bekämpfung von Schwarzmarkt-, OR-Geschäften oder, allgemein ausgedrückt, *"verwerflichem Geschäftsgebaren in der deutschen Wirtschaft"*, stellt eine zulässige, sogar notwendige Gesetzesauslegung gem. § 1 Abs. 2 StAnpG dar, während die Ausweitung zu einer "Art Gefährdungshaftung" abzulehnen ist. Hierdurch würde die Norm nicht mehr lediglich im Sachverhaltsbereich an neue Gegebenheiten angepaßt, sondern unzulässigerweise im Definitionsbereich verändert werden. Aus einer Vorschrift, welche der Gesetzgeber ursprünglich im Interesse der *Besteuerung des Zahlenden* erlassen hatte, würde eine Norm, die der *Besteuerung des Zahlungsempfängers* dienen soll.

8. Der Wortlaut des § 160 AO umschreibt den Anwendungsbereich nur unvollständig. Die Bestimmung eröffnet der Finanzbehörde sowohl ein Benennungs- als auch ein Abzugsermessen. Für ihre Handhabung kommt es daher vor allem auf den Zweck an, damit das Ermessen sachgerecht ausgeübt werden kann.

9. Die Aussage, über die Höhe der Hinzurechnung sei eine Ermessensentscheidung zu treffen, ist schon vom Ansatz her dogmatisch unverständlich, da die Ermittlung und Festlegung der Höhe der Steuer nie ein Ermessensthema ist. Dies gebietet die Tatbestandsmäßigkeit der Besteuerung gem. § 3 AO. Verwaltungsermessen kann sich grundsätzlich nur auf dem Gebiet des Vollzugs der ebenfalls dem Gesetzesvorbehalt unterliegenden Rechtsfolge abspielen.

10. Beim Benennungsverlangen gem. § 160 AO handelt es sich um einen selbständig anfechtbaren Verwaltungsakt. Der notwendige Regelungsgehalt läßt daraus ableiten, daß die Finanzbehörde das Benennungsverlangen neben § 160 AO auch auf § 93 AO stützen und, sofern der Dritte dem Verlangen nach Benennung des Zahlungsempfängers nicht nachkommt, gem. §§ 328 ff. AO

172

mittels Zwangsgeld oder ggfs. Zwangshaft vollstrecken kann. Die Untersuchung hat ergeben, daß das Benennungsverlangen der Finanzbehörde nach § 160 AO mit dem Auskunftsverlangen nach § 93 AO identisch ist. Sofern die Finanzbehörde dem Steuerpflichtigen allein dadurch, daß sie das identische Benennungsverlangen entweder auf § 160 AO oder auf § 93 AO stützt, die Möglichkeit nehmen kann, Einspruch einzulegen, wird der Weg zu den (Finanz-) Gerichten entgegen dem in Art. 19 IV GG verankerten Prinzip der Gewährung effektiven Rechtsschutzes in unzumutbarer und willkürlicher Weise erschwert. Wenn die Benennungsverlangen nach § 160 AO und § 93 AO identisch sind, müssen sie auch identisch behandelt werden.

11.   Auch hinsichtlich des Zweckes von § 160 AO stehen sich unterschiedliche Meinungen gegenüber. Die herrschende Meinung in Rechtsprechung und Literatur sieht in § 160 AO eine Art Gefährdungshaftung, mittels derer der den Abzug der Ausgaben oder Schulden begehrende Steuerpflichtige, die Steuerschuld des unbekannten Empfängers der Leistung zu tragen habe. Die zweite Auffassung sieht in der Norm eine Vorschrift, die den ordnungsgemäßen Abzug von Ausgaben und somit die Besteuerung des Steuerpflichtigen selbst betrifft. Nach einer dritten Ansicht soll es sich um eine Vorschrift zur Bekämpfung unlauterer Methoden im Wirtschaftsleben handeln. Der Vorzug gebührt der Auffassung, daß § 160 AO, wie § 205 a RAO, nicht die Ermittlung fremder, sondern eigener Steuern des Steuerpflichtigen bezweckt. Neben der rein fiskalischen Einnahmeerzielungsabsicht verfolgt § 160 AO, gleichermaßen wie § 205 a RAO, als *Belastungsgrund* den ordnungspolitischen Zweck, unlautere Gepflogenheiten in der deutschen Wirtschaft zu bekämpfen. Der Gesetzgeber macht sich das erhebliche Interesse der Beteiligten an der Wahrung ihrer Anonymität zunutze. Die Bestimmung wird vom Fiskus v. a. bei Bestechungsgeldern, Schweigegeldern, Hehlerei, Schwarzarbeit, OR-Geschäften, Geschäften mit Subunternehmern und Domizilgesellschaften gewissermaßen als Allzweckwaffe eingesetzt.

12.   Nach der herrschenden Meinung soll eine Versagung des Abzugs von Lasten, Betriebsausgaben, Werbungskosten und anderen Ausgaben *in Höhe des geschätzten Steuerausfalls* vorgenommen werden, der durch die Nichtversteuerung auf der Seite des Zahlungsempfängers entsteht. Es ergeben sich daher Unterschiede hinsichtlich der ggfs. verbleibenden Absetzbarkeit unstreitig betrieblich veranlaßter Aufwendungen, je nachdem, in welcher Progressionszone sich das Einkommen des Leistungsempfängers bewegt. Da der Tatbestand des § 160 AO aber voraussetzt, daß der Zahlungsempfänger oder Gläubiger unbekannt ist, hat die gängige Praxis der h. M. zur Folge, daß der Steuerpflichtige die eigene effektive steuerliche Belastung nur spekulativ ermitteln kann. § 160 AO fixiert mithin lediglich *einen Rahmen bzw. eine bloße Obergrenze* der steuerlichen Belastung bis zur Höhe der vollständigen Versagung des Betriebsausgaben- bzw. Werbungskostenabzugs. Sofern § 160 AO also der Ermittlung fremder Steuern dienen soll, für die der Zahlende einzustehen hat, genügt die Norm nicht den

Anforderungen des Bestimmtheitsgrundsatzes.

13. Die Berücksichtigung der "wahrscheinlichen" bzw. "geschätzten" steuerlichen Verhältnisse eines Unbekannten führt zu einer Umgehung des Beweismaßstabs gemäß § 85 AO. Danach kann die Finanzbehörde der Besteuerung grundsätzlich nur den Sachverhalt zugrunde legen, den sie mit einer *an Sicherheit grenzenden Wahrscheinlichkeit* festgestellt hat; bloße Vermutungen oder Unterstellungen reichen ebensowenig wie eine lediglich überwiegende Wahrscheinlichkeit für das Vorliegen von Tatsachen nicht genügt.

14. Im Steuerrecht ist die Haftung grundsätzlich akzessorisch, d. h., der Haftungsanspruch hängt von der Existenz des Primäranspruches, für den gehaftet wird, ab. Jede Art von Haftung muß deshalb nicht etwa nur eine Steuer*gefährdung*, sondern vielmehr einen Steuer*ausfall* in konkret bezifferbarer Höhe voraussetzen. Ob und ggfs. in welcher Höhe allerdings ein Steuerausfall droht, ist bei der Anwendung des § 160 AO nicht bekannt.

15. Die Nichtanerkennung der Ausgaben etc. gem. § 160 AO führt nicht zum Erlöschen der Steuerschuld des Gläubigers oder Zahlungsempfängers. Wird ein Empfänger von Betriebsausgaben, die beim Steuerpflichtigen nach § 160 AO bei der steuerlichen Gewinnermittlung nicht berücksichtigt worden sind, nachträglich bekannt, so muß er nach allgemeiner Ansicht diese Beträge nachversteuern. Im Ergebnis führt dies zu einer doppelten steuerlichen Erfassung der Beträge. Wenn dies nicht beabsichtigt gewesen wäre, hätte der Gesetzgeber eine Schranke oder z. B. die Möglichkeit eines Innenschuldnerausgleichs einfügen müssen, damit der Steuerpflichtige sich wegen der von ihm entrichteten "fremden" Steuern beim eigentlichen Steuerpflichtigen schadlos halten kann.

16. Die Anwendbarkeit des § 160 AO setzt eine Kürzung der Bemessungsgrundlage beim Steuerpflichtigen voraus. Geht es ausschließlich – gemäß der herrschenden Meinung - um die steuerliche Erfassung des Gläubigers oder Empfängers (d. h. des Dritten), sollte es gleichgültig sein, ob sich die Ausgabe beim Zahlenden steuerlich auswirkt.

17. § 160 AO ist keine "subjektive Beweislastregel". Beweisführungslast und Amtsermittlungsgrundsatz passen nicht zueinander. Die Bestimmung setzt voraus, daß Werbungskosten oder Betriebsausgaben entstanden und nachgewiesen sind, *insofern* also gar keine non-liquet Situation mehr besteht. Sofern man die Vorschrift als subjektive Beweislastregel qualifiziert, würde sich die Situation stellen, daß ohne non-liquet eine Beweisführungslast relevant sein könnte.

18. § 160 AO ist auch keine Regelung der objektiven Beweislast. "Betriebsausgaben" oder "Werbungskosten" gem. § 160 AO definieren sich allein nach der Veranlassung einer Aufwendung durch den Betrieb oder Beruf. Der Empfänger ist nicht Konstitutens, sondern lediglich Indiz für die Veranlassung. Dies wird bereits daraus ersichtlich, daß der Abzug grundsätzlich auch ohne Empfänger- bzw. Gläubigerbezeichnung möglich ist. Die Benennung ist nämlich nur "auf Verlangen der Finanzbehörde" nötig. Hat § 160 AO den Zweck, Steuerausfälle wegen

Nichterfassung der Einnahmen beim Empfänger zu verhindern, handelt es sich nicht um den Nachweis eines steuermindernden Merkmales auf seiten des Steuerpflichtigen, sondern eines steuererhöhenden Merkmales, für das regelmäßig die Finanzbehörde die objektive Beweislast trägt. Bei einer solchen Betrachtungsweise würde der Steuerpflichtige letztlich die Beweislast der Finanzbehörde aus einem anderen Besteuerungsverfahren tragen. Diese Einordnung widerspräche der grundsätzlichen Funktion der objektiven Beweislast, die Nichtfeststellbarkeit von Tatsachen in einem Rechtsanwendungsverfahren zwischen *den Beteiligten dieses Verfahrens* zu überbrücken.

19. Als "Anleitung zur Beweiswürdigung" ist § 160 AO überflüssig, da die Benennung des Empfängers bereits nach § 93 Abs. 1 Satz 1 AO verlangt und gem. §§ 328 ff. AO auch zwangsweise durchgesetzt werden kann.

20. Die Rechtsprechung des BFH zur Berücksichtigung von Darlehen und Darlehenszinsen ist zu kritisieren. Im Gegensatz zur Darlehensschuld sollen die Darlehenszinsen unter den Tatbestand des § 160 AO fallen. Der Steuerpflichtige kann mithin die Darlehensaufnahme nach den allgemeinen Regeln über die Sachverhaltsermittlung nachweisen, während er die Schuldzinsen nur geltend machen kann, sofern er den Zinsgläubiger auf Verlangen benennt. Diese Schwierigkeiten lassen sich beheben, wenn berücksichtigt wird, daß ein Auskunftsbegehren, welches seiner Art nach Beziehungen zwischen dem Steuerpflichtigen und einem Dritten zum Gegenstand hat, einheitliche Rechtsfolgen auslösen soll. Das Benennungsverlangen kann nicht danach aufgespalten werden, ob es der Finanzbehörde um die Überprüfung der Ausgabe des Leistenden oder um die steuerliche Erfassung des Empfängers geht. Dieses gebietet schon ein Vergleich mit § 143 Abs. 3 Ziff. 2 AO, der zur Kontrolle der steuerlichen Verhältnisse *beider* Beteiligten dient.

21. Entgegen der Rechtsprechung des BFH muß die Anwendung des § 160 AO im Bereich der Gewerbesteuer des Zahlenden entfallen, wenn feststeht, daß der Empfänger mit der Zahlung nicht gewerbesteuerpflichtig ist.

22. § 160 AO ist weder auf Tafelgeschäfte, noch auf neue Finanzierungsformen wie Commercial Papers anzuwenden. Der Gesetzgeber hat durch die Zinsabschlagsteuer bereits sichergestellt, daß Steuerausfälle nicht zu befürchten sind. Ferner nimmt die Rechtsordnung bewußt in Kauf, daß der Schuldner von Inhaberpapieren die jeweiligen Schuldverschreibungsgläubiger nicht kennt. Ein entsprechendes Benennungsverlangen der Finanzverwaltung würde das Gegenteil dessen erreichen, was der Gesetzgeber für diese Wertpapiere als wesensbestimmend vorsieht.

23. Da weder AfA noch Steuervergünstigungen einem Gläubiger oder Zahlungsempfänger zufließen, ist § 160 AO entgegen der herrschenden Meinung auf sie nicht anwendbar.

24. Die Entwicklung des "wirtschaftlichen Empfängerbegriffes" hat im Ergebnis zu einer wesentlich verschärften Sachaufklärungspflicht des Steuerpflichtigen

geführt. Nimmt man die in der Rechtsprechung benutzte Standardformulierung zu den Anforderungen an die Empfängerbenennung ernst, wonach diese so genau sein müsse, daß die Finanzbehörde "ohne besondere Schwierigkeiten und ohne Zeitaufwand" in die Lage versetzt werde, den Empfänger zu ermitteln, wirkt der Steuerpflichtige bei der Sachverhaltsermittlung nicht nur mit, die Sachverhaltsermittlung ist vielmehr seine Sache. Tritt der tatsächliche Empfänger im eigenen Namen auf und ist für den Steuerpflichtigen nichts Gegenteiliges *erkennbar*, sollte dieser daher entgegen der Rechtsprechung des BFH stets als Empfänger im Sinne des § 160 Abs. 1 AO betrachtet werden. Es liegt dann an der Finanzbehörde evtl. weiter nachzuforschen, ob dieser auch "wirklich" Empfänger ist. Die Finanzverwaltung kann sich z. B. an diese Person halten und ihr gegenüber die Rechte aus § 159 AO geltend machen.

25. Entgegen der Ansicht des BFH wird die behördliche Ermittlungspflicht nicht durch § 160 Abs. 1 Satz 2 AO eingeschränkt. Gegen die Einschränkung der Ermittlungspflicht spricht, das Gesetzmäßigkeitsprinzip und das aus Art. 3 Abs. 1 GG zu entnehmende Lastengleichheitsgebot. Danach hat die Finanzbehörde grundsätzlich gegen alle gleich vorzugehen. Das Opportunitätsprinzip findet im Steuerrecht keine Anwendung. Weitere Ermittlungen durch die Finanzbehörde oder das Finanzgericht sind insb. dann vorzunehmen, wenn der Steuerpflichtige konkrete Anhaltspunkte über die Person der Empfängers, wie Name, Privat- oder Firmenanschrift, Beschäftigungsort, mitteilt. Sofern bei natürlichen Personen die Wohnanschrift des Empfängers genannt wird, ist trotz anders lautender Rechtsprechung die Angabe des Beschäftigungsortes nicht erforderlich.

26. Die Ausweitung des Empfängerbegriffes gem. § 160 Abs. 1 AO führt bei Auslandssachverhalten im Ergebnis dazu, daß § 16 AStG als spezielle Ermächtigungsgrundlage für das Benennungsverlangen verdrängt wird.

27. Bei Zahlungen an ausländische Domizilgesellschaften kann kein Erfahrungssatz dahingehend aufgestellt werden, daß der Steuerpflichtige grundsätzlich von einer Vereinnahmung für Dritte ausgehen muß. Sofern dem Steuerpflichtigen im Zeitpunkt des Vertragsabschlusses keine konkreten Zweifel an der zur geschuldeten Leistungserbringung erforderlichen Unternehmereigenschaft der Domizilgesellschaft hätten kommen müssen, kann ihm die Finanzverwaltung auch gem. § 90 Abs. 2 Satz 3 AO, zweiter Halbsatz, im nachhinein nicht vorwerfen, daß er nicht in der Lage ist, die hinter der Gesellschaft stehenden Personen zu benennen.

28. Nach der Rechtsprechung des BFH hat die Finanzbehörde ihr Ermessen hinsichtlich des Verlangens, den Gläubiger- bzw. Empfänger zu benennen, immer dann fehlerfrei ausgeübt, wenn der *"Verdacht"* oder aufgrund *allgemeiner Lebenserfahrung die "Vermutung"* besteht, der Gläubiger oder Empfänger könnte die Forderung oder Einnahme zu Unrecht nicht versteuert haben. Es sollte nachdenklich stimmen, wenn die "Lebenserfahrung" bemüht wird, um zu entscheiden, ob der Verdacht besteht, daß die Gläubiger oder Empfänger die Forderung oder

Einnahme zu Unrecht nicht versteuern könnten. Wie schwierig pauschale Aussagen zu treffen sind, zeigen anschaulich die Urteile des Niedersächsischen FG v. 08.06.1989 und des FG Bremen v. 21.04.1989, die bei nahezu gleichem Sachverhalt zu gegensätzlichen Ergebnissen gelangen.

29. *Trzaskalik* weist zurecht auf eine weiteres Problem hin: Steht fest, daß die Schuld entstanden bzw. die Ausgabe geleistet worden ist, scheidet die Steuerschuldnerstellung als Anknüpfungspunkt für das Auskunftsverlangen aus. Sofern der Steuerpflichtige also den Nachweis der Verausgabung erbringen kann, wäre ein Benennungsverlangen an sich ermessensfehlerhaft.

30. Es wird zu recht kritisiert, daß es unerheblich sein soll, ob der Steuerpflichtige *ohne Verschulden* die geforderten Angaben nicht machen kann. § 160 AO rechtfertigt nicht, das unredliche Verhalten einzelner Steuerpflichtiger generell auf die redlichen Geschäftspartner abzuwälzen. Es sollte der Grundsatz gelten, daß ein Benennungsverlangen nach § 160 AO dann ermessensfehlerhaft ist, wenn aus Sicht des Steuerpflichtigen zum Zeitpunkt des Vertragsabschlusses nachweislich keine objektiven Anfangsverdachtsmomente vorlagen, welche die Vermutung rechtfertigen, der Leistungsempfänger werde die Bezüge rechtswidrig nicht versteuern. Dabei hat der Steuerpflichtige unter Beachtung der Gepflogenheiten des ordnungsgemäßen Geschäftsverkehrs (hier ist auf den jeweiligen Markt abzustellen) zunächst gehörige eigene Nachforschungen anzustellen. Hier könnte aus praktischen Erwägungen heraus z. B. darauf abgestellt werden, welche Informationen ein ordentlicher Kaufmann bei Vertragsabschluß einholt, um rechtzeitig die Durchsetzung evtl. eigener Gewährleistungsansprüche sicherzustellen. Kommt der Steuerpflichtige diesen Erfordernissen nach, handelt er mithin redlich, hat er spätere Steuerausfälle nicht verschuldet und kann folglich nicht haftbar gemacht werden.

31. Auf die Haftung des Steuerpflichtigen sind die Grundsätze des Fehlverhaltens von Steuerbeamten mit der Folge einer Reduzierung der Gefährdungshaftung anzuwenden.

Literaturverzeichnis

Achterberg, Norbert .... Die Haftung bei schadengeneigter Arbeit im öffentlichen Dienstrecht, DVBl. 1964, 655

Achterberg, Norbert .... Der Verwaltungsvorakt, DÖV 1971, 397

Ax, Rolf/ Große Thomas .... Abgabenordnung und Finanzgerichtsordnung, 16. Auflage, Stuttgart 1999
Cämmerer, Johannes

Baranowski, Karl-Heinz .... Besteuerung von Auslandsbeziehungen, Herne/Berlin 1978

Barske, Kurt .... Schmiergelder und Abzugsfähigkeit, DStZ/Teil I 1939, 76

Bauer, Karl-Heinz .... Zur Anwendbarkeit des § 160 AO –Benennung von Gläubigern - auf Darlehenszuflüsse, DStR 1988, 413

Becker, Enno .... Grundfragen aus den neuen Steuergesetzen, StuW 1928, 199

Becker, Enno/ Riewald, Alfred/ ...... Reichsabgabenordnung mit Nebengesetzen, Band 2, 9. Auflage, Köln/ Berlin/Bonn/München 1965
Koch, Karl

Beermann, Albert .... Steuerliches Verfahrensrecht: AO, FGO, Nebengesetze, Kommentar, 1. Auflage, Loseblatt, Bonn 1995 ff.

Behr, Volker .... Wer gut schmiert, der gut fährt? in: Steuerrechtsprechung, Steuergesetz, Steuerreform, Festschrift für Klaus Offerhaus zum 65. Geburtstag, hrsg. von Paul Kirchhof, Köln 1999, 345

Benda, Ernst .... Die Wahrung verfassungsrechtlicher Grundsätze im Steuerrecht, DStZ 1984, 159

Berger, Emil .... Die Reichsabgabenordnung, Straubing 1951

Berger, Emil/............................. Reichsabgabenordnung, 4. Auflage,
  Speich Günther   Straubing 1970

Biedermann, Franz .... Zur Frage der Abzugsfähigkeit von Betriebs-
                                       spenden, Preisstrafen und Schmiergeldern,
                                       StuW 1947, 234

Bilsdorfer, Peter............................ Darf die Steuerfahndung bei Bankdurch-
                                       suchungen Ermittlungen zu Tafelgeschäften
                                       anstellen?, INF 2001, 13

Binder, Odilo .... Zur Frage der OR-Geschäfte, Wpg 1950, 122

Birk, Dieter .... Allgemeines Steuerrecht, Heidelberg 1988

Birk, Dieter .... Verfassungskonforme Auslegung im Steuer-
                                       recht, StuW 1990, 300

Birk, Dieter .... Das Leistungsfähigkeitsprinzip als Maßstab
                                       der Steuernormen - Ein Beitrag zu den
                                       Grundfragen des Verhältnisses von Steuer-
                                       recht und Verfassungsrecht, Habilitation,
                                       Köln 1983

Blaas, Ulrich................................ Darstellung und Kritik der Spiegelbildtheorie
                                       bei der Bilanzierung von Beteiligungen an
                                       Personengesellschaften im Bilanzrecht,
                                       Dissertation, Köln 1989

Blümich, Walter .... Kommentar zum Einkommensteuergesetz
                                       vom 06.02.1938, 3. Auflage, Berlin 1938

Blümich, Walter .... Einkommensteuergesetz, Körperschaft-
                                       steuergesetz, Gewerbesteuergesetz,
                                       Kommentar, Loseblatt, 15. Auflage,
                                       München 1997 ff.

Boehmer, Gustav........................... Die Einwirkungen des zweiten Weltkrieges,
                                       der Nachkriegszeit und der Währungsreform
                                       auf privatrechtliche Verhältnisse,
                                       Tübingen 1949

Boehmer, Gustav............................ Grundlagen der Bürgerlichen Rechtsordnung, Zweites Buch, Zweite Abteilung: Praxis der richterlichen Rechtsschöpfung, Tübingen 1952

Boldt, Kathrin.............................. Schmiergelder im Einkommensteuerrecht, Dissertation, Frankfurt am Main/Berlin/ Bern/New York/Paris/Wien 1998

Brezing, Klaus............................. Außensteuerrecht, Kommentar, Herne/Berlin 1991

Brinkmann, Johannes...................... Tatbestandsmäßigkeit der Besteuerung und formeller Gesetzesbegriff, Dissertation, Köln 1982

Brox, Hans................................. Handelsrecht und Wertpapierrecht, 11. Auflage, München 1994

Bruschke, Gerhard......................... Benennungsverlangen nach § 160 AO, StB 2001, 42

Bublitz, Lothar............................. Fehlender Betriebsausgabennachweis und falsche Empfängerbenennung im Steuerstrafrecht, BB 1987, 167

Buciek, Klaus.............................. Anforderungen an Empfängerbenennung bei Zahlung an Domizilgesellschaft, zugleich Anmerkung zu BFH v. 10.11.1998 - I R 108/97, IStR 1999, 116

Canaris, Claus Wilhelm................. Risikohaftung bei schadengeneigter Tätigkeit in fremdem Interesse, RdA 1966, 41

Carl, Dieter/.............................. Steuerliche Behandlung von Provisions- und
Klos, Joachim   Schmiergeldzahlungen an ausländische Empfänger, WiB 1995, 330

Christian, Uwe/........................... Benennung von Gläubigern und Zahlungs-
Schwehm, Thomas   empfängern nach § 160 AO, DStZ 1997, 324

Claßen, Rüttger .... Besteuerung des Unrechts – Das Wirklich-
keitsprinzip des § 40 AO im Lichte der
Einheit der Rechtsordnung, Dissertation,
Bonn 1981

Crezelius, Georg .... Steuerrechtliche   Rechtsanwendung   und
allgemeine Rechtsordnung,
Herne/Berlin 1983

Dahm, Joachim/ .... Identitätsprüfung bei Tafelgeschäften mit
Hamacher, Rolfjosef   Wertpapieren ? DStZ 1992, 753

Dorn, Erwin .... Auskunftspflicht und Auskunftsverweigerung im Steuerrecht, Dissertation, Hann.
Münden 1953

Dornemann, Richard .... Bemerkungen zu § 205 a AO, FR 1950, 33

Erichsen. Hans-Uwe .... Allgemeines Verwaltungsrecht, 11. Auflage,
Martens, Wolfgang   Berlin/New York 1998
(Hrsg.)

Eyermann, Erich/ .... Verwaltungsgerichtsordnung, Kommentar,
Fröhler, Ludwig   11. Auflage, München 2000

Faber, Heiko .... Verwaltungsrecht, 4. Auflage,
Tübingen 1995

Falkenberg, Georg .... § 205 a AO, eine zweideutige Bestimmung,
StuW 1952, 514

Fey, Achim/ Kraft, Hans Peter/ ..... Betriebsausgabenabzug und Benennungsver-
Neyer, Wolfgang   langen gemäß § 160 AO bei Verlosungen,
DStR 2000, 812

Fischer, Gustav .... Die Problematik der Besteuerung freiwilliger
Trinkgelder, BB 1983, 1648

Flick, Hans/ .... Kommentar zum Außensteuerrecht,
Wassermeyer, Franz/   Loseblatt, 6. Auflage, Köln 1999 ff.
Baumhoff, Hubertus

Freiherr von Crailsheim, ... Die steuerliche Behandlung von Schmier-
Bernulph   geldzuwendungen, Dissertation,
                                      Augsburg 1997

Friedrich, Werner .... Keine Haftung ohne Verschulden für nicht
                                      einbehaltene Steuerabzugsbeträge,
                                      DB 1968, 1418

Friedrich, Werner .... Muß der Bürger als Steuereinheber strenger
                                      haften als der Finanzbeamte?,
                                      DB 1984, 1114

Frotscher, Werner .... Rechtsschutz nur gegen Verwaltungsakte?,
                                      DÖV 1971, 259

Gast, Brigitte............................. Der Einfluss der Entwicklung der Verhält-
                                      nisse auf die Auslegung von Steuergesetzen,
                                      Köln 1957

Geisler, Emil .... Reichsabgabenordnung – Praktische Bearbei-
                                      tung der Reichsabgabenordnung nach dem
                                      Stande vom Dezember 1939 unter Berück-
                                      sichtigung der Rechtsprechung des
                                      Reichsfinanzhofs und der Erlasse des Reichs-
                                      Finanzministers, Berlin 1939

Giese, Frank Paul........................ Abgabenordnung im Dritten Reich, Disser-
                                      tation, Frankfurt am Main/Berlin/Bern/
                                      Bruxelles/New York/Wien 1998

Gnam, Arnulf.............................. Zur Anwendung des § 205 a AO,
                                      Wpg 1953, 114

Görtzen, Reiner........................... Steuerliche Abzugsfähigkeit von Ausgaben
                                      an Domizilgesellschaften, FR 1994, 770

Günther, Karl-Josef...................... Ermessensfehlerfreie und ermessensfehler-
                                      hafte Entscheidungen bei Anwendung des
                                      § 160 AO, StW 1985, 37

Günther, Karl-Josef...................... Benennung von Gläubigern und Zahlungs-
                                      empfängern nach § 160 AO, DB 1989, 1373

Günzler, Nicolas Alexander .... Steuerrecht und Korruption: die steuerrechtliche Berücksichtigung national und international gezahlter Schmiergelder, Dissertation, Frankfurt am Main/Berlin/ Bern/Bruxelles/New York/Wien 1999

Haasis, Erich .... Das Schmiergeldunwesen in Handel und Verkehr, seine geschichtlichen Grundlagen und seine Bekämpfung, Dissertation, Stuttgart 1911

Halaczinsky, Raymond.................... Benennung von Gläubigern und Zahlungsempfängern, NWB Nr.31/1991, Fach 2, 5691

Harmacher, Rolf Josef.................... Anforderungen an die Begründungspflichten von Auskunftsersuchen gem. § 93 AO und § 208 Abs.1 Satz 1 Nr.3 AO, FR 1981, 39

Hartmann, Bernhard/.................... Auslegung und Anwendung von Steuer
Walter, Norbert   gesetzen: Grundlagen der Rechtsanwendung im Steuerrecht, Berlin 1984

Hartz, Wilhelm.............................. Die mündliche Verhandlung vor den Finanzgerichten, DB 1954, 92

Hartz, Wilhelm.............................. Zur Entwicklung des Verfahrens vor den Finanzgerichten, DB 1957, 517

Haug (ohne Vorname) .... Wachsende außensteuerliche Bedeutung des § 160 AO, StBp. 1987, 206

Haug (ohne Vorname) .... Erwiderung auf Wingert, StBp. 1988, 45

Herff, Arnd.................................... Steuerprobleme durch Zahlungen an "Scheinfirmen" und Entleiher-LohnsteuerHaftung, KÖSDI 1996, 10713

Herr, Paul.................................... Die Beweislast in der jüngsten Rechtsprechung des Reichsfinanzhofs, Dissertation, Berlin 1938

Herrmann, Carl/ .... Kommentar zur Einkommensteuer und
    Heuer, Gerhard   Körperschaftsteuer, Band I,
                                 Loseblatt, 12. Auflage, Köln 1966 ff.

Herrmann, Carl/ .... Einkommensteuergesetz und Körper-
    Heuer, Gerhard/   schaftsteuergesetz mit Nebengesetzen,
    Raupach, Arndt   Loseblatt, 21. Auflage, Köln 1996 ff.

Heuer, Gerhard .... Die Beweislast im Steuerermittlungsver-
                                 fahren und Steuerstrafverfahren,
                                 DStZ 1952, 324

Hey, Friedrich .... Beweislast und Vermutungen im deutschen
                                 internationalen Steuerrecht, Dissertation,
                                 Hamburg 1992

Hill, Hermann .... Rechtsbehelfe gegen behördliche Verfahrens-
                                 handlungen (§ 44 a VwGO), Jura 1985, 61

Hoffmann, Wolf-Dieter .... Die Bilanzierung von Beteiligungen an
                                 Personengesellschaften, Beilage 2 zu
                                 BB 1988, 1

Hofmann, Frank/ .... Steuerliche Behandlung von Schmiergeldern
    Zimmermann, Bernd   als Hindernis für die effiziente Korruptions-
                                 bekämpfung, ZRP 1999, 49

Höft, Caspar .... Tragweite des § 205 a RAO der Reichs-
                                 abgabenordnung, StuW 1966, 339

Hörnschemeyer, Werner .... Die Auskunftspflicht des Steuerpflichtigen
                                 im Steuerermittlungs-, Steueraufsichts- und
                                 Steuerstrafverfahren, Dissertation,
                                 Münster 1958

Hübschmann, Walter/ .... Reichsabgabenordnung und Steueranpas-
    Hepp, Ernst   sungsgesetz, Kommentar, Loseblatt,
                                 Köln 1943 ff.

Hübschmann, Walter/ .... Reichsabgabenordnung und Steueran-
    Hepp, Ernst/   passungsgesetz, Kommentar, Loseblatt,
    Spitaler, Armin   6. Auflage, Köln 1971 ff.

Hübschmann, Walter/ .... Abgabenordnung, Finanzgerichtsordnung,
Hepp, Ernst/ Loseblatt, 10. Auflage, Köln 1995 ff.
Spitaler, Armin

Ipsen, Jörn .... Allgemeines Verwaltungsrecht, 3. Auflage,
Köln/Berlin/Bonn/München 2003

Jakob, Wolfgang .... Abgabenordnung: Steuerverwaltungs-
verfahren und finanzgerichtliches Verfahren,
2. Auflage, München 1996

Jellinek, Georg............................. Allgemeine Staatslehre, 3. Auflage,
Berlin 1920

Joecks, Wolfgang........................... Abzugsverbot für Bestechungs- und
Schmiergelder – Korruptionsbekämpfung
durch Steuerrecht?, DStR 1997, 1025

Jüptner, Roland............................. Zum Telos einer "materiellen Verfahrens-
norm": § 160 AO, FR 1985, 12

Kaligin, Thomas............................ Zur Abzugsfähigkeit von Schmiergeldzahlungen an ausländische Geschäftspartner,
RIW 1988, 634

Kiesel, Hanno................................ Die Zuwendung an Angestellte und Beauftragte im Ausland und das Abzugsverbot des
§ 4 Abs. 5 Nr. 10 EstG, DStR 2000, 949

Kirchhoff, Paul.............................. Die Kunst der Steuergesetzgebung,
NJW 1987, 3217

Klein, Franz/ Orlopp, Gerd .... Abgabenordnung einschließlich Steuerstrafrecht, 6. Auflage, München 1998

Klein, Friedrich .... Besteuerung von Geschäften ohne Rechnung,
DB 1949, 413

Kleine, Klaus................................. Tafelgeschäfte und § 160 AO,
JbFSt. 1992/93, 96

Klingelhöfer, Wolfgang.................. Im Spannungsfeld von Steuer- und Strafrecht: Schmiergelder, StBp. 1999, 309

Knack, Hans Joachim .... Verwaltungsverfahrensgesetz, Kommentar,
7. Auflage, Köln/Berlin/Bonn/München 2000

Knobbe-Keuck, Brigitte .... Bilanz- und Unternehmenssteuerrecht,
8. Auflage, Köln 1991

Koch, Karl/ .... Abgabenordnung AO 1977, 5. Auflage,
Scholtz, Rolf-Detlev   Köln/Berlin/ Bonn/München 1996

Kopp, Ferdinand O./ .... Verwaltungsgerichtsordnung, Kommentar,
Schenke, Wolf-Rüdiger   11. Auflage, München 1998

Kosin (ohne Vorname) .... Beamtenhaftung bei fehlerhafter Veran-
lagung - Ein Beitrag zu § 23 AO,
DStZ/A 1960, 105

Köstler, Bernhard .... Klärung von Auslandssachverhalten durch
die Finanzverwaltung und vorbeugende
Maßnahmen zur Sicherung des Betriebs-
ausgabenabzugs, INF 1998, 235

Kottke, Klaus .... Reisen, Spesen, Zechen und das Finanzamt,
20. Auflage, Freiburg i. Br. 1996

Kroppen, Heinz – Klaus .... Anwendung von § 160 AO bei Grundstücks-
geschäften, JbFSt 1996/97, S. 181

Kruse, Heinrich Wilhelm .... Lehrbuch des Steuerrechts, Band I,
Allgemeiner Teil, München, 1991

Kühn, Herbert .... Die Steueraufsicht des § 201 Abs. 1 AO nach
Urteilen und Gutachten des RFH,
StuW 1949, 569

Kühn, Rolf .... Reichsabgabenordnung, Kommentar,
2. Auflage, Stuttgart 1950

Kühn, Rolf/ .... Abgabenordnung, Finanzgerichtsordnung,
Hofmann, Ruth   Nebengesetze, 17. Auflage, Stuttgart 1995

Kühr, Christian/ .... Handbuch des Abgabenrechts, Neuwied/
Lohmeyer, Heinz   Krieftel(Ts)/ Berlin 1995

Kuhsel, Rainer .... Erfolgswirksame Gewinnkorrekturen bei Darlehensverbindlichkeiten gegenüber sogenannten Domizilgesellschaften, DB 1995, 650

Kümpel, Siegfried .... Bank- und Kapitalmarktrecht, Köln 1995

Kutscher (ohne Vorname) .... Die Rechtswirkung der Aufhebung von Ermächtigungsgesetzen, BB 1949, 265

Lademann, Fritz/ .... Kommentar zum Einkommensteuergesetz,
Söffing, Günter Loseblatt, 4. Auflage, Stuttgart/München/ Hannover 2001 ff.

Lässig, Curt Lutz .... Registereintragungen als Verwaltungsakt?, JuS 1990, 459

Lang, Joachim .... Geschenke, Spenden und Schmiergelder im Steuerrecht, JbFSt 1983/84, 195

Lang, Joachim .... Verfassungsmäßigkeit der rückwirkenden Steuerabzugsverbote für Geldstrafen und Geldbußen; Ein Beitrag zur Anwendung des Gleichheitssatzes und der Rückwirkungs- verbote nach Art. 20 Abs. 3, 103 Abs. 2 GG auf Vorschriften, die das Leistungsfähig- keitsprinzip durchbrechen, StuW 1985, 10

Larenz, Karl .... Die Prinzipien der Schadenszurechnung, JuS 1965, 373

Larenz, Karl .... Methodenlehre der Rechtswissenschaft, 6. Auflage, Berlin/Heidelberg/New York 1991

Leucht, Klaus .... Die steuerliche Behandlung von "nützlichen Abgaben" an inländische und ausländische Empfänger aus Sicht der steuerlichen Betriebsprüfung, StBp 1997, 117

Lippross, Otto-Gerd .... Basiskommentar Steuerrecht, Loseblatt, 1. Auflage, Köln 1999 ff.

List, Heinrich .... Probleme der Empfängerbenennung
(§ 160 AO 1977), BB 1994, 1535

Littwin, Frank .... Die steuerliche Abzugsfähigkeit von
Provisionen, Schmier- und Bestechungs-
geldern, BB 1994, 2326

Lohmeyer, Heinz .... Die Prüfung von Betriebsausgaben nach
§ 205 a AO, BlStSozArbR 1967, 1

Lohmeyer, Heinz .... Die Bedeutung des § 205 a AO im Steuerstrafrecht, NJW 1968, 388

Lürssen, Ulrich .... Die §§ 159 - 161 AO und das Steuerstrafrecht, Dissertation, Ammersbeck bei Ham-
burg 1993

Lüsebrink (ohne Vorname) .... Ende der Schmiergelder? DStZ 1934, 33

Maassen, Kurt .... Die steuerliche Behandlung von Schmiergeldern, FR 1962, 351

Martin, Suse .... Wechselwirkungen zwischen Mitwirkungspflichten und Untersuchungspflicht im
finanzgerichtlichen Verfahren,
BB 1986, 1021

Mattern, Gerhard/ .... Reichsabgabenordnung mit Nebengesetzen
Meßmer, Kurt   einschließlich Steuerberatungsrecht,
Bonn 1964

Maurer, Hartmut .... Allgemeines Verwaltungsrecht, 8. Auflage,
München 1992

Mayer, Otto .... Deutsches Verwaltungsrecht I, 3. Auflage,
München 1924

Meyer, Harald .... Beweislastprobleme im Steuerrecht, Dissertation, Augsburg 1988

Meyer, Ingeborg .... Steuerliche Behandlung von Schmier- und
Bestechungsgeldern und damit zusammen-
hängende Fragen der Empfängerbenennung,
DStR 1995, 1369

Mittelbach, Rolf .... Grenzen der Anwendung des § 205 a
Abs.2 AO durch die Finanzämter,
DStR 1964, 151

Mittelbach, Rolf .... Die Schätzung im Besteuerungsverfahren,
Ludwigshafen am Rhein 1961

Mittelsteiner, Karl-Heinz/ .... Abgabenordnung 1977: Materialien,
Schaumburg, Harald   Köln 1976

Mondorf, Tony .... OR-Geschäfte, BB 1949, 379

Mössner, Jörg Manfred .... Gerechtigkeit und Moral im Steuerrecht,
DStZ 1990, 132

Mrozek, Alfons .... Handbuch des Steuerrechts in
Einzelkommentaren, Band I: Kommentar zur
RAO v. 13.12.1919, 2. Auflage, Köln 1922

Müller, Werner .... Die Unterscheidung zwischen den Befugnissen des Finanzamts im Steuerermittlungs-
verfahren und im Steueraufsichtsverfahren,
Dissertation, Göttingen 1964

Münchener Kommentar zum .... Band 1 (§§ 1 - 240),
Bürgerlichen Gesetzbuch   3. Auflage, München 1993

Münzel, Hartmut .... Die Nichtabzugsfähigkeit von Ausgaben
nach § 160 AO, Dissertation, Passau 1994

Musielak, Hans-Joachim .... Grundkurs ZPO, 2. Auflage, München 1993

Neubauer, Heinz .... Mitwirkungspflichten bei Auslandsbeziehungen, JbFfStR 1977/78, 110;

Offerhaus, Klaus .... Moral im Steuerrecht? in: Harzburger Steuerprotokoll 1995, Köln 1996, 29

Offerhaus, Klaus .... Zur Wertneutralität im Steuerrecht - Zur Abziehbarkeit von Schmier- und Bestechungsgeldzahlungen, in: Crezelius/Raupach/Schmidt/Uelner, Steuerrecht und Gesellschaftsrecht als Gestaltungsaufgabe, Freundesgabe für Franz Josef Haas zur Vollendung des 70. Lebensjahres, hrsg. von Uelner, Herne/Berlin 1996, 237

Olbertz, Egon .... Benennung von Zahlungsempfängern nach § 160 AO, DB 1990, 2289

Oswald, Franz .... Zur mündlichen Verhandlung vor den Finanzgerichten, StW 1954, 279;

Padberg, Klaus .... Unter welchen Voraussetzungen lassen sich steuermindernde Umstände im Falle nicht genannter Gläubiger oder Empfänger künftig von der Absetzung ausschließen? FR 1977, 566, 591

Padberg, Klaus .... Die Bedeutung der sinngemäßen Geltung von § 160 AO 1977 (§ 205 a RAO) nach § 96 Abs.1 Satz 1 zweiter Halbsatz FGO, StuW 1978, 47

Palandt, Otto .... Bürgerliches Gesetzbuch, Kommentar, 61. Auflage, München 2002

Papier, Hans-Jürgen .... Die finanzrechtlichen Gesetzesvorbehalte und das grundgesetzliche Demokratieprinzip, Berlin 1973

Papier, Hans-Jürgen .... Der Bestimmtheitsgrundsatz, in: Steuerrecht und Verfassungsrecht, hrsg. von Heinrich Friauf, Köln 1989, 61

Park, Tido .... Die Ausweitung des Abzugsverbots für Bestechungs- und Schmiergelder durch das Steuerentlastungsgesetz 1999/2000/2002, DStR 1999, 1097

Pump, Hermann/ .... Abgabenordnung, Kommentar, Loseblatt,
Lohmeyer, Heinz   Neuwied 2002 ff.

Pyszka Tillmann/ .... § 160 AO: "Steuerfalle"   für   Commercial
Pitter, Susan   Papers? BB 1999, 2381

Quenzer, Otto .... Risiko und Folgen des "OR-Geschäfts",
StW 1949, 663

Randt, Karsten .... Schmiergeldzahlungen bei Auslandssachverhalten, BB 2000, 1006

Raupach, Arndt .... Darf das Steuerrecht andere Teile der Rechtsordnung stören? in: Die Steuerrechtsordnung
in der Diskussion: Festschrift für Klaus
Tipke zum 70. Geburtstag, hrsg. von Joachim
Lang, Köln 1995, 105

Red, Karl .... Steuermoral und Staatsmoral, Wpg 1949, 127

Riewald, Alfred .... Reichsabgabenordnung und Steueranpassungsgesetz, Teil 2: §§ 160 bis 390, Berlin/
Köln/Detmold 1951

Rohler, Thomas .... Die Beteiligung eines steuerlichen Organ-
kreises an einer Personengesellschaft,
DB 1993, 654

Roolf, Willy .... Zur Bilanzierung einer Beteiligung an einer
Personengesellschaft in der Steuerbilanz,
BB 1978, 1306

Rosenberg, Leo .... Die Beweislast, 5. Auflage, München 1965

Salzberger, Wolfgang/ .... Jahressteuergesetz 1996: Steuerliche
Theisen, Manuel   Beschränkung der Abzugsfähigkeit von
Schmiergeldzahlungen - Ein Windei,
DB 1996, 396

Schaumburg, Harald .... Internationales Steuerrecht: Außensteuerrecht, Doppelbesteuerung, 2. Auflage
Köln 1998

Scheuffele, Peter .... Steuerliche Behandlung von Schmiergeldern, unbelegten Wareneinkäufen und OR-Geschäften, FR 1971, 359

Schick, Walter .... Antragstatbestände, Mitwirkungspflichten des Steuerpflichtigen und Amtsermittlungsgrundsatz im Besteuerungsverfahren, StuW 1969, 361

Schick, Walter .... Steuerschuld und Steuerhaftung im Lohnsteuerverfahren, BB 1983, 1041

Schmidt, Ludwig .... Kommentar zum Einkommensteuergesetz, 21. Auflage, München 2002

Schmidt, Michael .... Die Problematik der objektiven Beweislast im Steuerrecht, Dissertation, Berlin 1998

Schmidt-Liebig, Axel .... Das Mitwirkungsverlangen der Finanzbehörden - ein Verwaltungsakt? DStR 1987, 571

Schmitz, Ralf .... Empfängerbenennung bei Auslandssachverhalten - § 16 AStG oder § 160 AO, IStR 1997, 193,

Schöll, Werner .... Abgabenordnung: Praktikerkommentar, Loseblatt, München 1996 ff.

Schoor, Walter .... Abzug von Lösegeldern, Steuer-Seminar 2002, 79

Schrade, Ulrich .... Direktversicherung für den mitarbeitenden Ehegatten und Nachweis der Branchenüblichkeit – Eine Frage der Beweislast im Steuerrecht, DStR 1981, 221

Schwarz, Bernhard .... Abgabenordnung, Kommentar, Loseblatt, 11. Auflage, Freiburg i. Br. 1998 ff.

Söffing, Günter .... Lohnsteuerhaftung bei freiwillig gewährten Trinkgeldern, FR 1983, 25

Spatschek, Rainer/ .... Die Aufforderung zur Gläubiger- oder
    Alvermann, Jörg   Empfängerbennung nach § 160 AO,
                                    DStR 1999, 1427

Speich, Günter .... Einwendungen des Haftungsschuldners bei
                                    Inanspruchnahme für Steuerschulden,
                                    DB 1968, 772

Stahl, Rudolf .... Problemfälle der Empfängerbenennung nach
                                    § 160 AO, KÖSDI 1993, 9286

Stahl, Rudolf .... Schmiergeld: Steuerliche sowie zivil- und
                                    strafrechtliche Probleme,
                                    KÖSDI 1999, 12022

Steinhauer, Dieter .... Der Streit um die Auslegung des § 205 a AO,
                                    Dissertation, Köln 1954

Steinweg, Herbert .... Zur Auskunftspflicht dritter Personen im
                                    Steueraufsichtsverfahren, DStZ 1983, 589

Stelkens, Paul/ .... Verwaltungsverfahrensgesetz, Kommentar,
    Bonk, Heinz Joachim/   6. Auflage, München 2001
    Sachs, Michael

Streck, Rainer/ .... Vorsicht, wenn § 160 AO als Quellen-
    Schwedhelm, Rolf   steuersatz genutzt wird, Stbg 1992, 25

Streck, Rainer/ .... Lösegeldzahlungen als verdeckte Gewinn-
    Schwedhelm, Rolf   ausschüttung, AG 2001, 586

Theis, Jakob .... Schmiergelder, Ordnungsstrafen und
                                      Spenden, FR 1947, 61

Tipke, Klaus .... In dubio pro fisco,
                                      Steuerberaterkongreßreport 1967, 39

Tipke, Klaus .... Zur Reform der Reichsabgabenordnung,
                                      9. Teil, FR 1971, 168

Tipke, Klaus .... Über teleologische Auslegung, Lückenfeststellung und Lückenausfüllung, in: Der Bundesfinanzhof und seine Rechtsprechung: Grundfragen – Grundlagen, Festschrift für Hugo von Wallis zum 75. Geburtstag, hrsg. von Franz Klein, Bonn 1985, 133

Tipke, Klaus .... Die Steuerrechtsordnung, Band 3: Förderative Steuerverteilung, Rechtsanwendung und Rechtsschutz, Gestalter der Steuerrechtsordnung, Köln, 1993

Tipke, Klaus/ .... Reichsabgabenordnung, Finanzgerichtsord-
Kruse, Heinrich Wilhelm nung, Kommentar, Loseblatt, 7. Auflage, Köln 1973 ff.

Tipke, Klaus/ .... Abgabenordnung, Finanzgerichtsordnung,
Kruse, Heinrich Wilhelm Kommentar zu AO 1977 und FGO (ohne Steuerstrafrecht), Loseblatt, 16. Auflage, Köln 1996 ff.

Tipke, Klaus/ .... Steuerrecht, 17. Auflage, Köln 2002
Lang, Joachim

Trzaskalik, Christoph .... Die Steuererhebungspflichten Privater, in: Steuerrecht und Verfassungsrecht, hrsg. von Heinrich Friauf, Köln 1989, 157

Vogel, Klaus .... Die Besonderheit des Steuerrechts, DStZ/ A 1977, 5

Vogelberg, Claus – Arnold .... Tatsächliche Verständigung und nachträgliche Erkenntnisse, Praxis Steuerstraf-Recht 2000, 254

Von Groll, Ruediger .... Das Handeln der Finanzverwaltung als Gegenstand des Rechtsschutzbegehrens, in: Der Rechtsschutz in Steuersachen, hrsg. von Trzaskalik, Köln 1995, 47

Von Wallis, Hugo .... Mehrfachbesteuerung nichtabzugsfähiger Betriebsausgaben, DStZ 1981, 67

Wassermeyer, Franz/ .... Zur Sachverhaltsaufklärung nach dem
 Wagner, Jürgen   Außensteuergesetz, RIW/AWD 1975, 406

Weber, Sebastian .... Die Mitwirkungspflichten nach der Abgaben-
           ordnung und die Verantwortung des Steuer-
           pflichtigen für die Sachaufklärung, Disser-
           tation, Münster 1992

Weber-Grellet, Heinrich .... In dubio pro quo? Zur Beweislast im Steuer-
           recht, StuW 1981, 48

Weiss, Lorenz .... Auskünfte des Steuerpflichtigen beim
           Erwerb aktivierungspflichtiger Wirtschafts-
           güter, BB 1953, 698

Wenzig, Herbert .... Die Mitwirkungspflicht des Steuerpflichtigen
           und ihre Grenzen, DStZ 1986, 375

Wingert, Karl-Dieter .... Erwiderung auf Haug, StBp. 1988, 44

Wittmann, Rolf .... Mitwirkungspflicht und Aufklärungspflicht
           nach der AO – Reduktion der Mitwirkungs-
           pflicht durch finanzbehördliches Verhalten,
           StuW 1987, 35

Wolff, Hans-Julius/ .... Verwaltungsrecht I,
 Bachoff, Otto   9. Auflage, München 1974

Wöhrle, Winfried/ .... Außensteuergesetz, Kommentar, Loseblatt
 Schelle, Diether/   Stuttgart 1987 ff.
 Gross, Ekkehard

Wrede, Friedrich .... Beteiligungen an Personengesellschaften in
           der Handelsbilanz und der Steuerbilanz,
           FR 1990, 293

Wüller, Jürgen .... Die steuerrechtliche Beurteilung von
           Vertrauensspesen, Dissertation, Köln 1959

Zitzlaff, Franz .... Fragen der Reichsabgabenordnung,
           StW 1952, 230

Oliver Wunsch

Die Wettbewerbsklausel des § 65 Nr. 3 AO als Schutznorm zugunsten nicht begünstigter Konkurrenten gemeinnütziger Körperschaften

Frankfurt am Main, Berlin, Bern, Bruxelles, New York, Oxford, Wien, 2002.
286 S.
Europäische Hochschulschriften: Reihe 2, Rechtswissenschaft. Bd. 3548
ISBN 3-631-50247-8 · br. € 51.50*

Durch das Institut des steuerbegünstigten Zweckbetriebs gemeinnütziger Organisationen soll der Wertungs- und Zielkonflikt zwischen Förderung des Gemeinwohls und Wettbewerbsneutralität des Steuerrechts gelöst werden. Die Wettbewerbsklausel des § 65 Nr. 3 AO soll hierbei mögliche Wettbewerbsverzerrungen zwischen steuerbefreiten und steuerpflichtigen wirtschaftlichen Aktivitäten vermeiden. Die Arbeit bereitet unter kritischer Beleuchtung die einzelnen Voraussetzungen dieser Vorschrift auf, wobei es insbesondere um den Wettbewerbsbegriff geht. Ferner wird die praktisch relevante Möglichkeit des Rechtsschutzes für einen nicht begünstigten Konkurrenten dargestellt und schließlich auf die Vereinbarkeit der gemeinnützigkeitsabhängigen Steuervergünstigungen mit dem Europarecht eingegangen.

Aus dem Inhalt: Bedeutung und Voraussetzungen der Wettbewerbsklausel des § 65 Nr. 3 AO, insbesondere der Wettbewerbsbegriff · Rechtsschutzmöglichkeiten nicht steuerbegünstigter Konkurrenten gemeinnütziger Organisationen · Europarechtliche Aspekte

Frankfurt am Main · Berlin · Bern · Bruxelles · New York · Oxford · Wien
Auslieferung: Verlag Peter Lang AG
Moosstr. 1, CH-2542 Pieterlen
Telefax 00 41 (0) 32 / 376 17 27

*inklusive der in Deutschland gültigen Mehrwertsteuer
Preisänderungen vorbehalten
Homepage http://www.peterlang.de